FICHA CATALOGRÁFICA
(Preparada na Editora)
Vieira, Waldo, 1932-
V713c   Cristo espera por ti / Waldo Vieira, Honoré de Balzac (Espírito). Araras, SP, IDE, 10ª edição, 2014.
320 p.
ISBN 978-85-7341-466-0
1. Romance 2. Espiritismo. I. Título.

CDD -869.935
-133.9
-133.91

Índices para catálogo sistemático:
1. Romance: Século 20: Literatura brasileira 869.935
2. Espiritismo 133.9
3. Psicografia: Espiritismo 133.91

CRISTO
espera por ti

ISBN 978-85-7341-466-0

10ª edição - julho/2014

Copyright © 1983,
Instituto de Difusão Espírita - IDE

Conselho Editorial:
Hércio Marcos Cintra Arantes
Doralice Scanavini Volk
Wilson Frungilo Júnior

Projeto Editorial:
Jairo Lorenzeti

Revisão de texto:
Mariana Frungilo

Capa:
César França de Oliveira

Projeto gráfico e diagramação:
Luciano Carneiro Holanda
Capítulo Sete

INSTITUTO DE DIFUSÃO ESPÍRITA - IDE
Av. Otto Barreto, 1067 - Cx. Postal 110
CEP 13600-970 - Araras/SP - Brasil
Fone (19) 3543-2400
CNPJ 44.220.101/0001-43
Inscrição Estadual 182.010.405.118
www.ideeditora.com.br
editorial@ideeditora.com.br

Todos os direitos reservados. Nenhuma parte desta publicação pode ser reproduzida, armazenada ou transmitida, total ou parcialmente, por quaisquer métodos ou processos, sem autorização do detentor do copyright.

ide

Uma linda mulher precisa renascer no corpo de um homem.

BALZAC

WALDO VIEIRA

CRISTO
espera por ti

Sumário

Alma de mulher em corpo de homem?............15
Numa estufa de pensamentos............19
Os dois amigos............24
Um momento de felicidade............30
O rosário e o violino............35
Seguimento do anterior............39
Reflexões numa adega............42
"Resquiescat in pace"............45
As sugestões de um cadáver............50
Quadro de rua............52
Do perigo que se corre dentro da própria casa............55
Uma folha arrastada no turbilhão............58
A faísca sobre a pólvora............62
O Judas............68
Tudo o que se pode sofrer em cinco anos............73
Continuação do mesmo assunto............80
Das consequências do passado............85

Elogio da campanha..90
Uma consulta espiritual...95
Lição de caridade..98
O desconhecido..105
Onde se vem a saber que o perdão nasce também do interesse......108
A dupla obsessão..114
Uma esposa enganada como se veem tantas.................................116
O começo do fim..118
O fim...121
Das pequenas viagens nas suas relações com a paternidade..........123
Ensaio sobre o impasse...125
Órfã mais uma vez...131
Capítulo aborrecido porque explica anos de felicidade..................135
Um ataque a língua armada..141
O desafio...146
O desespero de um pai..154
Uma cena modelo..160
Ânsias de paz..166
A força do sangue..171
Diplomacia feminina..175
Primeira reunião..177
A história da família Lajarrige..181
Considerações sobre livros...188
Há mundos dentro de outros mundos..190

"Transire benefaciendo" 195
O encontro 197
As despedidas 200
Uma suspeita 202
A vida íntima de muitos casais 206
Ciúme contra ciúme 211
Os viajantes 216
O retorno dos belos dias 218
A propósito de uma decepção 220
"Sancta Simplicitas" 222
Em que se vê o efeito de um belo sorriso 227
A aparição 230
Uma primeira cena de alta comédia feminina 232
Esperanças de moça casadoura 237
Onde se demonstra que o amor se esconde dificilmente 239
Confronto de dois retratos 240
Renet seguro na armadilha 245
A espada de Dâmocles 247
Cena doméstica 251
Três satélites em órbitas distintas 254
Em que o nó se aperta 256
De mal a pior 258
Catástrofes de amor na província 265
Até onde leva a paixão! 269

Um médico sem medicação 274
No qual Rossellane é presa na sua própria rede 277
A confissão 280
Fugitivo em dúvida 282
Um contrassenso vivo 284
No qual se vê a influência de um hábito familiar no destino 286
Aonde os maus caminhos vão dar 291
A volta do filho pródigo 296
A vitória do vencido 299
O Cristo espera por ti 306
Últimas revelações... 313

E o leitor dirá: "será mesmo?"

Decerto, quem nos conhece não espera encontrar, nestas páginas, o mesmo Balzac, em tudo semelhante àquele de mais de século atrás. Imensas transformações se operaram dentro e fora de nós, tivemos outras experiências, passamos enormes temporadas sem vestir o burel, sem empunhar a pena, sem ingerir café... Mas isso não quer dizer que deixamos de ser nós próprios. Quem quiser averiguá-lo, analise com imparcialidade os múltiplos ângulos deste volume e nos encontrará, intrinsecamente qual éramos, apresentando, não qualquer reedição do que já escrevemos, mas uma história original.

Hoje, ainda mais profundamente vinculado à verdade, já não jogamos com as palavras apenas para satisfazer ao próprio eu. Exercitamos, por algum tempo, a maleabilidade da formosa língua, até há pouco estranha aos nossos hábitos, e imprimimos certa funcionalidade à mensagem que nos propusemos dirigir *aos homens, segundo o caminhar das ideias e a mudança de roteiro que escolhemos, mas sem qualquer conceito de religião cor-de-rosa. Agora não experimentamos desejos de nobreza e fortuna; as dívidas já não são as da casa editora, da fundição ou da tipografia, são outras, de ordem moral.*

Nós, que fôramos criticados em vida pela crença no Mundo Espiritual, apagado precursor do Espiritismo na Europa, assunto que, ainda não titulado assim, abordamos especialmente em Seráfita, Luis Lambert *e* Úrsula Mirouët, *voltamos para redizer, com ênfase, que os romances não terminam na morte. Em certa época, alimentamos o anseio de concluir e burilar a* Comédia Humana *ou estendê-la ainda mais. Não seria tão difícil para nós, reviver, nos cenários de Paris ou nos salões da província, figuras ainda presentes nas vossas livrarias, tais as de Bianchon, César Birotteau, de Marsay, Sra. de Rochefide, o Primo Pons, Nucingen, Sra. Claës, Hulot d'Ervy, Eugênia Grandet, Goriot, Vautrin, o Coronel Chabert, Sra. Marneffe, Popinot, José e Filine Brideau e outros. Mas isso seria repetir e cansar, sem trazer nada de novo, além de nos tornarmos passíveis da interpretação de autopastichador. Que adiantaria apenas historiarmos outra vez os costumes, se o Homem espiritualmente em quase nada se modificou?*

Refletindo, resolvemos seguir novas rotas – embora as possíveis reações da crítica misoneísta –, saindo da criação estática do já conhecido, para demandarmos a criação dinâmica do ignorado, sem renunciar ao que somos. Permitimo-nos algumas inovações a que não estávamos habituados na Terra, pois nessa época de rádio, cinema e televisão, há de se aligeirar as exposições. Se se pode julgar a forma aqui mais poética, como se, por um lado, incorrêssemos em aparente retrocesso, proporcionando concessões ao romantismo, demonstramos um avanço, por outro, ao nos utilizarmos de vários processos da técnica romanesca moderna.

Esta não é uma história ad usum delphini. *Baseado em fatos, apresentamos, dentre várias figuras reais, uma personalidade feminina que, a nosso ver, não se inclui na galeria de tipos também nem sempre imaginários da* Comédia Humana, *obra à qual faltou a chave da reencarnação. As vidas sucessivas ampliam ao infinito as perspectivas da existência física.* Na Comédia, *se os comparsas voltam de obra em obra, acabam sempre pela morte; aqui, as personagens regressam, em outros corpos, de existência a existência, aperfeiçoando caracteres e ideais.*

Já não nos preocupa tanto, quanto nos preocupávamos, ser historiador de costumes ou fazer concorrência ao registro civil. Alguns nomes foram propositadamente trocados à vista das ocorrências alinhadas serem, de certo modo, recentes, acordando, talvez, lembranças menos construtivas em determinados círculos individuais, o que desejamos evitar, fundamentados que nos achamos na experiência... Quanto ao mais, todos os episódios do entrecho correm à conta dos protagonistas que continuam observados pelas lunetas da vida. E quem pode alterar esta incorrigível novelista que é a vida?

HONORÉ DE BALZAC

Aos que procuram a Verdade...

Balzac

ALMA DE MULHER EM CORPO DE HOMEM?

– "EU, VIVER num corpo de homem?! Não, não é possível! Não posso admitir!"

Repetia as frases para si mesma sacudindo a rendilha que a envolvia em tênue nevoeiro, deixando ver, no gesto, a cabeleira despejada em ondas por sobre os ombros recobertos de levíssima túnica.

Suas conjeturas, tão diversas do padrão de pensamento local, projetavam-se de si e, sem o querer, quem a observasse auscultar-lhe-ia o íntimo.

– "Não, há engano! Sou mulher, não sou homem! A súmula é incongruente e inadmissível!..."

Discutindo consigo, espalmava as mãos em movimentos insofridos, como quem já bordejava os limites da paciência.

Pervagava na planície de luz, em brilhos aurorais, a perder-se de vista, povoada de jardins e aleias, ondulando em eterna primavera. Fugindo às cogitações, contemplava a beleza encantada a vibrar na atmosfera, vivificando contrastes inimagináveis e compondo sinfonias de matizes nos recantos do ar livre. Passava sob as pérgolas enredadas por dosséis de ramalhetes multicores e, embora requintadas, suas vestes se esbatiam eclipsadas pelo esplendor ambiente.

Caminhava, ora renteando os mananciais, as bacias decorativas, os espelhos-d'água que apresentavam, incessantemente, o inconcebível em caleidoscópios de reflexos; ora a contornar as múltiplas quadrelas, entre jorros esguios, repuxos como cataratas invertidas, turbulando essências a golfarem melodiosamente.

Nada, porém, lhe desfazia o fluxo das ideias, a força obsecante das interrogações. Pesavam-lhe as pálpebras de cílios vibráteis, quais molduras de sombras, vedando-lhe o olhar na porcelana das pupilas. Imiscuia-se entre entidades cingidas de irisado fulgor, sozinhas ou aos casais, reunidas em grupos e caravanas a deslizarem entre as plantas olentes, assistindo ao desenrolar de cenas multiformes com quase indiferença, qual se estivesse num grandioso estúdio de montagens cinematográficas. Seres de argenteadas frontes, faces de névoa cetinosa plenas de placidez espiritual, corpos esculturais de harmônica formosura a esparzirem irradiações de luar opalino, sorriam-lhe sem retribuição.

– "Terão problemas quanto eu? Terão paz?"

Sim, tinham paz! Aureolados de eflúvios, os perfis jovens ostentavam nos lábios a flor do sorriso. No roçagante das vestes, no vaporoso das formas, cintilantes umas, fosforescentes outras, sentia-se a diafaneidade daqueles entes leves como a luz. Nos peplos de escumilha luminescente a faiscarem múltiplas nuanças, nas fisionomias, talhes e características as mais diversas, evidenciavam as procedências díspares, o cosmopolitismo, o clima de fraternidade ideal.

No imo da alma, os pensamentos dela, em círculos, encontravam-se a si mesmos:

– "Deus meu, a tristeza de recordar!"

Tão perto ainda a existência derradeira... E um violento retorno à pátria dos espíritos. Na Terra, vinte e nove anos de crises convulsivas, a lhe fanarem os sonhos de mulher.

– "Eis-me aqui dominada pela frustração. Deixo à retaguarda uma vida em que não registro erros clamorosos, mas na qual amarguei contínuas provações. Sou a viajante que partiu sem o afeto sequer de um parente para lhe chorar o adeus! Senhor, Senhor, como entender? Como entender?"

Balouçava a cabeça, desejando evadir de si própria. Aspirava a poesia que esvoaçava em lirismo acariciador capaz de sensibilizar o coração mais frio, nos bancos alfombrados, nas salas de estar, nos varandins que se erguiam, formando pousos deliciosos no seio da natureza. Por toda parte, pisava tapetes de relva translúcida, qual mar verde a rebentar em espumas de flores, mimos jamais sonhados a se desabotoarem e a se fazerem urnas de orvalho recendente.

Inerente a todas as coisas, a luminosidade garantia impressionantes ausências de sombras e claridades artificiais. Prodígios de imagens, arremessando policromia de faiscações, fertilizavam de júbilo os horizontes recortados de arminhos, quais se fossem banhados nos clarões de sóis sem ocaso.

– "Por aqui jamais passou a vergasta de um temporal. Vivo um sonho por fora e um pesadelo por dentro!"

Semelhando para-sóis ou jardins suspensos, as árvores, em florações, pareciam entornar pelos ares a própria seiva em bátegas de olores. Ainda assim, a inquietação crispava-lhe o olhar. Do semblante melancólico nascia todo um poema de dor a contrastar com o regozijo da paisagem. Em ânsias de paz interior, desejaria submergir-se no desencanto, mas o ambiente, em júbilos, recusava-lhe as reflexões derrotistas.

No espaço, vivificando ideais, pairavam energias diferentes. Forças sutilíssimas, do Alto, predispunham as almas à reverência, a lhes infundirem êxtase supremo, enquanto que, com suavidade indizível, vagueando na brisa, fluidos revigorantes levantavam-lhes o ânimo. Poderosa mescla de alegria, casada à serenidade imprevista, visitou-lhe o ser. E a acalmia trouxe-lhe à tona da mente, como as vagas do mar atiram escolhos flutuantes à solidão da praia, os derradeiros acontecimentos que lhe tinham envolvido a romagem terrestre.

Dominando-se, ela expôs o mundo íntimo em forma de prece:

– "Senhor meu Deus! Apresento-me como convidada a estes jardins. Não há muito, bondosas criaturas ofereciam-me a súmula da vida que me preparam ao retorno. Ao exame, não sem clareza, ressalta outro roteiro de vida enérgico demais... Por que tamanha rigidez? Intentando formular reclamos, eis-me aqui para as primeiras entrevistas, submetendo-me aos preceitos a que me dispuseram. Repousei e meditei. Cumprindo instruções, entre preces, reconstituí minha própria história figurada em representações sucessivas, em sentido inverso, desde a morte ao renascimento. Sondei com sinceridade e autocrítica meus afetos e inclinações, auscultando o futuro. Deixei-me conduzir passivamente pelo amigo que me trouxe e orienta. Meu Deus, eu terei de viver, muito em breve, num corpo masculino! É chocante e terrível! Todos os meus ideais, tendências e pensamentos são de caráter feminil! Impossível conciliar, em circunstâncias tais, corpo e espírito. Senhor, depois de perquirições incessantes, imagino agora se os planos que se referem a mim não terão sido, talvez, entregues equivocadamente, trocados com outro candidato à recorporificação no mundo!"

Chora e as lágrimas copiosas não podem interromper o curso das amargosas ponderações.

Enclausurar-se num corpo inabilitado a espelhar-lhe os desejos e vazar-lhe as propensões não seria, porventura, atravessar a existência humana como quem respira e sonha, entre as constringências das paredes de um cárcere? Seria capaz das renúncias exigíveis ao caso? E os outros, o que pensariam dela? Ela própria, o que pensaria de si?

NUMA ESTUFA DE PENSAMENTOS

MUITO tempo permaneceu assim, engolfada em dolorosas cogitações. E a atmosfera embalsamada pareceu acrescer-se de novas refulgências até que, no Azul, referto de luminárias, desenhou-se nesga jalne da qual se lhe afigurou irromperem réstias de sol mais cintilante ainda.

Branda aragem veio tocar-lhe as faces, afagando-lhe os ouvidos, sussurrantemente. Ela empertigou-se espantada, aprisionando o olhar na pincelada de ouro insubstancial. E, de pouco em pouco, o jorro solar se transfigurou, ganhando consistência e propiciando-lhe a convicção da presença de alguém a buscá-la entre a magnificência dos prados e a música das brisas.

Num átimo, venerável cabeça tangibilizou-se, fascinando-lhe os olhos surpresos, e, para logo, uma forma foi-se definindo, qual névoa de aparência humana, o estelar da fronte despedindo aljôfares, o corpo abrigado em verde clâmide impondo-lhe reverência. Identificou, como se pairasse no ar, um homem de luz, de plástica transparente, depois translúcida, vagamente condensada logo após... Do semblante, derramavam-se, pela túnica entretecida de cintilações, as barbas alvadias, e do busto parecia fluir a prata eterizada de um plenilúnio que o tórax ocultava!

Presa ao irresistível da atração, ela fitava sempre! E distinguiu o admirável contraste da face sem rugas, plena de frescor juvenil, envolta no grisalho abundante da cabeleira, lembrando estriga a entremear-se de fios liriais. Era-lhe a aura delicado diadema de emanações. Transparecia-lhe toda a alma na franqueza do rosto que jamais – quem sabe? – se recolheria sob o antifaz imposto pelas circunstâncias, qual ocorre ao espírito submerso na carne. Partículas de estrelas estruturavam-lhe as pupilas, a lhe filtrarem o olhar crepitante de inteligência, anunciando permanência de paz.

Na face da jovem a brusca aparição desenhara o assombro. Em silêncio deslumbrado, viu que a entidade, ao mesmo tempo imponente e humilde, estendia os braços, espalmando a destra irradiante. A cabeça de neve e ouro se moveu, e clara voz fremiu-lhe nos lábios, em fluente francês, pausadamente:

– Charlotte, minha irmã, Deus nos harmonize os propósitos! Estamos nos espaços espirituais da França, numa esfera de pensamentos visíveis, nos Jardins da Luz Perpétua. Aqui, no convívio da paz, cultiva-se o amor puro, o dom inefável que não conhece declínios...

Meneando a cabeça, ela ensaiou a tentativa de um cumprimento. Conquanto emocionada, percebeu que as palavras ouvidas refrescavam-lhe o íntimo. Aquietou-se, entre submissa e espantada, e, a um gesto do visitante, assentou-se num dos aveludados tabuleiros de grama. Submetida a envolvente magnetismo, seguiu a escutar:

— Chamo-me Zéfiro. Achamo-nos numa *psicoteca,* lugar em que se concentram e se plasmam criações mentais em quadros e planos provisórios para uso geral. A atmosfera aqui difere das outras por se entretecer de formas-pensamento educativas que, através de processos transcendentes, tornam-se visualizáveis. É este um cadastro de consciências, arquivo mental de milhões de existências terrestres nas muitas fases evolutivas da Humanidade, servindo, em muitos casos, também de repositório a experiências reencarnatórias de criaturas vinculadas ao nosso Planeta, e, atualmente, em estágio noutros Globos do Infinito. Esse material, colhido diretamente dos protagonistas e grafado por sistemas especiais, possibilita extrair as evocações mais recônditas, revolver o pretérito na ressurreição das vidas mortas.

Transbordou com o olhar horizonte além e apontou:

— O Cristo afirmara: "Há muitas moradas na casa de meu Pai." Estas construções e painéis são marcos norteadores para os forasteiros, habituados ainda às sistematizações e pontos de referência humanos.

Articulou então espontânea entrepausa e fixou um sorriso de ternura que fez luzir mais intensamente o olhar da moça. Seus cílios fremiam a cada expressão daquela voz que lhe festejava os ouvidos e lhe instilava influxos de bem-estar no mais profundo de si.

— Quando um candidato à reencarnação faz, pelo próprio mérito, jus à visita que empreendes, é admitido nesta estufa de pensamentos, nas várias seções especializadas, recolhendo as sugestões ou lições de que necessite.

Por enquanto, todavia, nem todos os espíritos em trânsito na Terra se capacitam para essa excursão.

Silenciou por segundos para, compassivamente, prosseguir:

– Destinando-se à provação da riqueza, numa hipótese, o espirito busca, na *psicoteca,* o roteiro de quantos lhe antecederam no manejo da fortuna, assistindo ao desfilar de miríades de pensamentos-imagens, que lhe são afins. Examinam-se, sobretudo, as circunstâncias mais condizentes com os pormenores da tarefa próxima, o que lhe possibilita a aquisição de recursos novos para os tentames em pauta.

Espraiou o olhar sobre os estudantes em torno e elucidou:

– Há os que chegam para o estudo de exemplos múltiplos, seja no aprendizado científico, artístico, religioso, profissional ou doméstico e até mesmo os que se detêm no exame apurado de costumes, regionalismos, lances históricos e patrimônios linguísticos diversos. Inúmeros escritores da literatura terrena, em todos os tempos, aqui assimilaram conhecimentos e inspiração. Obras de espíritos conhecidos quais Sócrates, Dante, Voltaire, Spinosa ou de obreiros anônimos do progresso, encanecidos em duro labor, arquivam-se nestes parques. Há confissões edificantes de erros e acertos, concepções de Deus, da Vida e do Universo; as visões de Teresa D'Ávila; a renúncia de Francisco de Assis; a inteligência onímoda de Da Vinci; o profetismo de Swedenborg; a perseverança de Lutero; a abnegação de Vicente de Paulo; o bom senso de Allan Kardec; o devotamento de Nightingale... Dramas, tragédias, farsas, comédias, quedas e vitórias aqui jazem catalogados e conservados pela escola dos milênios. Esta é uma estância de previdência espiritual, objetivando a profilaxia do fracasso.

Indicou o mensageiro as construções de folhagens, o arrelvado dos auditórios a se estenderem na planície, edificados sobre estilos de jardinagem característicos do apogeu de todas as idades humanas.

– Colhidos na fonte psíquica e ajustados à tela sensível da memória, são esses materiais concludentes, sem deformações, absolutamente fiéis. O exemplo arrebata, o fato asfixia os argumentos: ninguém duvida. Presencia-se a intenção primitiva registada no instante justo em que brotou da mente. Observarás, em teu caso pessoal, apenas ínfimo ângulo do patrimônio milenar de reminiscências que a vida conserva a teu respeito. Assistirás a lembranças de companheiros do passado, de sócios cármicos de destino, de amigos bem-amados e dos adversários que te serviram de instrutores, só eles capazes de te conferir a noção real dos atos felizes e infelizes que praticaste e que a Lei te debitou.

E, intensificando a admiração crescente da jovem, qual um pai, a um tempo repreensivo e carinhoso, sublinhou:

– Pesquisamos-te as mentalizações. Não, filha, não argumentes pela injustiça! Relembremos o aviso do Mestre: "Nada existe de oculto que não venha a ser revelado."

Ela estremeceu, enquanto o mentor voltava a prevenir:

– No calendário dos homens, estamos em 1957. Padecendo as convulsões de que ainda te lembras com amargura, desencarnaste aos 29 anos, em 1928. Acompanharás deslumbrada a projeção de pensamentos inter-relacionados com as tuas esperanças e realizações, aqui deixados por alguns espíritos, no século passado. São episódios de que participaram e dos quais também foste participante, notícias de que se inteiraram ou que trouxeram ao regressar às esferas da alma. Mantém-te confiante... Contempla o desfile do pretérito e obterás a preparação devida à consecução do novo trabalho. Cristo espera por ti!

Calou-se o venerando benfeitor.

Charlotte percebeu que, progressivamente, uma névoa revoluteante, em gráceis movimentos, absorvia-lhe as linhas diáfanas do corpo. E até quando pôde reter-lhe a face, agora inconsistente, amorável sorriso acenava-lhe com brandura.

Nas asas da brisa, bafejos de cálido perfume chegavam dos campos circunvizinhos. Ela respirou profundamente, e, não muito depois, já quase refeita, notava, em pleno ar, o esbranquiçado de uma nuvem que, a mover-se, abeirava-se dela, inteligentemente.

Passiva à súbita e, para ela, inabordável manifestação de um cérebro invisível, viu que a massa informe se condensava em formas vivas. Num *ecran* a se ampliar, de modo gigantesco, corporificava-se, gradativamente, painel a painel, o panorama de uma cidade provinciana.

A jovem escutava-lhe os ruídos, magnetizada, de improviso, ao singular da onomatopeia... Pormenores repontavam, definiam-se, plasmando risonho burgo à sua vista. No azulíneo do firmamento, esfiapados cirros-cúmulos lembravam pétalas suspensas, recamadas de sol, espumas de fulgor esparsas na imensidade. E então...

OS DOIS AMIGOS

LUFAM os ventos desabridos. Raios de sol rompem ao longo das janelas das nuvens, tracejando retas de luz no céu. Divididas pela fita do rio, as moradias estiram-se em tons de bronze velho, entre o cômoro e a várzea. Pelas margens do curso, em grupos assimétricos, as vivendas burguesas, umas quantas afogadas no arvoredo ramalhudo.

À distância, repuxos de fumarada se estorcem na ventania, anunciando arrabaldes.

Sobre um telhado de ardósia maltratado de neve e chuva, elevada veleta a rodopiar sem fadiga. Mais perto, bandeirolas flutuam ao sopro que sacode os topes agudos de abetos colossais, renques de bétulas, cornisos e ulmeiros de casca escalavrada pelas estações rigorosas, teixos frágeis e faias de trêmula folhagem, entre amarelos de giestais, amenizando o casario.

Fragmentando a cidade, vielas toscamente lajeadas, travessas tortuosas, separando edificações austeras de pesadas linhas medievais. Na planície, ruas divididas por habitações em série imitando um rio. De raro em raro, suspensas em arcos, lanternas de precária iluminação. Aviva-se a paisagem ao sacolejar de caleches na irregularidade do calçamento, com *baladeuses* comandadas por revendedores gritões, no comércio das quintas, pela turbamulta a pé e montada, a denotar comemoração qualquer. No gárrulo das vozes, é fácil distinguir-se a particular alacridade da gente do meio-dia.

Contíguos ao bulevar em círculo, entre casas de madeira rebocada, casebres de tábua e taipa, recobertos de colmo; pela mão do vento, quais folhas de adaga, asas de moinho parecem arrancar invisíveis fatias do azul da atmosfera. Avultando entre as quintolas, sobem altas frontarias de vivendas senhoriais. Poderosa fortaleza de severa majestade, estadeando magnificência pétrea, coroa o dorso de escarpada eminência. Certamente, é possível vê-la a milhas de distância, extenso canteiro semeado de construções, incluindo a imponência da igreja em ruínas e a vastidão do castelo quadrangular. Detalham-se as duplas muralhas no eriçado das torres crivadas de ameias, providas de seteiras, flanqueadas por altos pinheiros e, distintamente recortado no interior do segundo círculo fechado de fortificações, ergue-se enorme torreão.

À esquerda, entremeiam-se simétricas ruas, antigos solares, praças públicas, duas igrejas, cujo afunilado de agulhas se perfila ante o céu. Pouco acima, o fio brilhante de um canal em que deslizam botes e barcaças, muitos dos quais, abicando preguiçosamente, vão prender-se à ferrugem dos argolões de um porto de pedra. Aqui, sebe de taludes exuberantes na força da estação; ali, quicunce de rododendros; além, estaqueamento de vinhas; acolá, alameda de sorveiras cujas grimpas ondulam na viração. Nuvem de andorinhas negro-azuladas baila sobre o rio e, mais longe, a luz solar inflama vértices de montanhas.

A pouco e pouco, a visão da paisagem se restringe à *rive gauche,* ao movimento do labirinto das vias e, finalmente, à elegância de um edifício de pontiagudas cumeeiras, cujo corpo superior avança na direção do passeio. Nas paredes patinadas, com esverdinhados realces, a porta principal entalha-se lateralmente, abrindo-se ao exterior, no rés do chão, num jardim ainda ao sabor dos Luíses.

Empurrado nervosamente, abre-se o portão de ferro que defende a entrada.

Como que indiferente à pequena multidão que se derrama nas calçadas, embuçado em escuro mantel que o envolve de todo, na intenção evidente de ocultar o traje, um homem encaminha-se agitadamente para o varandim. Aperta na mão inquieta a bengala de azevinho com castão de marchetaria em ouro, e, ao andar, equivocamente deixa ver os escarpins com fivelas de prata, além da franja de um cinto de sotaina que lhe revela a qualidade.

Embaraça-se procurando algo e puxa com resolução a borda de seda de um pingente incrustado no portal. Ouve-se o sonido perfurante da sineta, no interior.

Aguardando que o atendam, o visitante mostra o rosto que se crispa de impaciência. Parece guardar a ideia de que alguém se esconde no jardim e, por isso talvez, volta-se para aqui e acolá, como quem se esmera em vigilância.

Dirige-se ao pátio retangular, forrado de areia com lances de saibro e quase tropeça nos púcaros de barro, florescidos. Contorna o alfeneiro, pesquisa além da cavalariça deserta, ao fundo, os arredores dos vicejantes pés de tanchagem, das estátuas gêmeas, que figuram crianças a correr.

Passeia o homem o nervosismo de sua sombra pelo chão, transpõe, num salto, o poço em que folhas largas de nenúfares parecem dormitar, e estaca hesitante sob o anelado da tília que a poda esquecera.

Nisso, cortam os ares acordes de violino solitário, qual se fora a voz de alguém chorando à despedida.

Vira-se o recém-chegado, corre de novo à entrada; sempre abordoado à bengala, arrebata o cordão de chamada com a violência de quem se propusesse rompê-lo, e a sua inquietação torna a contagiar a campainha que retine doidamente. Afasta-se um tanto, procura lobrigar as janelas do pavimento superior, estralejando sob os escarpins a areia junto à porta.

Com o solo do violino nos ouvidos, esquadrinha, saltitante, a construção que parece dormir com as janelas cerradas. Coloca a mão em viseira e inspeciona. Escorrega a inquirição do olhar das cornijas gregas para os tríglifos manchados pelas chuvas, dos óvalos que adornam a frontaria aos pilaretes de lioz e vai assustar-se, acima da arquitrave, com as carrancas a caretearem nos orifícios das calhas.

A melodia de um tentilhão, que fora pousar na tília, mistura-se à melodia do instrumento, no improviso de um dueto, qual se estivesse saudando o visitante que não parece ouvir.

Ele interroga o relógio sob a capa e força outra vez a campainha com dedos tão febris que o pingente lhe fica nas mãos. Por momentos, os interiores das salas multiplicam bimbalhar esfuziante da sineta, porém, não satisfeito, golpeia a porta chaveada com a bengala e chama:

– Jules? Jules?

Entretanto, as cordas da caixa sonora seguem gorjeando flébeis prelúdios da canção sentimental que se desenrola, ondeia e foge, num quase lamento. Na surdez da sua distração, o instrumento soluça, suspira, tece fiorituras, inundando o espaço de nostalgia.

Um minuto demorado passa, depois outro, interminável. Muros a fora, a massa de populares cresce em alvoroço. Retumbam gargalhadas no irrequieto entremostrar de avinhada alegria.

Contrariado, à vista de não dispor de nenhum meio eficaz para se anunciar, o prelado agarra-se aos ramos do *rosier jacqueminot* que recobre o portal e alça-se além da janela, agita-os como para chamar atenção e repete com a mão em porta-voz:

– Jules? Jules?

Emudece o violino em *staccato*.

Instantes depois, a porta se descerra, dando passagem à juventude de um cavalheiro em mangas de camisa. Na fronte saliente, a arcada das órbitas sombreia o anilado dos olhos límpidos quais se fossem de criança. É delicado na aparência, embora a obesidade em início, que lhe evidencia a vida sedentária. Na claridade da tez que lhe recobre o nariz grego e o mento arrebitado, e sob o louro dos cabelos, a face lisa propõe-lhe talvez cinco lustros de idade. Seus traços simpáticos evidenciam firmeza. Usa sapatos furta-cor e veste baetilha azul, a calça em lã de nervura. Seu olhar brilha de júbilo ao cumprimentar enfaticamente:

– Padre Marcel! Que surpresa! Entremos! A que devo a visita, caro amigo? Belo dia, hoje, a ressurreição de Jesus e de vós!

– Jules... Até que afinal!

Transpõe a porta o homem toucado. Abraçam-se com efusão. Desvestindo-lhe o capuz e o sobretudo que acoberta a sotaina gasta, o rapaz beija as mãos do sacerdote.

Padre Marcel, no franzino da compleição mirrada e no rubicundo do rosto, terá quatro decênios de existência disfarçados pela miudez do tipo. A boca, sempre entreaberta, como se os dentes aduncos não se articulassem, e o nariz corcovado, dão-lhe aparência de índole simplória. Na cabeça cúbica, a cabeleira parece uma copa de árvore depois da poda, não obstante a calva que lhe amplia a coroa. Dir-se-á raro exemplar de francês puro. Os olhos pequenos, muito aproximados um do outro, mas de um brilho solar, entremostram assustadiça expressão. Arfa, e o crucifixo preso ao seu rosário movimenta-se como se estranha força lhe vibrasse a intimidade dos músculos. Enquanto a venturina lhe refulge no anel, aperta os dedos trêmulos na fronte talvez dolorida, fronte riscada pelas paralelas de duas rugas gêmeas, como se fossem o duplo vinco de um chapéu que usasse até momentos antes. Relanceia o espanto do olhar em derredor, e, porque o hospedeiro lhe estendesse a destra para colher a bengala, toma-lhe o braço, arguindo escrutadoramente:

– Jules, estamos sós? Florian está? E Monique?

– Sim, padre, estamos sós – o musicista sorri e se dirige ao bengaleiro. – Seguindo os costumes da minha mãe – prossegue –, dispensamos a criadagem para os folguedos de hoje. Nossa Carcassone é sempre a mesma... Ensaiava ao violino por simples desfastio. Estou feliz, muito feliz tendo-vos agora a companhia. Moni saiu com Florian, diz que precisa dos passeios que facilitem a gestação...

UM MOMENTO DE FELICIDADE

A JOVEM cuja flutuação dos cabelos segue os voos do xale de cachemira, aos caprichos do vento, murmura:

– Confesso, meu Florian, que me sinto satisfeita, muito satisfeita, hoje!

Ar solene de esposo, o acompanhante mede o ligeiro dos passos pelo caminhar moderado da senhora quase menina. Carinhosamente, segura-lhe a sombrinha pelo cabo de marfim enfeitado de fitas a esvoaçarem na aragem estival.

– Meu amor – responde bem humorado, em voz baixa –, alegro-me com a tua alegria. Que bom esperar a pequena criatura que tanto desejamos!

Seus olhos, no profundo de um azul que à distância passa por negro, têm abundância de vida. O nariz é romano, os cabelos, que não empoa, estão aparados no estilo Brutus. O casacão de merinó, o colete de seda bordada, a chalina bem atada, evidenciam o sóbrio na elegância.

Aproveita o casal a aprazível frescura da tarde, passeando a pé, antes do anoitecer. Cirandaram sob o copado das árvores e, vagarosamente, seguiram as sombras que os sobrados projetam. Avançam agora tranquilos entre as muralhas centenárias da *Cité*.

A sós, a futura mãe comunica:

– Mais quatro meses, e teremos gente nova em casa. Que alegria! Tenho orado tanto pela bênção da maternidade! Três longos anos de espera... Até que enfim! – e suspira aliviada.

No deslumbrado da fisionomia, configura afável expressão que ninguém registra sem admirar. A gravidez realça-lhe a tez e, sobretudo, a luz dos olhos de límpido verde-água. Tem faces de suavíssimo contorno e finura de lábios que lembram o pincel de Jean Antoine Watteau. Usa falbalás no vestido de gestante, em musselina denticulada ao gosto do Diretório e leve chapéu de palha italiana condizente com a estação. Ao movimentar-se, deixa ver os pés calçados de escarpins de seda, as meias de anafaia. Fala devaneando:

– Querido, é tempo de adquirirmos um berço. Quero adorná-lo de rendas. O enxoval de nosso príncipe já está quase pronto! Diariamente, agora tenho um ritual. É preciso manusear, lavar e assear os sapatinhos... as minúsculas camisas... as touquinhas... os passamanes... E depois, que delícia será sentir o toque dos braços roliços... Olhar as unhinhas transparentes, os cabelos sedosos, os pequeninos pés rosados... Ouvir alguém me chamar *mamãe!* Oh! Não me canso de pensar nisso!

A resposta dele é um sorriso prazenteiro. Aproveitando o favorável da ocasião, ela o retém pelo braço e expande-se eufórica:

– Vou recitar-te alguns versos que preparei para o nòsso filhinho, para o nosso Renet! Queres ouvir?

Ele concorda na brevidade de um aceno, meneando a cabeça que começa a encalvecer. A poetisa parece meditar alguns instantes e, voz argentina, em sentida modulação, na meiguice maternal que a exalta, declama apoiando-se no marido feliz:

ESPERANÇA

Meu filhinho, enquanto espero
O albor da alegria imensa
De sua doce presença

– Minha luz de amor sem fim –,
Todo o meu hausto é carícia,
Canção, beleza e vitória!
Mas sei que toda essa glória
É você vivendo em mim!

Meu Renet, no anseio enorme
De dar-lhe minha ternura,
Quero expressar-lhe à alma pura
Minha infinita emoção..
Penso... choro. .. choro... penso...
E só sei dizer baixinho:
Meu encanto! Meu filhinho!
Meu lírio! Meu coração!

Rola a fluência dos versos simples, elevando o ouvinte numa onda de enternecimento e, em tom familiar, os olhos brilhantes de emotividade, ela prossegue:

Pressinto que, muito em breve,
Você virá, meu anjinho,
E prevejo o seu carinho
Que a palavra não traduz...
A sua alma na minha alma
Reaquece-me a lembrança
E encontro nova esperança
Banhada de excelsa luz.

Um transeunte que passa, ante a gestante declamando em surdina e acentuando as expressões de mãe, aprende o significativo nos olhares que ela endereça ao companheiro, sorri, afunda o gorro à valentona, de través na cabeça, e segue rua acima a trautear o *Il pleut, il pleut, bergère* de Fabre d'Eglantine:

Entends-tu le tonerre?

Il roule en approchant... – letra pressaga que o casal, porém, não escuta. É que Monique, com timbre mavioso de voz, voga ao longo dos próprios pensamentos, à feição de encantadora *diseuse*:

Filho amado, meu destino!
Para mim você resume
O anelo, a graça, o perfume,
Sob a alegria sem véu.
Lar de estrelas dos meus sonhos,
Resguarde-me no caminho,
Sua doçura é meu ninho,
Seu coração é meu céu!

– Oh! Bravo! Bravo! Que belo poemeto, meus parabéns! – aplaude Florian batendo palmas, qual se quisesse bisar-lhe a récita quando a esposa termina.

Involuntariamente, umedeceram-se os olhos, e ele afaga as mãos dela com um beijo, beijo suave quanto um sopro.

Prosseguem bordejando as arcadas ogivais, tarde afora. Jorro de luz crepuscular lava o rugoso da face da Torre Trésau, que vigila, à distância plácida dos campos, a febril agitação da cidade.

De fora da Porta Narbonnaise, por onde, horas antes, tinham alcançado os passeios da *Cité*, veem o gracioso landô de portas amplas e tejadilho descoberto que os aguarda.

Acomodados, o veículo roda. E através das torres semicirculares, a erguer-se do nicho de pedra, tradicional imagem da Virgem, conhecida ali, desde o século XV, parece segui-los enigmaticamente.

Camponeses de todo o Aude, no pitoresco dos trajes de cores berrantes, e que se haviam abalado de casa para as cerimônias do fim da quaresma, fazem as ruas burburinhar na alegria do zunzum.

Numerosos deles conhecem o casal que transita na carruagem.

O médico Florian Barrasquié, carcassonense de nascimento, estudara em Paris e, já consorciado, voltara a residir na cidade natal. Conquanto casado há três anos, somente agora vê a esposa visitada pela maternidade. Até aí, faltara-lhes o estímulo precioso dos herdeiros na vida conjugal. Mãe órfã de filhos, Monique, em pensamento, balouça, desde muito, o vazio de um berço. Seus sorrisos, por isso, destilavam ansiedade. E agora que a especial fase da existência felicita-lhe a juventude, o marido aconselha excursões vespertinas pelos sítios aprazíveis das redondezas, visando a distrair-lhe o espírito e tonificar-lhe o organismo. Monique, recusando companhias, condiciona as caminhadas salutares ao acompanhamento dele que, nas possibilidades de tempo da clínica, satisfaz-lhe de bom grado as doces intimações.

Florian volta a louvar-lhe o poemeto maternal, e ela segreda:

– Verás, em breve, as canções de ninar que espero compor... – seu amoroso olhar acaricia o esposo enlevado.

– Jules me prometeu musicar alguns versos. Hoje, vou recitar-lhe os que te mostrei.

O ROSÁRIO E O VIOLINO

NO SOLAR, o sacerdote indaga com uma ponta de recriminação:

– Hoje, justamente, quando todos se rejubilam, tocavas uma canção tão triste! ... Por que, Jules?

– Não sei... Esquisito! Sentia-me só e triste sem saber por que... E estava justamente indagando a mim mesmo a razão de improvisar peças fúnebres em momento festivo como este, quando vos ouvi! Mas a sombra passou! Sinto-me alegre outra vez!

Jules diligencia sorrir, entretanto, ao notar que o rosto ainda jovem do prelado mostra fundo vinco de aflição, contrista-se de novo. Dispõe-se a interrogá-lo a respeito, quando padre Marcel volta a falar. Nuvem de recôndita angústia vela-lhe a voz, toldando-lhe a transfiguração do olhar.

– Sabes, filho, eu também ando preocupado. Quero desabafar-me, preciso falar-te, falar-te com urgência! Hoje, Jules, sou o confessor que necessita se confessar, e – acentua exaltado – tu precisas ouvir-me...

– Sim, padre Marcel, sim... Para conversarmos à vontade, subamos.

Junto ao retorcido do corrimão chanfrado, o cura revela fadiga. Apoia-se em Jules para galgar os degraus da escadaria, que conduz aos aposentos do andar de cima. Olha sem ver os balaústres de pórfiro que exornam a curva ascendente dos degraus, o tapete azul-índigo que lhes abafa os passos.

Atingindo o salão, o moço oferece ao visitante uma das poltronas forradas de brocado, do conjunto de ébano. E como, na pressa de atender aos chamamentos da porta, esquecera o *Guarnerius* no assento do sofá, vai depô-lo na almofada de veludo, num dunquerque próximo.

Agora, senta-se para acolher as palavras do amigo que, todavia, emudece, de inopino, alheado.

Pausa densa pesa no salão de damasco rosa antigo, atapetado de *aubussons* cor-de-pastel. Jules nota a penumbra cheia de intenções penosas e acende um lampeão de opalina frisada. O baciado da luz expõe retratos em molduras trabalhadas. Pode-se quase ler uma assinatura de Vigée Lebrun. São abundantes, pelas paredes, as miniaturas de paisagens francesas e suíças, em litocromia. No oval de uma tela, o Amor e Psique seguram festões floridos sobre o Idílio numa troica, em planície de neve. Eis o local dos exercícios ao violino, que agora descansa longe do estojo aberto entre álbuns de partituras em papel grosso e nacos de resina.

Assim como o sacerdote vive para o rosário, o jovem porcionista de música, em Paris, goza as férias da Páscoa na cidade, vivendo para o violino.

Larga porta-janela de padieiras e pinásios acastanhados, abrindo-se para o pátio, deixa ver, lateralmente, a riqueza da platibanda de giestas que ornamenta a construção e o telhado revestido de musgo semeado pelo vento, a brotar em germinações acidentais. Pesado reposteiro, em franjas, veda a janela colgada de cortinados, abafando a grita festival da rua.

No mutismo da sala ouve-se o ruído compassado da pêndula no alizar polido da lareira.

Mercê da confiança que os reúne, padre Marcel desabafa com a discrição de quem confia um segredo, lançando em frases curtas as rememorações que o acabrunham:

– Meu filho, tive, esta noite, um pesadelo estranho! Sua nitidez espantosa deixou-me aturdido, em amargoso pressentimento. Creio que o passado explode às vezes em nossa alma, qual informação que salta dum livro de consulta! Sonhei que, em outra época, não muito longínqua, ambos nós, moços ainda, residíamos em certa cidade... Não, não era esta nossa velha Carcassone! Na visão, sem motivo óbvio, sentia-me no Languedoc! Nesse lugar... ali... assaltamos dois cobradores de impostos. É horrível dizer-te que ideávamos um roubo e que, ao reagirem as vítimas, não hesitamos em assassiná-las. Vi-te arremeter sobre um dos infelizes funcionários, desferindo golpes e pancadas que o deixaram agonizante... Eu... eu... concluí o crime arrojando o outro coletor pela janela do torreão em que trabalhava.

Interrompe-se o eclesiástico, procurando sopitar as impressões em que se escalda. Levanta-se e apoia, perturbado, no tremó de acaju que comporta a limpeza dos castiçais e das arandelas. Na quietude momentânea, estremece o rumor cristalino dos pingentes que se embatem. Dá alguns passos ao acaso.

Jules contempla o amigo com surpresa. Vai dizer alguma coisa, mas o pastor, com voz incerta, volta a insistir confidencialmente:

– É aflitivo! É aflitivo! Realidade ou sonho, não sei precisar. Contudo, tenho a ideia de rearticular as teias sutis da tragédia. E também, Jules, não sei por que, guardo hoje a incômoda suposição de que alguém me vigia os passos... que olhos invisíveis me seguem... que uma sombra intangível me acompanha desde a manhã, espreitando-me na mesma volúpia, com que, no pesadelo, eu assassinara o oficial da cobrança pública... Não posso... – continua, após ligeiro intervalo marcado por um suspiro – escapar dessa sensação de culpa... Jules, meu amigo, creio que chegamos do passado errando a quatro mãos pelo caminho...

– Mas, reverendo – interpõe o moço, buscando acalmá-lo –, é preciso desfazer tais impressões. Não é sensato atribuir-se alguém com simples sonho! Sois um homem bom, estimado por todos! Nada de receios! Asserenai-vos, tudo vai bem...

E imprimindo vigorosa força de persuasão à voz, volta a ponderar, depois de breve reflexão, fitando o sacerdote, qual se lhe quisesse devassar o último dos escaninhos da alma:

— Reverendo, quem sabe se podemos atribuir um pesadelo assim aos vossos estudos, talvez excessivos, em torno de obras condenadas pela Igreja?

— Não, meu filho, não é isso. Aliás, muito raramente disponho agora de ocasião para estudar, como nos bons tempos!

— Acautelai-vos, porém, contra as heresias como essa das vidas sucessivas que, tantas vezes, já foi objeto de nossos comentários. Sinto-vos cansado... À vista disso, explica-se vossa impressionabilidade. Compreendo as altas intenções que vos levam, porém, nada de complicar a saúde... Padre Marcel, padre Marcel, só a vida cá na terra já é um fardo pesado demais! — Numa tentativa de alterar o diálogo, com o intuito de pacificar o amigo, o moço desconversa: — E como foram as comemorações da Semana Santa?

— Sim! Sim! Cousa misteriosa, meu caro! Minha preocupação é maior por isso mesmo. As espórtulas deste ano são as mais elevadas, desde que sirvo à paróquia!

— Mas, padre — volve o interlocutor a rir-se com manifesta bonomia —, fartura será razão de pesar?

— Não, por certo! Mas tenho dinheiro, muito dinheiro em meu poder, e é preciso aguardar a hora de transferi-lo para os cofres do episcopado... — E segreda: — Receio assaltos... Não zombes, Jules. Ajuda-me! Dize-me, que devo fazer?

Essas frases do prelado são insofridas. Silencia, com a pendência da cabeça e um vago no olhar, qual se esmorecesse ao esforço da confissão.

O violinista compadece-se. Embora apreensivo, pois sempre levou muito a sério quaisquer considerações do ex-professor, diligencia asserená-lo, procurando desvanecer-lhe as cismas.

– Padre Marcel, nada de medos. É o que digo: serviço demasiado com vigílias permanentes da Semana Santa, resultado – fadiga excessiva. Tendes sido sempre um adversário declarado dos quietistas... Vossa fisionomia fala de exaustão. Careceis repouso, padre! Apóstolos são também homens e não existem homens que não precisem, alguma vez, de medicação e descanso. O dinheiro será entregue em paz. Esqueçamos isso...

Nota-se-lhe o desejo de enveredar por outro assunto, no entanto, à frente da amedrontada expectação do sacerdote, compreende que seria desapreço qualquer apontamento capaz de significar indelicadeza e repisa, a contragosto:

– Afinal de contas, somos criaturas de fé em Deus... Não vos aflijais!

Jules fala assim, brandamente, quando o inesperado de um rumor, semelhante a gemido partindo do saguão da escada, assusta o reverendo que, de arrepios nos cabelos, põe-se a tremer. Surge agoniado momento de indecisão. Que barulho será esse? De quem o grito soluçado de angústia?

SEGUIMENTO DO ANTERIOR

O VISITANTE faz-se lívido, o moço ergue-se e, em se aproximando da porta interior, apela em tom carinhoso:

– *Caprice?*

Incontinênti, um angorá branco – novelo vivo de lã –, de onduloso andar e olhos dormidos, coleia pelo portal ao nível do rodapé, fazendo girar preguiçosamente o fofo da cauda. Passeia com languidez de elegância sobre o tapete e, ronronando baixinho, vai rostir os fios do pelame nas pantufas de Jules, que o toma nos braços, retribui as carícias e, afagando-o de leve, volta a sentar-se.

Os dois amigos sorriem.

Mal refeito do susto, o sacerdote desafoga-se em largo suspiro. Mostra-se menos tenso, e percebendo-o, Jules torna a levantar-se, dispondo-se a correr os reposteiros da janela exterior. Intentando aliviar o curso da conversa, observa, casual:

– O crepúsculo avança, respiremos a aura fresca...

A bulha do povo, a regozijar-se na rua, invade o morno da penumbra na sala.

Debruçando-se para a calçada atulhada de grupos festivos, o moço surpreende-se:

– Quanta gente! Vistes, padre?

– Sim! – resmunga o interlocutor, sem disfarçar o aborrecimento. – Comemoram a Ressurreição. Não lhes bastando a *mi-carême*, desperdiçam o Sábado da Aleluia. E olha que, daqui a algum tempo, celebraremos o Pentecostes!

– Há muito não vejo tanta gente reunida!

–Sim, sim! E que tempos vivemos! Tempos de contradição! Mata-se o povo em vinho para comemorar a imortalidade do Senhor! Deus nos ajude! Deus nos ajude!

– Mas não vos parece, padre Marcel, que o pessoal celebra a Ressurreição tão animadamente porque o inverno se despediu mais cedo?

– Talvez... – convém o reverendo, em tom frouxo, tentando interessar-se pelo assunto. – A festa beneficia-se com a primavera precoce. Mas o povo aqui da Cidade Baixa, ao que suponho, quer reproduzir, no dia de hoje, os excessos e as loucuras do carnaval. E não é só isso: comemoram-se bodas! Dois casamentos de importância, um deles na Cidade Alta, o outro, da caçula do Faigarolle, na rua da ponte. Há grande número de romeiros e a parentela dos noivos. – E percebendo que o outro expressa ingenuidade na admiração: – Que é isso, meu rapaz? Deste de todo as costas à nossa vida provinciana?

Ri-se Jules ao amistoso da censura:

– Há muito tempo ando fora... A romaria com bodas explica os trajes de festa do Hèrault, de Castelnaudary e de Carcassone hoje reunidos, não?

– Sim, os forasteiros fazem o pernoite anual na cidade, esperando os sinos da Ressurreição.

– A propósito, padre, já tivemos o nevoeiro da aleluia este ano?

– Por enquanto, não...

Vem o sacerdote acostar-se igualmente à janela:

– Há pessoas até do Sigean na cidade. E todos exibem os sinais das pipas.

– E será que estiveram ontem na procissão do Senhor?

– Se estiveram! Quem diria, agora, que são os mesmos! E, no entanto, são... Ah! Essa nova geração não deseja pensar!

– Vêde, as cenas... Que quantidade de bêbados! Eles procuram, por si mesmos, o suplício do Duque de Clarence no tonel de malvasia...

– Sim, filho, e quanta imprudência! Pura imprudência! Tudo isso apenas uma década da Revolução... Na infância do século...

– Reuniram-se em multidão os súditos de Baco... – ri-se Jules, divertido, enquanto os olhos do pastor percorrem a álacre girândola. – Mas, padre, julgo que também nós precisamos de algum vinho... Não tanto, é claro! Não podemos, contudo, recusar pequena dose que nos refrigere. Com vossa licença, buscarei algo com que nos refaçamos.

Entram pela janela os derradeiros sopros da brisa vesperal e o doirado da poeira rodopia no recesso dos raios expirantes do Sol. As cortinas sem embraces enfunam-se por um instante e voltam a descer, pesadamente.

– Irei à adega – anuncia o moço, brincalhão, já do meio da sala. – Trarei um certo vinho de mais *bouquet* do que as flores do jardim... Se o povo bebe por vício, beberemos por remédio! Vou exumar um odre do século passado. Mas isso é num momento, volto já...

Balançando a cabeça, o visitante acolhe a oferta, sem palavras. E o jovem, saindo, ainda reticencia para lhe desanuviar o semblante:

– Embora não tenhamos galhetas por aqui, ordenharemos os tonéis que *dormem* na adega... Temos até vinho de cheiro! E depois, que tal uma partida de gamão?

Sorri o sacerdote, estica as bochechas, menos cismativo, e torna a sentar-se na poltrona, a fim de esperar.

Jules deixa a sala, desce rapidamente a escadaria e desaparece por uma das alas térreas.

REFLEXÕES NUMA ADEGA

MUNINDO-SE de um candeeiro, na escada inferior que leva ao compartimento das adegas, empenha-se Jules em explicar a si próprio o pesadelo narrado pelo amigo.

As relações entre ambos são estreitas e perduram desde quando o padre lhe fora preceptor na primeira infância, em Toulouse, onde viviam então. O espírito do rapaz, nutrido de acordes, tímpanos saturados de Pergolese e Mozart, tem a fome emocional da sinceridade do artista que anseia realizar-se e, por isso, granjeara invariável admiração no orientador de outros tempos.

Engolfado em si mesmo, reflexiona:

– "Que haverá por trás de tanto assombro? Realmente um sonho?"

Marcel de Lapouyolade nunca denotara temperamento impressionável assim... Sabe-o realista. Conquanto religioso, não se prende a superstições em nome da fé. Mente aberta aos conceitos mais avançados acerca de qualquer assunto, nem sempre dócil aos seus votos de obediência, o que habitualmente lhe vale severas advertências por parte dos superiores, caracteriza-se como sendo arejado pelas ideias revolucionárias adequadas ao século, não obstante cristão exemplar.

Ele, Jules, chegara de Paris dias antes. Desde muito, não vem a Carcassone e, trazendo o violino favorito, não sai de casa, à feição de parisiense encantado com o silêncio da província, consagrando as horas todas aos exercícios musicais. Do velho quadro de amigos, possui, agora, apenas o clérigo e mais dois ou três laços fortuitos, à distância do solar. Para ele, que se afizera à cidade grande, repleta-se a vida interiorana de criaturas inadaptadas ao espírito da metrópole, o que não sucede com padre Marcel, homem desabrido de alma e leitor assíduo de autores antigos e modernos, Plotino, Deleuze, Puységur, Montgeron, Swedenborg e outros, muitos deles na condenação do Index. Não raro, trocam impressões. Entende que o amigo, do modo em que o aceita por hábil parceiro de gamão – o jogo predileto do cura –, julga-o capaz de lhe compartir das incursões mentais que sustenta nos domínios da filosofia e da religião, sem levar-lhe em conta a juventude. Além disso, ambos se afinam nas preferências artísticas. O gosto musical se lhes reflete um no outro.

E como resistir à compreensão e à generosidade do sacerdote?! O ex-preceptor é um apóstolo de bondade e entendimento... Entretanto, indaga-se o rapaz:

– "Que estará acontecendo na mente do padre Marcel?" Profundara-se ele em pesquisas complexas sobre a transmigração dos espíritos em novos organismos planetários. Da última vez que estivera em Carcassone, encontrara-o afundado entre livros singulares e afoitos, tais os de Lee, Saint Martin, Laváter, a biografia do Duque de Montmorency, dispondo-se, em seguida, a interpretar, com prazer e a seu modo, tudo o que guardasse o sabor do sobrenatural. Nesse sentido, aliava as ocorrências da época, em torno do magnetismo, aos fenômenos da vida dos santos, analisados pela Igreja.

E, matutando, impressionado, de si para si:

– "Vejo padre Marcel nervoso pela primeira vez... Chegou embuçado e esqueceu o tricórnio! E que receios infantis! Isso com ele, sempre sereno e tão respeitado pelo destemor! A que atribuir semelhante demonstração de fraqueza nele, que já teve força bastante para recusar, por várias vezes, a *murça do canonicato!* Impossível permitir que o esgotamento se agrave! É preciso, imediatamente, conferenciar com Florian. Florian saberá o que fazer..."

Cismarento, o musicista atinge a porta da adega e, ao abri-la, distrai-se, intentando recordar minudências da última vez em que descera até aí, muito tempo atrás.

Aspira o ar bafiento, enumera os caibros carunchosos, as colunas de que ressumam perolados de suor, as paredes baixas recobertas de salitre. A flébil luz do candeeiro atira silhuetas fantásticas entre rimas de garrafas sustidas pelas traves grossas, evidenciando superfícies aveludadas pela poeira que somente os anos sabem esparzir. Pipotes e tonéis de ventre bojudo se sobrepõem, exibindo o trabalho de velhos tanoeiros, subindo até junto ao cortinado de teias de aranha do respiradouro. Num batoque, desmancha-se um tocheiro ferrugento.

Jules descansa a luz sobre o escabelo deixado à porta e revira pichéis de argila e pipos cintados de ferros para ver, na rotulagem descorada, a colheita de que falara ao reverendo.

"RESQUIESCAT IN PACE"

ENTREMENTES, o padre Marcel reclina-se com a cabeça apoiada às costas da cadeira estofada.

Caíra a noite. Sombras avolumam-se de manso, na penumbra que apenas se desfaz em derredor da luz baça dos bruxuleios do lampião. Não mais se distingue a troica na planície de neve, já escureceu nas paisagens suíças em litocromia. É a hora incipiente das últimas meias-tintas, as entressombras espessas que anunciam o predomínio da noite.

Além janelas, decresce um tanto o marulhar da turba. Ouve-se, cá dentro, o tique-taque descansado da pêndula marcando ritmo ao lento bailado dos ponteiros e ao tamborilar compassado dos dedos do sacerdote sobre o braço desnudo da poltrona.

Transcorrem minutos. Imerso em conjeturas, a cabeça pendida, padre Marcel nem percebe rápido, mas ríspido ruído no reposteiro ao fundo do salão. Puxados com violência, os anéis se atritam contra os varões de bronze.

Ensurdecendo os passos, deslizando pé ante pé, alta sombra, na obscuridade cúmplice, esgueira-se do postigo e se aproxima. Absorto, o cura esfarpa, sem o perceber, a ponta do cinto encorpado da roupeta.

Então, com agilidade, qual felino sobre presa incauta, salta o vulto por trás do espaldar da poltrona. Em segundos, fortes garras arrebatam o pároco inclinado, tolhem-no, e recurva mão calca-lhe a boca, sufocando-lhe a voz. Aterrorizado, ele arqueja, o medo esgazeia-lhe os olhos. Empenha-se a reagir na impetuosidade de empuxões, consegue pôr-se de pé, faz desesperado tentame para se desvencilhar e fugir, todavia, o assaltante logra detê-lo e subjuga-o, rilhando os dentes. Domina-o violentamente, prendendo-lhe a sotaina, e duplica forças a fim de imobilizá-lo.

Conquanto inabituado aos esforços físicos, o padre não se rende e desenvolve um angustiado ímpeto para alcançar a janela. Tudo em vão. Tenta o desconhecido aplicar-lhe um golpe com o pé, como se estivesse jogando a savate.

Medindo resistências, os dois se desequilibram, rojando-se no assoalho. Mas a espessura do tapete abafa os sons.

No embate que se estabelece, escapa-se a mão já mordida que o asfixia, e padre Marcel transpira terror nos chamamentos:

– Jules! Jules!

A luta exaure-o, ofega, é quase num sussurro que insiste:

– Jules! Jules!

A inesperada reação enfurece o atacante, acresce-lhe as energias.

Ambos, novamente em pé, recuam e cambaleiam de encontro ao parapeito que dá para a rua. Padre Marcel – junco frágil em tenazes poderosas – geme lancinantemente, clamando pelo amigo e, embora a intenção de se agarrar às roupas do agressor, de súbito, num movimento incontrolável, é lançado pelo escancarado da janela.

Na instantaneidade da trajetória, deixa ainda, suspenso no ar, um derradeiro brado de angústia:

– Jules!?...

As trevas, além do reposteiro, voltam a absorver a sombra do atacante, qual espectro sinistro em fuga célere pelos apartamentos de serviço.

Na rua, ouvira-se o surdo baque, o estralejar de ossos que se partem.

Transeuntes acorrem.

– Quinze pés! – quase grita um deles, tomado de assombro, medindo visualmente a altura da janela e assobiando baixinho.

Nas lajes do calçamento, o reverendo jaz estendido entre respingos de sangue. Tem as pernas entrançadas e leve estremecimento impele os circunstantes a se curvarem para estendê-lo em mais cômoda posição.

Seus lábios agoniados, num reflexo nervoso, repetem ainda, nos derradeiros haustos de vida:

– Ju... les!... Ju... les!

Batera a cabeça tonsurada de encontro às pedras arestosas que os pés dos vilões, dos nobres e burgueses, debalde tentaram alisar no transcurso dos séculos. Um dos escarpins pretos saltara a alguns passos de distância, e alguém, que o vinho deixara mais lúcido ou que se desembriagara pelo choque, sem que ninguém perceba a irreverência, passa-lhe a fivela de prata para dentro do bolso.

Sob a nuca do agonizante, corre o rubro de um filete que macula os anéis dos cabelos desfeitos, a entranhar-se na frincha do lajedo já mosqueado de sangue. Perto, desata-se o molho de chaves com o qual ninguém se importa.

– Quase nos rebenta a cabeça! – observa, de fisionomia alterada pelo susto, o moço gaiato num dos grupos rufiões em retorno da taverna.

– Mas... Deus do Céu, é padre Marcel!
– Padre Marcel? Sim, é padre Marcel...
– Padre Marcel está morto? Oh! Mas é preciso fazer alguma coisa, chamar um médico!
– Ah! Este não precisa mais de médico!
– Os gendarmes, corram à gendarmeria!
Tomam-lhe o pulso, ouvem-lhe o coração.
– E então?
– Não respira mais.
– Morreu?
– Sim, morreu, está morto.

Sobre a massa humana que se avoluma pesa um instante angustioso de silêncio. Depois, um frêmito de terror percorre as frontes inclinadas, e a frase terrível, repetida com discrição, salta de garganta em garganta:

– Padre Marcel está morto... Está morto... Padre Marcel morreu...

Realmente, a morte não se fizera esperar: o infeliz nem dispusera de tempo para pronunciar o seu *In manus*. O corpo morrera com a voz. O hábito sanguinolento rebaixa-se da dignidade de sotaina à serventia de sudário. Coaguladas lágrimas envermelham os olhos do apóstolo imensamente querido, hirtos de espanto, espanto que se comunica, de chofre, às pálidas faces em derredor.

Desaparecera o líder moral dos carcassonenses. Imobilizara-se-lhe o coração que fora a pira ardente onde os contemporâneos queimavam preocupações e problemas.

A roda dos espectadores aumenta. Chegam curiosos na avidez de sensação e boato, a perpassarem escalas de emoções, da alegria desordenada da festa à realística geometria da morte. Cessara o alarido das cantigas, o vozerio, as gargalhadas dos ébrios. Agora a morte reina, muda e absoluta. Reina pela estupefação! Só as pupilas falam, o palor nas faces. É um atônito círculo à volta do cadáver.

Devotos surgem, choram e se persignam, gemem baixinho:

– Padre Marcel! Padre Marcel!

Mulheres esparramam-se de joelhos, debulham-se em pranto, sem resistir ao impacto da dor que lhes transtorna o raciocínio. Uma delas abre os braços e comenta, tal como ouvira comentar a mãe de sua mãe:

– Chega a noite, chega a morte!

– *Resquiescat in pace!* Pobre e santo padre! – soluça outra, apertando sobre o coração pequena cruz à *la Jeannette*.

– Inda hoje o vi, nos ofícios da missa! Deu-me a comunhão com essa mão que aí está! – velha senhora lamenta-se, *lívida* qual o morto, enquanto um homem, compadecido, aconselha-lhe:

– Cidadã, volte para casa! Silêncio, amigos!

– Ah! Logo o senhor cura! Vão-se os bons, ficam os maus...

– Então? Então? Que será de nós!

O indeciso das preces povoa a rua onde o brejeiro das canções transbordava. Semelhando vagas que vêm e vão, abafados sussurros percorrem a turba crescente e se desfazem como que arrastados pelas últimas luzes tênues do Sol no ocaso.

Convertem-se flamas de regozijo em lumes de funeral. A folgança transfigura-se em choro, calam-se os ditos zombeteiros e rugem as primeiras maldições.

AS SUGESTÕES DE UM CADÁVER

UM TOCHEIRO, trazido não se sabe de onde, vem iluminar a fisionomia do acidentado, que se marmoriza, fixando nos traços o estarrecimento e a surpresa indeléveis à morte. Entre o assombro e o pesar da massa expectante, um grito estala, alguém soluça, e volve o mutismo galvanizado ante o desastre.

Pasmo e sofrimento! Sim, o homem aí tombado é padre Marcel, e está morto! Tem o crânio espedaçado. A máscara de horror, no rosto sem vida, retém um esgar de quem não acabou de expressar o padecimento e a repugnância de que se possuíra. Os olhos enormes, medonhamente abertos, estão pincelados de sangue e pincelados de sangue estão os dentes desarticulados na boca entreaberta. Os lábios, imobilizando o trágico, falam alto de desmedida angústia. Os dedos recurvos da mão direita, mão que os lábios de quase todos os presentes já beijaram, apartam-se paralisados na derradeira sílaba de inútil apelo.

Interrogação terrível espoca:

– Quem foi?

Fitam-se os circunstantes entre si, numa solicitação recíproca de opinião, em gestos mudos. De um por um, surge, em todas as pupilas, subitamente, a chama da indignação. E a ira coletiva explode na língua de um só, porque o homem da pergunta volta a inquirir:

– Quem foi?

Sobe a maré de olhos para a janela aberta, no segundo andar, comprimindo-se o ajuntamento entre o morto e o gradil da casa solarenga.

Debruçado sobre o corpo a estriar-se, o burguês afoito examina a sotaina curta de duraque manchada de vermelho, depois a ruptura do cabeção que expõe o colarinho filetado de púrpura. E observando as equimoses a envolverem o intumescimento do pescoço, a face que minúscula flor vivamente rubra enfeita de tragédia, vocifera, à feição de juiz transformado em carrasco:

– O assassino! Exijamos o assassino!!!

– O assassino? – contagia-se a inquisição, de boca em boca.

– Sim, o assassino! Padre Marcel foi assassinado! – rearticula, estentóreo, o improvisado capitão de revide.

Agiganta-se a cólera popular, arma-se a revolta. O cadáver excitava à piedade, a vítima sugere justiça.

– Quem matou o santo?

– Ele falou! Pronunciou um nome... Jules...

– Jules! Jules! Jules! – prorrompem acusadores às dezenas.

– Jules pode ser o assassino!

– Jules deve ser o assassino!

– Jules é o assassino!

Solta-se o calhau pequenino na trilha da avalanche:

– Vamos! Por que parados aqui?!

– Justiça! Justiça! Acuemos a fera!

Brados instigadores partem uníssonos da conturbada assembleia. Ululos de ódio erguem-se na multidão que se precipita em tromba para a porta do solar.

– Castigo ao culpado! Ao calabouço!

– Morte a Jules!

– Morte ao assassino!

E muitos sabem onde se encontra Jules.

– Adiante! – verbera a eloquência de vinho farto.

– Ao calabouço! Ao calabouço!

A astúcia de um homem recruta os demais, com o punho no ar:

– Apanhemo-lo! E agora! Agora e depressa!

– Pela esquerda! – estrondeia uma boca invisível.

De todos os lados estala estarrecedora rajada de imprecações. A rua parece canalizar ribombos de imensos trovões, enquanto o populacho, entontecido, figura-se colmeia que se alvoroça. Instantânea vertigem de fúria turbilhona o pequeno mar de cabeças, que nauseantes emanações alcoólicas excitam e exaltam.

E à vista de toda comoção, em grupo, assemelhar-se a manancial de forças plasmando repastos psíquicos, o fato atrai súcias de desordeiros e vampirizadores desencarnados, obsessores avulsos quais matilhas de lobos no desvairado festim da presa fácil. A generalização da loucura se estabelece como se a alma belicosa das antigas tribos da região ressuscitasse de inopino.

– Apanhemo-lo! Apanhemo-lo! Jules! Jules! Bandido: Assassino!...

Cerram-se por inteiro as tarjas da noite em solenidade pressaga. As trevas densas tudo amortalham, mesmo as altaneiras muralhas da Cité, de ogivas ciosas da própria dignidade, qual se quisessem poupar-lhe à decrepitude o deplorável das ocorrências em perspectiva.

– Peguemos o assassino! Jules! Jules!...

QUADRO DE RUA

AINDA na amenidade da tarde, entremeado de observações álacres e confissões idílicas, prosseguira animado o colóquio entre os cônjuges.

Agora, Monique apeia na Ponte Velha e se diverte arremessando pedrinhas coloridas a ricochetearem as águas. Ilumina-se-lhe o semblante refletido no espelho movente e ela monologa com o encanto da espontaneidade:

– Parece que o Aude está vestido de flores.

Seu olhar se derrama pelo rio torcido em curva, ao longo das margens onde fervem espumas entre trêmulos caniços. Andorinhões tatalam asas nas enseadas enflorescidas de canas butomas.

Inclina-se o casal sobre as largas pilastras, contempla os casarões gretados pelo tempo. O Sol, caindo, reverbera nas águas-furtadas, incendeia as vidraças das trapeiras. O rosto da senhora banha-se de luz, e os seus cabelos como que se liquefazem quais fios de tenuíssima opala.

Marido e mulher põem-se a caminhar. Guiada pelas rédeas do cocheiro pachorrento, a carruagem segue-lhes empós.

– Vê, compra algumas, compra, Florian!

Monique sorri, sonhadora, junto aos açafates recheados de uma florista ambulante. As fitas do pequenino chapéu estremecem aos ademanes juvenis com que assinala a indecisão na escolha.

– Não quereis balsaminas, meu senhor?

– As balsaminas! São as primeiras que vejo neste ano...

Florian aquiesce à sugestão. Desembolsa alguns luíses e depõe nas mãos da esposa as humildes flores silvestres com ramalhetes de miosótis e ciclames.

Ela ri, estuante de júbilo. Casais de pombos beijam-se nos beirais fronteiriços, voejam aos pares, entre os plátanos da praça, e os dois imitam-lhes os arrulhos. O Sol, já invisível, apaga os últimos lampejos do crepúsculo que os encontra próximos ao Canal dos Dois Mares.

Monique, que se diverte arrancando pétalas ao buquê e atirando-as, com despreocupação, ao longo dos próprios passos, volta-se:

– O Canal! Vamos, querido, vamos ver o Canal!

No sulco retilíneo, barcaças regionais de condução, que o povo denomina *flûtes e parquettes*, dançam à tona, boiando no ouro-carmesim do tapete que o ocaso estende sobre as águas e, entre elas, vogam, enfeitados, um ou outro *coche d'eau*.

Distrai-se o médico, atendendo aos caprichos da companheira. Sorri, ante os seus exclamativos transportes de menina. A tarde apaga-se num delíquio radioso, acendem-se as primeiras lanternas. A carruagem resguarda-os agora do reboliço das vielas repletas de passantes, camponeses com chapéus bicórnios de feltro e camponesas com xales cruzados no peito, saias compridas, toucas enfeitadas; pais de família arrebanhando a prole numerosa e avozinhas de bonés pretos guarnecidos com fofos.

Operárias, *catharinettes*, filhas de famílias burguesas circulam em pares, em grupos de três, de quatro, jorrando sorrisos; patenteando habilidades em jogos de anéis e bilboquês, castanholam os dedos e cantam marcando compasso com os pés. Perto, cangloram matracas e brinquedos infantis. Passam pequerruchos, ora de barretes finamente adornados ou exibindo gorros de lã, gárrulos moleques que pulam, assoviam, gritam em deliciosa gaiatice, jogando *candelettos e clugnet* ou zurzindo pingalins. Montarias fazem piafés, alimárias badalam guizos, *jardinières* descansam atreladas à sombra de teixos e carvalhos

Cruza-lhes o caminho berlinda pejada de escudos, estadeando cocheiro agaloado, animais ajaezados com penachos e pespontos, borlas e berloques, adornando custosas arreatas.

Cumprimentando conhecidos, de rua em rua, o casal observa o adiantado da hora e resolve regressar.

– Jules decerto estará sozinho com o violino inseparável. Apressemo-nos! Todos os servidores saíram para a festa... O mano é nosso hóspede e nos visita por dias tão curtos! Não deve se entristecer sem a nossa companhia...

– E, ao enternecido olhar do companheiro, evidentemente sequioso de mais dilatado entretenimento, a senhora justifica: – O mano vem a nós tão raramente e demora-se tão pouco!...

DO PERIGO QUE SE CORRE DENTRO DA PRÓPRIA CASA

JULES, na adega, ouve gritos de desespero e tem a ideia de que o chamam além, a lhe pronunciarem o nome ao mesmo tempo. Indeterminado ruído estranho parece deflagrar ao longe.

Intrigado, apura os ouvidos, qual se estivesse afinando o violino, e caminha maquinalmente de volta ao sopé dos degraus rústicos, encravados no porão. Encurva a destra em concha atrás da orelha, e não registra mais que o distante bater metálico das muitas pêndulas, na casa, marcando o correr das horas.

Por disposição acústica da velha construção, o respiradouro trouxera-lhe, embora abafado, o pungente chamado do padre Marcel, na trajetória mortal pelo espaço, antes do ponto final sobre as lajes da rua.

Nada ouvindo porém, que lhe justifique a súbita inquietação, Jules procura tranquilizar-se:

– "Padre Marcel contagiou-me. Bem, encerremos a pesquisa..."

Retorna às prateleiras, rindo de si mesmo, recuperada a serenidade aparente. Encontrando a vindima prometida, enche um dos canjirões deixados a propósito e galga as escadas de volta. Não obstante o esforço de se manter calmo, sente-se, intimamente, agitado, sem legitimar, entretanto, nem de leve, a causa disso.

Na cozinha ampla, tem o cuidado de transferir para uma botelha musselina, a bebida que agora cintila, imitando topázio derretido. Recolhe duas taças, derrama pequena porção numa delas e, de paladar aguçado, experimenta-a antes de subir.

Para surpresa sua, o amigo não mais o espera no salão. A poltrona em que se acomodara jaz revirada. Há, na desordem dos móveis, alarmantes indícios. Sobre o tapete em desalinho, à chama do lampião bruxuleante, surpreende um farrapo de batina. Um pouco além, entre a poltrona e o tremó, o conhecido crucifixo de padre Marcel, joia singular em madrepérola e prata, qual esguia seta, aponta em direção da janela. Colhe-o num instante, salta sobre os móveis tombados e se debruça para a rua. Vê que regular multidão se formara à frente da casa.

O que terá ocorrido? Ouve resmungos, distingue vultos que chegam correndo das vielas transversais, dos becos próximos.

– Inda hoje o vi, nos ofícios da missa!

– Deus meu, é o cura!

– Jesus! É o padre! É o padre Marcel!

São frases breves, pronunciadas com agonia nas inflexões, escapadas ao murmúrio dos circunstantes, lá embaixo.

Volta-se, o coração em disparada. Contas do rosário, esparsas pelo assoalho, coruscam lugubremente à mortiça claridade da chama que batalha em vão contra o assalto da noite.

– Padre Marcel? Padre Marcel? – chama baixinho, intuindo, horrorizado, que não terá resposta.

A amarga interrogação paira no ar.

– Que sucedeu? – atravessa o aposento, às tontas, e interpela de novo o silêncio, em voz mais forte.

– Padre Marcel?! Padre Marcel?! – mas só o eco, no solar, devolve-lhe os chamamentos.

Funda angústia senhoreia-lhe o espírito.

– Padre Marcel suicidou-se! – segreda para si mesmo, entre surpreso e estarrecido, assustando-se com a própria voz. – Padre Marcel suicidou-se, enlouqueceu o pobre amigo!

Corusca-lhe no cérebro a suposição de que os presságios do reverendo pudessem haver encontrado, aí, sua realização. No entanto, o moço repele-a:

– "Furto, violência? Não! Ninguém penetraria esta casa. Eu mesmo chaveei a porta de entrada!"

Galopa-lhe o pensamento. Escuta, confundido, a bulha que, de inesperado, estabelece-se no exterior. Percorre a peça.

– "É preciso descer..."

Vara a escada a passo descendente, quando a porta principal é violentada, e um grupo agressivo veda-lhe a passagem. O moço entrefita, perplexo, as caraduras! Agora, o populacho encaminha-se para ele, e as tochas, em muitas mãos, assemelham-se a espantosos borrões em amarelo, na meia-luz do saguão empapelado.

O rapaz não se move. Espera os manifestantes na atônita lassidão de quem se reconhece, inesperadamente, num tácito encontro com o inexorável.

– O assassino! Eis o assassino!... – estalam gritos de chofre.

– "O assassino?! Sou eu o assassino?!" – relampeja-lhe a mente, transfigurando o choque em resignação inopinada, quase que aceitando, inexplicavelmente para si mesmo, a posição de réu.

Ébrios na maioria, a horda de captores coleia ao modo de serpente pelos degraus, fascina-o e mais e mais se aproxima.

UMA FOLHA ARRASTADA NO TURBILHÃO

DE IMPREVISTO, um dos manifestantes, de rosto faunesco e faculdades talvez aguçadas, paradoxalmente, pela embriaguez, adianta-se e denuncia com estardalhaço, o dedo em riste:

– Vejam, o crucifixo do bom padre! Vejam, na mão do criminoso!...

Espraia-se o *frisson* da ira até a rua.

Em perplexidade, Jules relanceia o olhar pelas próprias mãos trementes que, com o fragmento de sotaina, empunham a peça de ourivesaria. Sua fronte lateja, e o suor camarinha-lhe o rosto ao encarar a turbamulta.

– "Desconhecidos, somente desconhecidos!" – pensa, tomado de desolação. – "Ninguém que me possa socorrer! Fugir! É preciso fugir!"

Reúne todas as forças, ganha impulso, volta-se nos pés. Mas o círculo vivo se fecha e constringe-o, ameaçador.

Em segundos, a malta enraivecida, na dúplice embriaguez do vinho e da fúria, barra-lhe a ação. Não consegue articular uma só palavra, apenas estremece em frêmitos de febre, no entorpecimento do raciocínio. Supõe viver a irrealidade de um sonho.

– "Deus meu! Meu Deus! Como defender-me?" – interroga-se aterrado.

As ocorrências precipitam-se, impedindo-lhe as reações. A palidez da face, o mutismo e a passividade não chegam a sensibilizar os verdugos capitaneados pela obsessão regada a vinho. Não há quem se lembre de indagar pelo móvel do crime. Jules sente-se injustiçado! As impressões do mundo externo alcançam-lhe a alma, indistintas, deturpadas pelas ideias turvas que lhe turbilhonam no cérebro:

– "Assassino, eu? Não, não! Por que o faria? Alguém atacou padre Marcel... Quem?"

Brutamontes, a mostrar que a consciência se lhe fora nos vapores alcoólicos, franze os lábios com fúria, vê a tira da sotaina, arrebata-a de um golpe e, triunfalmente, exibe-a a bracejar em ímpetos de ódio.

Rompe-se o elo distenso. Carrascos improvisados avançam céleres, arrancam às mãos de Jules o crucifixo, torcem-lhe os braços atrás das costas, empurram-no, quase dobrado sobre si mesmo, escada abaixo.

A onda de povo acompanha-o em ação de retaguarda. Como nas brumas de um pesadelo, Jules recorda o violino que ficara na sala de estudos, quedo, fora da caixa que lembra agora esguio esquife forrado de veludo carmesim. E pode ouvir ainda, pela última vez, a pêndula *rocaille* que modula horas.

No jardim, os homens, em ajuntamento, despedaçam vasos e vidraças, mutilam estátuas, quebram peanhas e púcaros de flores. Centenas de pés calcam o gramado e fazem crepitar o saibro das aleias. Um mocho, assustado, crocita no rebordo do muro e alça voo, ruflando as penas no ar noturno.

Em Jules modifica-se a expressão facial, que se faz grave.

– Quis-nos escapar, o bandido! Ao calabouço! – insulta alguém, pavoneando gestos de heroísmo.

– Ei-lo! O covarde! Vamos, defende-te!

– A fera não reage! – assanha-se o homem de semblante patibular, ameaçando o rosto da vítima com a labareda de uma tocha, a rouquidão da voz emprestando-lhe sinais de loucura.

– Criminoso! Covarde! Assassino! – mãos se fecham, braços se agitam na tradução de rancor intimidativo, impacientes por ferir.

– Forasteiro do inferno! Judas! Judas!

– Matador de padre! Excomungado! Demônio! – gargantas escarnecem estrídulas, pragas chicoteando o espaço em todas as direções.

Um aldeão idoso veda os ouvidos com as mãos, enquanto os ânimos exaltam-se em escala crescente. Espraia-se a aglomeração, atraída pela volúpia de conhecer o homicida, e não são poucos os que acorrem com a curiosidade única de quem se aproxima tão só para assistir ao espetáculo do circo. E exigem informações:

– Que houve? Que foi? Que é?

Multiplica-se a injúria dos conceitos e lavra o incêndio das palavras. Em tudo, a brutalidade e a superexcitação. A gritaria atinge ápices imprevistos. Novos concertos de vozes sibilantes, em vagas desnorteadas, levantam-se da chusma de fanáticos em desvario, que passa do furor dos gritos ao furor dos gestos.

Vê-se Jules situado num pátio de ódio, cercado por estranha muralha humana. Tem a carne magoada a pescoções. Detrás dele e em torno dele, redobra o terrível vozear. Luta desesperado contra o grupo que se empenha, debalde, a manietar-lhe os braços, conseguindo, com isso, apenas agravar seus sofrimentos.

O moço, inculpado, deixa-se conduzir aos repelões, à guisa de boneco, inabilitado à resistência. Se falar, agora, talvez convença a multidão quanto à sua inocência, mas lhe falham as forças.

– "Quem ouvirá? Quem me dará crédito?"

A tensão, mantida pelo lastro da tragédia, galvaniza-lhe o espírito. Traz a língua semimorta. Sua vida concentra-se no cérebro encantoado entre impactos de assombro, a esforçar-se, inutilmente, por abrir caminho no labirinto das circunstâncias esmagadoras que o condenam. Cintilando-lhe o olhar no esgazeado da face, transpira abundantemente.

Correntes poderosas de força mental, quais algemas tentaculares, emanando não somente dos perseguidores visíveis e quase automatizados, mas também de outros espectadores, os desencarnados famintos de crueldade e vingança, anulam-lhe movimentos, enlaçam-no envolventes e lhe subjugam o raciocínio, pressionando-lhe a mente. Tem o descompasso no coração e, subitâneas, brotam-lhe agoniadas reflexões. Recorda a excitação do padre Marcel, minutos antes... Intimamente está certo de que o reverendo pusera termo à vida. Mas como provar que se suicidara transtornado por um pesadelo? O povo, que adorava o sacerdote, em seu derredor transfigura veneração em zelo destruidor. Gritar que se suicidou será crime de lesa-fé contra toda esta legião. Julga-se defrontado por feras desatreladas, para quem o velho Marcel era ídolo e esperança, o modelo da probidade, o paladino da religião. Percebe-se francamente perdido, encurralado entre lobos prestes a aniquilá-lo.

Açoites verbais cortam-lhe os tímpanos. Os ruídos somam-se, crescem intoleravelmente. Implanta-se nele mais fortemente a perturbação de espírito, a cabeça gira-lhe qual roda de fogo. Mesmo assim, adivinha-se chamado a duelar consigo próprio para tomar uma atitude de destino.

– "Direi que padre Marcel perdeu a cabeça, decepcionando os crentes sinceros? Imolo-me no culto à memória do amigo?" – experimenta o esquisito desejo de se ajoelhar e pedir perdão aos que o inculpam. – "Mas, ajoelhar-me por quê? Pedir perdão de quê?"

Sofre a situação dilemática quando nota que, aos empuxões – folha arrastada no turbilhão – fora levado à calçada por entre saraivada de insultos. O vento, tornejando na rua, assopra-lhe os cabelos, diverte-se indiferente à tragédia.

Vibram os nervos de Jules como as cordas do Guarnerius, sob o arco, quanto tocava um réquiem.

A FAÍSCA SOBRE A PÓLVORA

– ARREDA! Arreda! – ordenam os detentores de Jules. E o povo se afasta aos magotes, como à passagem de um cortejo de execução, para deixá-los seguir.

É quando a voz máscula de alguém, do outro lado da rua, alvitra pela garganta intumescida, num esbravejo:

– Liquidemos o miserável!

A expressão adquire o poder da fagulha acendendo o estopim, na impulsão homicida que anima a assembleia. De imediato, onda sinistra de exaltação apodera-se do povo momentaneamente esquecido de qualquer forma elementar de justiça. A truculência ganha o auge, no propósito falso de exercê-la com as próprias mãos.

Os anilados olhos do musicista encaram na sombra, estranhamente, os carrascos possessos e fremem, brilham, como nos momentos apoteóticos em que arranca ao violino um *finale* grandioso.

Irrompem novos temporais de impropérios, zurzem pechas ferinas. O massacre alicia aderentes que se conjugam em maré rápida de aplausos e acusações, no galopante contágio, mente à mente. Os homens parecem sair da terra como os de Cadmo. Vaias explodem, rugem blasfêmias. No desatino ateado, atroam palmas comunicativas.

– Vinguemos o bom padre!
– O sangue do culpado deve lavar o sangue do inocente! Aqui, aqui mesmo! – grita alguém depois de soluço imenso.
– Acabemos com o judas! Fogo no judas!
– Morte ao assassino!

Quais vagas ululantes, eclodem brados de remate:

– Apoiado! Morte ao judas! Morte ao judas! Morra! Morra!

E sem que ninguém embargue a manifestação da récua, em demência coletiva, chovem pedras, destroços da estatuária ornamental do jardim, como se a sentença condenatória devesse atingir também os corpos inanimados. A turba delira...

Jules é quase que deixado a sós com os algozes. Os circundantes mais próximos se afastam, precípites, à fuzilaria de seixos, cacos de ardósia e de tijolos. A face do acusado parece chorar ao invés dos olhos, lacrimejando suor. Machucado, apenas enxerga, como num redemoinho de visões, o desgrenhado das cabeças, o desvario dos rostos, a contração de lábios em cólera que se desenham alucinados e se apagam depois.

De inopino, dentre os manifestantes comprimidos, emerge um homem que agita os braços exortando à ponderação, à continência. Improvisa mímicas descompassadas, veementes, que visam a acalmar os ânimos que a fúria exaspera:

– Detende-vos! Escutai! Escutai!

Corpo avantajado e cabeça diminuta, o recém-chegado mostra olhos em fogo que piscam esparzindo áscuas intermitentes sob o fornido das sobrancelhas. Nem a fala nem os gestos denotam ebriedade. Destacam-se nele a testa de tons doentios, larga cicatriz a riscar a face esquerda. Circundada de assuadas estridentes, sua voz se perde entre os clamores do populacho que responde ao apelo, disparando cargas de injúria renovada. Diligencia interpor-se entre a patética figura do moço já golpeado e os algozes que o supliciam, porém o gume de um calhau rasga-lhe o braço erguido. Esguicho de sangue salta, borrifa a camisa do inesperado benfeitor que se confunde, recua apressadamente e desaparece misturando-se à multidão.

O transeunte anônimo representara o único recurso à razão, a única voz de protesto contra a violência deflagrada. A irresponsabilidade campeia, agora, irrefreável, e a sanha dos verdugos lembra matilhas de hienas desenjauladas, famélicas, no festim da jângal.

Jules, aterrorizado, busca proteger-se deitando os braços sobre a cabeça. Pede por socorro, mas ninguém ouve. Morre-lhe a voz sem eco, a gritaria em torno abafa-lhe os rogos. Verga-se sob os golpes da ira a desbordar-se. A chuva de pedrouços parece não ter fim. Chiando, silvando, zunindo, são pontos de dor em sua carne.

Horrorizados e trêmulos, os vizinhos fecham-se nas casas e espiam a medo, amontoando-se por trás das rótulas semicerradas, espavoridos, sobrepondo o instinto de conservação ao socorro providencial em causa alheia. O crime cerra apressadamente os balcões, terraços, janelas de mansardas circunvizinhas. Um gato, pisoteado, arrepia-se de horror e mia, selvagemente, a correr endoidecido, alcançando os telhados por um frade de pedra.

Insolências e remoques, quais tiros de crueldade, em duchas de palavrões, espocam no combate do grupo humano contra o homem só. Grita-se, exige-se, por todos os lados, que o suposto assassino do padre Marcel tem de ser o judas! O judas inesperado do Sábado da Aleluia!

Mães aflitas, nas imediações, arrebanham os filhos, isolando-os aos perigos do burburinho, tapando-lhes os ouvidos à revoada de monstruosas objurgações.

Jules está ferido no rosto, no tórax, nos braços. Sua cabeça pende. Ao estrugir dos aplausos, as pedras sibilam.

Os arremessos inconscientes vibram ininterruptamente no ar. Surgem braços que municiam outros braços a lançarem seixos, de mão em mão. Cada trucidador quer deixar a sua marca no corpo do judas. No ímpeto de acertar o alvo, muitos se entreferem, de uma para outra calçada, mas a dor e o sangue agem como outros tantos excitantes.

Há quem se abeira da vítima e lhe cospe o rosto, e quem deplore a ausência de amigos e familiares, beneficiários de padre Marcel:

– Toma, em nome de minha filha Claudette!

Miram-lhe a cabeça, dilaceram-lhe os lábios e riem, escarninhamente, sob as palmas de trágica alacridade.

– Lá vai este por Pierrot! Este pela velha Françoise! – e os seixos cortam, rasgam, mutilam.

Relembra-se, na multidão, as boas obras do sacerdote defunto – que Deus o tenha em Sua Glória! – mas a ninguém, no momento, ocorre reproduzir-lhe o modelo de humanidade.

Vertidos pelo alambique do coração, os vapores do vinho fermentam as artérias, conjugando fanatismo e deformações mentais correlatos ao misticismo da véspera e à orgia pagã do dia:

– O judas! O judas! – explodem gritos, formando outros gritos no coral regido pela loucura.

Poderosa teia de estrias intangíveis congrega a invigilância das mentes na cegueira da possessão grupal.

O jogral de riso ébrio e olhos sanguinolentos pelo excesso de libações atira um calhau que bate em ricochete e volta a atingir-lhe a face, num incidente simbólico que recorda os mecanismos da Justiça.

– Abaixo o aristocrata, o espoliador de Deus!

Quem diz isso ziguezagueia passos, tropeça abatido pelo estimulante que julgara ter bebericado em taça, quando, pelo contrário, deve ter feito do tonel o seu cálice de Hércules. E com voz grave, qual se disparasse notas de oficlide, arremata o estribilho da Carmagnole como em plena Praça da Greve, ao crepitar da Revolução:

A leur sauté buvons
Vivent ces bons lurons!
Dansons la Carmagnole
Vive le son du canon...

Girândolas de exclamações estouram no frenesi dos amotinados como detonações de fogos de artifício. Bêbados, com a momice de alienados, lembrando enfermos ambulantes, tentam a princípio abafar as gargalhadas mas, de súbito, emitindo uníssonas risadas, cambaleiam e mostram as faces em vermelhão.

Um executante da justiça popular, com fisionomia de cocheiro, de látego em punho, dá-se de zebrar as costas a um destes, mas surge ao lado o baixote retaco com grande lume aceso, e ao se encostar alguém com estouvamento, eis que a tocha escapa sobre os manifestantes possessos, incendiando o jaleco do homem do chicote. O tumulto é maior. O chama-humana põe-se a correr à deriva, esfregando-se pelas paredes, esbaforido a bater-se, brandindo as mãos que dão a ideia de agitar aspersórios de labaredas.

E as pedras já não objetivam um alvo. Atingem as pessoas mais próximas, induzindo-as à fuga. Os odres vivos correm de um para outro lado, a passos convulsivos. Atropelam-se, afastam-se, trocam insultos, misturam clamores. Entrecruzam-se escárnios, espocam tiroteios de zombarias. As vozes, agora, semelham fanfarras guerreiras em meio ao turbilhão das cabeças.

Apenas as carrancas engastadas na frontaria do solar, ante a cena aviltante, permanecem impassíveis nos esgares de granito.

A alma da França parece palpitar ainda no domínio do Terror, na anarquia que incendeia as consciências incautas. Dir-se-á que uma fagulha retardada da fogueira do vandalismo revolucionário lançara fogo nessas criaturas que já nem se recordam das preces que proferiram, há poucas horas, nos ofícios da fé.

Jules, arrastado e batido, não pôde ver de perto o cadáver do reverendo. Talvez por isso não o chora. O intempestivo da ação ainda não lhe permitiu as lágrimas. Lúcido, reboam-lhe na lembrança as palavras do amigo, em se referindo aos cobradores de impostos, aos personagens do pesadelo, que se transformara em augúrio sinistro: "Vi-te arremeter sobre um dos infelizes funcionários, desferindo golpes e pancadas que o deixaram agonizante..."

Caído no calçamento – também ele! –, as vestes em frangalhos, empapado de suor e de sangue, sua mente, em breve, lucila. Traz-lhe a forma do violino, a paixão de toda a sua existência, e parece ouvi-lo na acústica da memória. Escasseiam-lhe as forças, julga-se impregnado de música – alimento sonoro de sua alma, mas, em seguida, a visão se deforma:

– "O pesadelo! O pesadelo! Padre Marcel tinha razão... O vaticínio agora é a pura realidade!" Contudo, consoladora paz espiritual, de pouco em pouco, envolve-lhe o íntimo. Converte-se-lhe a dor em emotividade profunda. Nesse calvário de pó e sangue, Jules, mudamente, consegue chorar as primeiras lágrimas... É quando, arremessado com força, um destroço abre-lhe uma ruga escarlate na testa lisa. Por momentos, tudo vacila e se confunde, num semissonho, num caos de luzes, sons e cores. O rapaz engole o amargo do sangue misturado de pranto.

Alheia à horda de cúmplices invisíveis da espiritualidade inferior, que acorre, ansiosa, das sombras das muralhas e torres da Cité, revivendo dias medievais de chacinas bélicas, a turba apinhada aperta o círculo, na ebriez despeiada. A violência física e verbal, os urros e as contorções frenéticas revivem o sabá. O delírio atinge o clímax.

Jules é nau inerme a soçobrar nas ondas bravias do mar humano. Dentro e fora das almas, reinam as trevas. Estrelas surgem, assustadas, temerosas, trêmulas em seu rebrilho; na paleta da noite existem, com certeza, os obscuros matizes que retocam as cenas dolorosas.

O JUDAS

PARANDO aqui e ali, avançando lentamente, a carruagem abre caminho pelas ruas em esfervilhante algazarra. Nesse sábado, conquanto as vinhas estejam abandonadas, tanoeiros folguem e tecelões se divirtam, Carcassone não repousa das canseiras da semana.

– Não te parece, querida, que o povo festeja a nossa felicidade? – pergunta Florian, beijando a companheira com discreta ternura.

O beijo está ainda úmido na face de Monique quando, ao dobrarem a esquina da pequena praça, duzentos passos aquém do solar, altercações atraem bruscamente a atenção do casal.

Avistando o ajuntamento, ela troca um olhar com o esposo:

– Que terá acontecido defronte de nossa casa? Tanta gente!

Em estribilho agudo de vozes chegam-lhes gritos sincopados:

– O judas! O judas!

A moça sorri.

– Vê, a multidão queima o judas. Vamos assistir, Florian!

Arrebatada na subitaneidade de mais um capricho, Monique desce da carruagem forçada a se deter. Quase arrastando o esposo pelo braço, corre rua acima e tenta passagem em meio à massa popular que se aglomera à frente da mansão.

Entre apupos e chalaças, gritam-lhe aos ouvidos:

– O judas morreu! Deixai o judas!

Na voragem da obsessão, a torrente humana pateia o flagelo do suposto judas.

– A fogueira! A fogueira!

Florian hesita em prosseguir. Monique, embora a exasperação dos participantes, do ângulo de observação em que se coloca, julga que tudo faça parte da pantomima. E avança. Florian tenta, em vão, detê-la.

Na feliz predisposição em que se encontra, a jovem não pode atinar com a realidade. Empolgada, fende a turba, com risonha intrepidez, enquanto o marido se empenha a preservá-la dos empurrões gerados pelos movimentos irregulares do tumulto, e isso até que, apertados um contra o outro, veem-se súbita e inexoravelmente presos no redemoinho.

Em direção oposta, aproximam-se os que arrastam o judas da festa. Monique esforça-se por vê-lo, sorri com entusiasmo e alça-se nas pontas dos pés, solicitando lugar. Entre calhaus e cacos de reboco, alteia o pescoço num movimento de cisne e ergue a mão sacudindo as flores para esboroá-las de encontro ao boneco. No lusco-fusco da rua, inicia o gesto, mas se detém, transida, ante as feições descompostas não de um boneco, mas de um ser humano banhado em suor e sangue. Por segundos, o olhar incendiado de alegria cruza com o derradeiro olhar do homem que agoniza e chora. Como à luz de um relâmpago, ela se vê, refletida nas pupilas desmesuradamente abertas, que parecem falar, implorando o derradeiro golpe:

– Não adies o socorro da morte!

Um calafrio de pavor estremece o corpo frágil da moça. Ela desfere um grito de angústia indescritível, que se sobrepõe aos outros:

– Jules!!! – Qual se lhe estourasse a própria noite sobre a cabeça, numa oscilação de vertigem, desaba sobre o corpo do judas sangrento.

Rolam os dois, irmã e irmão, na laje rústica.

O abrupto da cena arrancara à face da moça o sorriso com brutal violência. As flores, soltas na desfalecência das mãos, dão às pedras e aos corpos um tom de funeral.

Sob o conflagrar das emoções, sem nada compreender, Florian avança rápido para sustê-la, rompendo, à força, o círculo de aço que se comprime, galvanizado, para ver a mulher que tombara, como que num desesperado tentame de proteger, com o próprio corpo, a vítima indefesa.

É quando ressoa um clarim, e levanta-se, próximo, um tropear de cavalos. Brados de alarma se elevam da multidão:

– Os gendarmes! Os gendarmes!

Há um momento de silêncio perplexo, ao qual se segue o desordenado da fuga. Rebrilham, à luz débil dos lampiões públicos, metais de fardas, agaloados de chapéus, nudezes de espadas.

Ouvem-se tiros que fulguram nas sombras, ao fim da rua. Entre brumas de pólvora, estalam sons de espadeiradas, e o ajuntamento se desfaz tumultuariamente.

Na baetilha em farrapos, o corpo desfigurado de Jules se estira exânime no tapizado de objetos em pedaços que, juntamente com os destroços profusos, cacos de utensílios e madeiras partidas, são os vestígios da saturnal de suposta justiça humana. Nenhum vulnerário agora será capaz de poupá-lo. Abre-se-lhe o corpo em feridas cujas bocas golfam sangue. As contusões e esmagamentos são fatais. O desvario da turba sem alma e impessoal sequestrara-lhe a vida de modo inapelável. Chegara a morte nos crepes do silêncio, sem um frêmito, sem uma convulsão. Jules, que a presença da irmã envolvera de profunda acalmia, despede-se do mundo à feição de cordeiro tranquilo, rudemente sacrificado para comemorar a Ressurreição...

O corpo do musicista jaz semissoterrado na mortalha de pedra; o entrefechado das pálpebras, deitando bagas rubras de pranto, parece dizer que o morto não tivera, à despedida, outras lágrimas que não fossem de sangue. O piso ainda morno de sol, aspergira-se de vermelho. O sangue ilibado no presente recorda o sangue culposo de outras eras.

À maneira dos pássaros que por vezes se embatem ofuscados, a pleno voo, contra as muralhas da Cité, caíra o artista de asas diláceradas. A nostalgia do improviso ao violino, que provocara tanta admiração em padre Marcel, fora-lhe o *canto do cisne*. Jules, que tivera o nome pronunciado pelo amigo num pedido extremo de socorro, invocado na condição de benfeitor, fora categorizado por assassino. Estranho e involuntário ardil! Articulando-lhe o apelativo, sem querer, o sacerdote ditara-lhe a condenação. Converter-se a suposta vítima em verdugo!

Asserenada a crise do populacho que se dispersara em todas as direções, atropeladamente, aos encontrões de pânico, ergue-se a rua em catafalco para dois cadáveres, aos quais a poeira e a treva noturna dão pátina tumular. Pressurosas, as autoridades, conquanto tarde, examinam a situação e deliberam providências exigidas pelas circunstâncias.

O lajedo, juncado de destroços, retrata o sinistro. Amontoam-se vidros partidos, chapéus, seixos, farpas, bengalas e, do acervo de ruínas, destaca-se e reluz, à reverberação das lanternas, a madrepérola do crucifixo que, também ele, arrancado às mãos do moço atônito, servira de petardo. O emblema do amor transformara-se em arma do crime.

Serviçais da casa, que a festa mantinha à distância, aparecem, por fim, alarmados pela onda de boatos eletrizantes. E ante o fato consumado, proferem lamentações, desesperam-se, comprimem a cabeça com as mãos, deitam soluços. Palome, a jovem camareira, grita, desgovernada, a estorcer o casaco de castorina – o seu rico traje de gala –, com a expressão terrível dos loucos.

Monique, em estado grave, perde o fruto de seu esponsalício, sonho por tanto tempo acalentado. Estiola-se a flor humana antes do suspirado desabrochar. Estranhas sutilezas dos Desígnios Inescrutáveis que, nos meandros da predestinação, haviam-lhe elevado a sensibilidade ao apogeu da ventura, de inesperado, arremessavam-na a um desvão de tragédia, sob o impacto de aterradora surpresa, a completar o ciclo de obscuras experiências. Encadeada por aflitivas circunstâncias, despencara-se-lhe a alma dos cimos da esperança aos abismos do desespero, do zênite da alegria ao nadir da tristeza.

A Lei Onisciente manipulara os cordéis invisíveis do destino, reunindo, *in extremis,* no encontro de um olhar, o musicista à irmã que o adora. O passado, meirinho implacável no presente, confinara-a também no resgate dos débitos de pregressa existência quando, inadvertidamente, por vezes várias, conspurcara-se ante as Normas da Vida, recusando aceitar as benesses da maternidade renovadora. Pelo montante dos compromissos, Monique, ao contrário do sacerdote e do próprio irmão, não merecera a bênção de um sonho premonitório ou de um pressentimento – amortecedores que aliviam a tensão do infortúnio, na expiação. A esposa de Florian não se beneficiara de semelhantes intervenções do Plano das Almas – recursos do Além que vertem, quase que despercebidamente no âmago dos lares, imunizando corações contra a queda lastimável na aflição ou na delinquência.

Avolumam-se as sombras funereamente, e pálido nevoeiro se levanta, marcando a fita do rio. A campânula da noite guarda Carcassone no bojo. O vento noturno assopra do Norte remoto e deixa no ar o vago cheiro de resina que colheu, de passagem, nas distantes faldas da Montanha Negra.

Em recuado campanário, o Jaquemart bate as horas a tintinar, tintinar, langue, longo e lento...

TUDO O QUE SE PODE SOFRER EM CINCO ANOS

FLORIAN BARRASQUIE *acaba de chegar a casa para o segundo almoço.*

Verifica-se que o solar fora restaurado e remobiliado. Restituíra-se-lhe a perdida poesia. Paredes empapeladas de novo, escadarias com lustro refeito, tapeçaria trocada.

– Querido, já ouviste referências a essa italiana conhecida por *La* Convulsionária? – indaga Monique com ternura, depois do abraço costumeiro. – Dizem que a cidade está cheia de curas realizadas por ela.

– Sim, alguns amigos me falaram a respeito – redargui o médico, indiferente, encaminhando-se aos aposentos íntimos para ligeiras abluções.

Monique vai assentar-se na poltrona da sala, diante da janela aberta. Pássaros chilreiam nos galhos da tília farta. Ela olha sem ver o trato de jardim bem cuidado onde se levantam, recuperadas, as estátuas gêmeas a que tanto se afeiçoa, por lhe recordarem delicada lembrança do marido em antigos dias.

Antigos dias... Não! Não mais de um lustro!

Monique reflete:

– "Cinco anos sobre a noite terrível! Jules querido! Quanta saudade!"

Cinco anos de refregas morais!... Alma sensível de artista, quanto sofrera com a partida do irmão! Chora ainda, traumatizada sobre as ruínas de tanto ideal desfeito, cerrando as pálpebras, no esforço de revê-lo com os olhos da imaginação, num interminável diálogo em que Jules é o intangível interlocutor. O sudário em que envolvera o corpo do moço se lhe aderira também à alma, amortalhando-lhe os sonhos mais caros. Sem poder inculpá-lo, e nem de leve admitindo-o com a mínima ponta de responsabilidade no desaparecimento do padre Marcel, concorda amargamente em que o desgosto de perdê-lo, impusera-lhe outra perda não menos dolorosa: a do filhinho que nem chegara a ver.

Tombara sobre o irmão inanimado, incapaz de acompanhá-lo às despedidas, e nos primeiros dias de dor não pudera acreditar na tragédia. Vezes repetidas percorrera a casa, canto a canto, esquecida, buscando Jules. Recusando-se a aceitar a realidade, experimentava ímpetos frequentes de ampliar investigações para se certificar, de modo inequívoco, se fora efetivamente o violinista a vítima da horrível trucidação.

– Alguém morreu no lugar dele, pois que tudo isso é inacreditável! Jules não merecia semelhante suplício. Criminoso? Nunca!

Sentia-se envolta em trama inextricável, apenas concebível nos livros de impressionar, julgando impossível que o irmão estivesse ausente para sempre. Jules sempre fora um jovem indene de paixões... Índole pacífica, caráter puro... Alheio às futilidades do terra a terra, consorciado com a arte divina!

Em renovados desesperos, acumulava reflexões, esmagada pela frustração, varada de sofrimento.

Nessa atmosfera sufocante de enigma, lembrava-se do padre Marcel:

– "Tão bons amigos, tão ligados entre si!"

Como dar um sentido aos fantásticos acontecimentos do crepúsculo sangrento cuja lembrança devoradora encurtava os seus dias?

Vezes e vezes desabafava-se junto à paciência do esposo, martelava recordações, rememorava sucessos da infância, aludia ao recrutamento militar ou censurava as absorventes requisições decretadas pelo Império, às quais Jules escapara substituído por um jovem, especialmente assalariado para isso, a fim de que não se lhe prejudicasse a carreira musical.

— Ah! Fora preferível que tivesse partido para a guerra! — rematava. — Não teria, assim, perecido sem glória, aos golpes assassinos de uma chusma de loucos!

Em semelhantes estados de alma, com insopitável tristeza a ensombrecer-lhe as reminiscências, transforma a campa do irmão em sítio de reconforto, de onde regressa dia a dia, compassando os soluços. Em noites de insônia, entre os cortinados do leito, aperta a cabeça nas mãos, soerguendo ao Alto as comportas dos olhos castigados, buscando consolo em preces contínuas. E no repouso para ela inútil dos travesseiros, os dois olhos parecem disputar, entre si, amargosa maratona de lágrimas.

Assentada junto à janela, a triturar lembranças, envolta no *canezou* de cachemir que lhe esconde o busto emagrecido, Monique mostra o trabalho das lágrimas no monástico das faces em que as antigas cores se perderam. A crueza da luz, entrando do jardim, deixa ver as rugas precoces, a tez doentia, os olhos de amortecido verde, quais folhas de outono a boiar no bistre das olheiras, o louro dos cabelos que se apagam em nuanças de linho. Não fora a insistência do esposo, que a fizera reconsiderar a deliberação tomada, vestiria luto ou, pelo menos, meio-luto para sempre.

A provação como que lhe imprime à fisionomia traços de beleza espiritual. O escopro da dor plasma-lhe um halo de sonhadora melancolia. No deserto de seus dias, em que o relógio do coração lhe bate o tempo por badaladas de gemidos, o crepe da tristeza imprime-lhe no rosto a delicadeza lunar da flor noturna, sem os arroubos do Sol. Pouco, vagarosamente, alimenta-se, à vista de condimentar as refeições com o fel do desânimo.

Deixa o leito às onze horas, regressa para ele às seis da tarde. Anelante pelo refúgio do sono, a vigília persegue-lhe as noites. Fala de raro em raro, não passeia mais. Tenta, por vezes, reagir à consternação, intensificando o zelo por Florian, em clima de suavidades conjugais, mas o propósito é chama que se apaga no nascedouro, e reimerge, momentos depois, no primitivo torpor, tal o que se encontra...

Alheia ao cotidiano, sem arredar do pensamento a imagem do irmão a quem se dedicava com inexcedível afeto, desde a meninice, único laço consanguíneo que lhe restara, já que a família fora tragada no vórtice da Revolução, depois de 93. Guardando firme a convicção de sua inocência, quanto mais corre o tempo, ela, que aceita a imortalidade, mais ansiosamente suspira por revê-lo, ainda que em sonhos, sem o conseguir.

– "Não lhe colhi uma só palavra! Um gesto ao menos!..." – pensa e torna a pensar, acreditando surpreender-lhe ainda, a cada instante, a presença afetuosa no estofo macio da cadeira preferida.

Nada lhe pode anestesiar a dor da separação, nem lhe atenuar as saudades. Sempre a noite do crime nas retinas veladas por um véu permanente de pranto. Imobilizada na provação, recorda-se de como lhe fora quase impossível aceitar o que se passara. Se nunca admitira a culpabilidade de Jules, todos, em Carcassone, à exceção do esposo, mas incluindo os clérigos da cidade, recebiam o acontecimento na versão popular. Conquanto não explicasse claramente o móvel e as minúcias do suposto delito, o bispado aventava hipóteses elucidativas e fizera-se intransigente nos seus **pontos** de vista, adotando a mais racional delas, baseada na circunstância de que Jules, em se vendo sozinho em casa, num dia de festa, deixou-se dominar pelas recordações de *sua* Paris, talvez algum amor de rapaz, e entregou-se à bebida. Estando ébrio, discutira com o sacerdote e o atacara, atirando-o pela janela. Daí o vinho, as taças encontradas no

Solar e a ausência de reação por parte do musicista ante os que o trucidaram...

Embora não tendo sido encontrados indícios de álcool no corpo do cura, o mesmo não pôde ser comprovado com segurança no cadáver do moço massacrado, que exalava discreto odor vinolento.

Por fim, o clero negara ao falecido qualquer espécie de assistência religiosa, por ocasião das exéquias, e apesar da insistência dos apelos de amigos, tentara ainda, por todos os recursos eclesiásticos ao alcance, aplicar a "recusa de sepultura", no espaço considerado "terra sagrada", vexame esse só a custo superado ao preço de influência afetiva. Com grande espanto para ela, denegara-se à alma do irmão, até mesmo o favor das preces e missas.

Banida do rebanho de fiéis, minguara-se-lhe o conforto da religião que, em outros tempos, era-lhe tão caro. Perdera o fervor, eclipsado por uma total aridez de sentimento. Afastara-se dos sacerdotes, incapaz de lhes exculpar a austeridade. Nunca fora jansenista, mas atendia aos deveres comuns da religião com sinceridade. Agora, nega-se a frequentar os ofícios em Saint Michel e apenas, de largo em largo, ausentava-se da intimidade doméstica. Semelhante retraimento, entretanto, serve aos clérigos para acusá-los, a ela e ao marido, de irreligião, propalando-se, sem rebuços, que o solar Barrasquié se fizera casa ímpia.

Assim cruciada, Monique é ainda mais triste, fala pouco, mas ora muito, não obstante a sós. Seu querido Florian, esgotando recursos em favor dela, procura valer-se dos méritos de colegas distintos, mas todas as providências resultam inúteis. Desaparecera do solar a sonora vivacidade de outra época. Conservando tão somente o imprescindível em criadagem, a senhora oculta a agonia no aconchego do lar, encerrando-se nos aposentos fechados onde supõe ouvir gemidos ou vozes de Jules nas sombras de cada peça. Das gargalhadas espontâneas de menina, restam apenas raros sorrisos que se entreabrem a medo. A senhora Barrasquié desabituara-se da alegria, transfigurando-se em vivamorta na bela moradia, onde Florian passara a encontrar o gelo e o silêncio de um mausoléu. Além de tudo, Monique não perdoa a má vontade geral, as autoridades e os amigos que parecem conspirar contra a memória do irmão, claramente interessados em paralisar a menor investigação, como que conjurados, todos, em fazer dos resultados dos acontecimentos uma vitória da província sobre Paris, dos carcassonenses sobre ela e Jules, os estrangeiros.

Tentara o marido analisar as circunstâncias em que se haviam desenrolado as ocorrências. Todo esforço restara em pura perda, no sentido de acender alguma luz, infrutífera qualquer busca que diligenciasse esclarecer o problema. Ouvira, sem o mínimo proveito, várias pessoas indicadas como sendo participantes da lapidação: Bastide, operário da fábrica de tecidos; Fage, o tanoeiro; o calvinista Aaron; o filho do Hortala; a turma de rapazes do Escafit; duas ou três mulheres doidivanas; pedestres envolvidos no processo por estarem feridos; um sem-número de anônimos e aldeões visitantes.

Quanto às medidas policiais, o médico soube apenas, através da gendarmeria, que alguns soldados, chamados às pressas, presenciaram, de longe, o massacre. Receando, entretanto, interferir de imediato junto à fúria da multidão, angariaram reforços com os quais haviam dispersado o populacho, depois que o delito já surgia consumado. Outras testemunhas foram sofregamente investigadas, mas Carcassone se agigantava, já não era como antes, um burgo em que todos se conheciam. A procura serviu simplesmente para evidenciar a deplorável verdade de que os responsáveis eram, quase todos, analfabetos embriagados. E conquanto o *maire* rebuscasse os escaninhos da religião, ninguém pôde fornecer informes plausíveis. As características do incidente anulavam as pesquisas, efetuadas com a instrumentação insuficiente da vida provinciana.

Avalia Monique ter perdido três afetos, qual se lhe morresse o coração por três vezes: o filho esperado, que o choque lhe arrebatara ao carinho; o irmão querido que, além de vítima inocente, tem a memória maculada com a pecha de homicida; e padre Marcel, confidente a quem devotava profunda estima e cuja morte chorara com a cidade inteira. Diante de todos esses infortúnios, piora a cada dia.

Voltara a embalar no seio novos rebentos, que a deixaram, às súbitas, quais pássaros do céu que lhe não toleravam as entranhas tumultuadas pelo fogo do sofrimento. Desesperava-se. Pensava insistentemente na morte. O destino inescrutável subtraía-lhe a oportunidade de ser mãe. O último filhinho, concebido após três anos de repouso, morrera aos quatros meses de gestação. Era como se o sinete trágico da noite infeliz a estigmatizasse com a frustração. Para ela, o sonho iniciado com o vestido de noiva ainda não fora realizado e, talvez... nunca o fosse!

CONTINUAÇÃO DO MESMO ASSUNTO

EMBORA presentemente Monique já não mais se recorde com rancor de quantos considerava por vândalos de sua vida, não consegue se desprender do ideal fanado. Sente-se vencida: flor sem fruto. O coração lacerado não cicatriza. Sua maior aspiração, a meta que lhe parece inatingível, é ser mãe, enfeitar-se de filhos. Julga-se agora indigna da tarefa. Jamais fruirá as doces abnegações da maternidade. Em sobressaltos nervosos, repete a si mesma:

– "Que vale ser mulher sem ser mãe?!"

Sonha com crianças a brincar e a correr pelas dependências da casa, aos pares, como as estátuas gêmeas do jardim, mas contentar-se-á em aninhar um garoto, um só, no calor dos braços, para sentir-se na plenitude da existência. A solidão impõe-lhe pesar contínuo e julga-se no lar como num deserto. Florian sempre aspirara a obter um varão que lhe repletasse os dias de esperança e lhe perpetuasse o bom nome, construído à custa de enormes canseiras. De certa feita, confessara mesmo que não desejaria morrer sem posteridade. Comprara por isso velha herdade onde aplicava carinho e bom gosto nas horas de lazer, formando vinhedos e esperando um herdeiro a quem legasse a propriedade. Não obstante a oposição de Monique a semelhante aquisição, que lhe trazia à memória os prejuízos do vinho a cuja influência atribuía a perda do irmão, Florian, ainda assim, dando curso a antigos projetos de prosperidade, adquirira o *manoir,* atento às vantagens especiais que lhe favoreciam a transação, à vista de mudança inadiável do residente.

Evitando, por enquanto, perfilhar crianças nascidas de mães infelizes a quem socorre, e diligenciando ser mãe espiritual de todos os que sofrem ao desamparo, Monique supõe que, tendo um filho da própria carne, garantirá com mais segurança o afeto do esposo a quem ama com todas as reservas da mulher solitária, ilhada em tristeza e tribulação. Dói-lhe, fundo, observá-lo arredio, quase indiferente e admite que, por estéril, esfriava nele a dedicação dos primeiros dias.

Volta a si de tais digressões mentais de espírito mais agoniado e braços mais vazios. É aniquilante o seu problema íntimo: desde o casamento anseia e tortura-se, suspira por um filho, sem alcançá-lo:

– "Eu nasci para ser mãe!"

Indaga pela razão dos contrastes nas leis do destino, de vez que se reconhece abastada à frente de mulheres outras, em extrema pobreza, muitas delas cercadas por numerosa prole, aguilhoadas de provações e privações.

– "Tantos filhos que nascem, empobrecendo, mais ainda, tristes mães que a penúria aproxima da morte! Entretanto, um filho, um filho só, viria enriquecer-me, levantar-me, dar-me a vida!"

Outras vezes, relaciona as mães desnaturadas que rejeitam os próprios rebentos, como quem recusa a presença de Deus na alma, e, no desalento do choro, acredita-se maldita:

– "É horrível! Dou-lhes todo meu coração, e eles nascem mortos!"

Partindo de semelhantes pensamentos, aprofunda-se em meditações quanto à onisciência do Criador, intentando obter resposta às dolorosas indagações que lhe pressionam a mente, sem descobrir os enredos da lei de causa e efeito, na hierarquia das reencarnações. Alma boa, sincera no propósito de acertar, não possui ainda elementos seguros para entender a adversidade e recebê-la à luz da eternidade do espírito. E, assim, resigna-se em parte, mas sem energia bastante para superar as dores que a constringem. Não chega a se revoltar contra a ordem das Coisas Existentes, no entanto colhe apenas de modo parcial o fruto do sofrimento, em vista da inércia a que se entrega. Empenha-se, não obstante, em minorar as suas lutas, refletindo nos padecimentos alheios, socorre as desventuras de mães, o desvalimento de crianças e a miséria de enfermos sem recursos que vem a conhecer através da clínica do esposo. No fundo não perdera ainda a esperança no surgimento da prole.

No ritornelo angustioso da saudade, aprendera a confidenciar longamente as mágoas com Palome, a camareira mais antiga da casa, seu factótum, afetuosa companhia de muitos anos, sombra constante em uniforme caseiro. Não raro, Palome mistura as próprias lágrimas com os soluços da senhora. Anos dobados sobre os anos, a serva lastima ainda não ter permanecido em casa, velando pelo "pobre senhor Jules", no fatídico Sábado da Ressurreição, que passara a lhe valer supersticioso terror pelos passeios na Quaresma.

Tida à conta de familiar que sempre se move daqui para ali, na ponta dos pés, ante o silêncio forçado de uma casa invariavelmente mantida entre recordações de morte, oferece a Monique lembretes do Novo Testamento que, a pouco e pouco, transfiguraram-se em refúgio à meditação. Ouvindo a leitura, feita em voz enternecida, das promessas de Jesus, a patroa roga frequentemente à Palome que lhe repita as palavras de consolação: "Vinde a mim todos os que estais cansados e eu vos aliviarei." Em adejos de preces contritas, experimenta as emoções mais alçadas, pervagando em distantes atmosferas. Mesmo assim, a esposa de Florian prossegue ensimesmada.

De tempos em tempos, Mlle. Eulalie de Chaumillon vem passar a tarde com ela. Haviam sido, por largos anos, pensionistas das *Fidèles Compagnes de Jésus* e, de simples colegas de estudo, tornaram-se grandes amigas. Inequívocos laços de entendimento as aproximam, contudo, nem Mlle. de Chaumillon, que irradia esfuziante otimismo, consegue restituir-lhe a vibratilidade pessoal.

A suntuosidade dos jantares à luz das velas para uma dezena de convidados, que o casal promovia noutra época, de há muito não enfileira landôs e caleches ao longo dos gradis. Nem se realizam mais as tertúlias demoradas na degustação dos *cognacs e armagnacs* da adega secular, as mesas de gamão ou as animadas partidas de uíste a dois *sous* a ficha, quando se faziam ouvir, repetidas pela noite a dentro, os risos e as alegres expressões: "Quem dá? Carta! Trunfo!"

Afastados agora do convívio social, os jantares provincianos de cinco horas e as reuniões festivas do solar estão suspensos. Não mais recebem os amigos. Há muito tempo, o salão Barrasquié, que se equiparava ao salão Estrabaut e ao Delaquerrière, célebres no *Faubourg* Saint-Germain de Carcassone, trancara-se por luto. As visitas rareiam e nenhum riso despreocupado ressoa já pelas dependências da mansão dantes acolhedora e festiva.

O cartão de M. Hubert Camescasse, jornalista aposentado e *causeur* em plena atividade, discutidor de religião e literatura, *habitué* da casa desde os tempos do Rei, quando Barrasquié pai era aí o proprietário, há muitos meses não é visto na salva de prata sobre o aparador do vestíbulo. O senhor Camescasse polidamente pretexta indisposição e afazeres continuados. E o casal Du Malhac, dois apaixonados opinadores da política, depois de infrutíferos conselhos dados à senhora, no empenho de reintegrá-la na posse do temperamento jovial que nela haviam conhecido, passaram também a evitá-los, desculpando-se "com trabalhos excessivos". Espitalier, caloroso amanuense, desde muito não vem distribuir os possantes apertos de mão, nem exibir a casaca em cauda de bacalhau, e entre os demais frequentadores só de raro em raro um ou outro mais saudoso se faz anunciar.

Monique, desiludida e desinteressada da sociedade dos homens, aguarda uma prova palpável da presença querida do irmão, que acredita redivivo, além-túmulo, algum toque espiritual, que venha dele aos seus pensamentos, a confirmar-lhe sua inocência, pondo nesse sonho seu mais ansioso interesse. Volta-se expectante para *La* Convulsionária. E nos seus cismares, como sempre sói acontecer, a figura de Jules, a voltear-lhe na memória, propele-lhe o coração de mãe frustrada a súplicas exaustivas, nas quais implora a Deus fecundidade ao seio árido para que consiga desoprimir-se e viver.

Ante o quadrado verde de franças buliçosas e a nesga de azul do céu do meio-dia, Monique conjetura e espera...

DAS CONSEQUÊNCIAS DO PASSADO

ATENDENDO a *toilette,* Florian abeira-se do lavabo e verte a água abundante, refrigerando o esfogueado do rosto. Recapitula os acontecimentos últimos e conjetura também. Na mente, a imagem de Jules. Sempre Jules!

O sacrifício de Jules e a obscura história do crime em que padre Marcel perdera a vida permanecem lembrados no recolhimento de Carcassone, viajando, embora em tom de segredo, de ouvido em ouvido, de casa em casa, suscitando reflexões e dominando os sussurrados comentários do Departamento, espalhados e reespalhados à feição de cinzas ao vento. Vários Sábados da Ressurreição já se sucederam sobre a tragédia, entretanto, não apenas o solar continua em prostração... Talvez à força de secreto remorso coletivo, ou porque os fatos havidos depusessem contra os brasões da cidade de brio, fanaticamente defendida por seus habitantes, inexplicável pejo fez calar as vozes. E o sangrento episódio, ainda que na aparência sepulto no olvido, vive nas consciências, tresandando em cochichos e reticências.

Sob o calor da tragédia, o médico cogitara em se transferir para longe, expatriar-se. Habituara-se, porém, à cidade, à clientela extensa e decidira-se por abafar, esquecer, sem permitir que o sucedido lhe impusesse decorrências à vida profissional, e isso embora as arremetidas dos padres, que lhe prejudicavam a clínica com boatos deprimentes, dando azo a que ele e Monique, em muitas situações, experimentassem a dor do ostracismo social.

Embora o inusitado incidente sofresse, de boca em boca, censuras e mexericos, desnaturado por impressões fanáticas e fantasiosas, exagerado de mil modos, chegando a provocar incríveis versões de diabolismo que o temor de muitos lançava em circulação, não alcançara, felizmente, as colunas indeléveis dos jornais jacobinistas, empolgados com as profundas modificações da ordem político-social que se processavam. Por outro lado, no seio da multidão, o terror religioso que a lamentável ocorrência provocara ditava aos espíritos circunspectos a compaixão natural e, às almas simples, um supersticioso silêncio.

Quanto a Monique, ele a auxiliara, deliberadamente, a dispor de todos os objetos que lhe recordassem o irmão, conservando apenas o *Guarnerius,* inseparável companheiro do musicista e a cuja venda a esposa se opusera, recordação essa que ela manuseava, vezes e vezes, na comoção de beijos, em transportes de saudade, recordando as composições de Tartini e Pergolese, prediletas do morto e que, segundo confessa, ainda crê ouvir em ressurreições auditivas, repetidamente. É assim que o instrumento descansa em casa, como que à espera do dono.

Frequentemente acorda, alta madrugada, não obstante o tempo decorrido, atarantado com os soluços dela, estranhando-lhe a convulsão do pranto que molha os bordados do travesseiro. Nessas oportunidades, simula dormir para não constrangê-la, apesar de se sentir igualmente arrasado. Quantas ocasiões chega ao solar, tomado de angústia, sorrindo embora, e encontra-a melancolicamente a vaguear, abstrata, sob as árvores da entrada, leve quanto um pássaro, engolfada em reminiscências, a entretecer versos em pungentes solilóquios, a esgueirar-se ao pé dos troncos escuros, frágil silhueta envolta no esvoaçante xale de musselina, que lhe enche a alma de pena! Imersa em doridas cogitações, Monique parece corporificar outra estátua na sombra do jardim.

Não há muito, surpreendera-a na intimidade, à feição de ave aprisionada na gaiola da alcova, à meia-luz, a tristeza no rosto transparente qual os dos anjos de Fra Angelico. Monique cantava baixinho uma *berceuse*, em gorjeios neniosos que lhe fizeram chorar o coração. Não desconhece que lhe falta o apoio da fé, único capaz de oferecer resistência íntima, soerguimento moral, compreensão dos fatos.

Taciturna no seu imobilismo, mergulha-se a companheira na monotonia da existência mecânica, em que a criatura se automatiza em atividade semelhante ao trabalho concêntrico de um relógio. Definha a olhos vistos. Chegara a tal estado de consunção que, hoje, ele teme por sua vida. E sempre que lhe recorda os imperativos do esquecimento, da distração e da sociabilidade, ela pretexta enxaqueca insuportável ou se desfaz em lamentação contra a cidade em que é estrangeira, contra os erros da sociedade, relembrando dramas alheios que são, aliás, quanto ela o afirma, constantemente trombeteados por Francine Lucaste, conhecida colecionadora de segredos, repertório ambulante de todas as novidades, ou as bisbilhotices do *avoué* Guigue Quéfelec, o "espírito sutil de Carcassone". Tudo isso não lhe agrada mais, ela não poderia suportar outra vez...

– Realmente – argumenta ele então, quase desesperado com aquelas indisposições de encomenda que se repetem, terríveis –, é preciso evitar certas figuras da cidade, prevenindo derrames de maledicência, porém não podemos passar o resto da vida encerrados em casa! Ainda é cedo para nos fixarmos num cemitério! Vamos fazer ou receber visitas, Moni!

A esse tempo, reorganizara os horários da clínica, atendendo fora do lar e abstendo-se, sistematicamente, de socorrer aos enfermos no ambiente doméstico, evitando qualquer expressão de sofrimento ao redor da esposa, empenhado, qual se achava, em lhe garantir a renovação. Dessa maneira, assegura-lhe a tranquilidade possível e furta-se de lhe ouvir o repisar das queixas.

Houvera uma pausa em sua extenuante tensão. Fora num dos outonos transcorridos. Chovia torrencialmente e, certo dia, Monique recebera uma carta. Por ela, um anônimo penitenciava-se em remorso pelo massacre de que participara. Confessava viver entre dúvidas mortificantes quanto à culpabilidade do homem lapidado. Essa missiva trouxera tão significativo consolo à companheira, que ele chegara a pensar se para obter aquele resultado, o qual lhe custara apenas os poucos *sous* da franquia (o destinatário é quem estipendiava o porte da correspondência), bem valera pagar algumas dezenas de francos por outras iguais, recorrendo ao mesmo artifício, no anseio de consolá-la.

Por último, reprimindo o brio médico, acedera à repetição dos pedidos da esposa, bem como de familiares e amigos, no sentido de que se valessem dos recursos estranhos à medicina para a recuperação da paz que lhes faltava, recursos que ele, pessoalmente, catalogava à conta de superstições e crendices. Monique começara por apelar para todos os tipos de sortilégios, buscando, em desespero, uma luz de esperança na noite em que delirava. Íntimos do casal tinham sugerido fórmulas e práticas exóticas capazes de obter a maternidade. E os dois cônjuges visitaram cidades próximas. A senhora Barrasquié adquirira amuletos, procurara encantamentos, servira-se das "águas vermelhas" de Alet, sujeitara-se a benzeduras, demandara às fontes de Carcanières, ao fundo dos desfiladeiros selvagens de Foix e, aconselhada, evitara encontros com Baldon, relojoeiro-joalheiro conhecido, cujos olhos guardam a fama de lançar maus-olhados. Recorrendo, por seu turno, aos antigos mestres, o marido submetera-a a consultas em Paris, diligenciando positivar a causa da esterilidade que a perturba e enlouquece.

Na verdade, acima de tudo, paira sobre o casal o predomínio de culpas deploráveis do passado. Em existência não muito remota, reunidos ambos, aniquilaram rebentos no claustro maternal, acumpliciados nos mesmos compromissos cármicos. Para se esquivarem aos cuidados e aflições que lhes exigiam, asfixiavam pequeninos seres, suscetíveis de lhes estorvar o mergulho constante no desregramento emotivo. Eis por que viera ele a diplomar-se em medicina, devotando-se especialmente à obstetrícia, na vocação de amparar a maternidade, sustentando a ventura de lares anônimos, ao mesmo tempo lhes invejando a felicidade da prole. Ele, Florian, profissional distinto da ciência de curar, que assiste a chegada de tantos entezinhos à estância terrestre, surge a seus próprios olhos amaldiçoados! Nem a mais ligeira promessa de continuidade, de um herdeiro, de um herdeiro só, que lhe mantenha o nome!

Monique fala, agora, em recorrer à conhecida feiticeira da região.

Florian meneia negativamente as mãos gotejantes, qual se brandisse leques, enxuga-as na toalha e retorna à sala, reencetando a conversação de minutos antes.

— Que pode essa maga fazer que já não fizemos? — pergunta com lassidão.

Arrancada ao devaneio, Monique suspira alto, qual se despertasse.

— Contudo, desejaria tanto vê-la... Concordarás, não é, Florian? — insiste docemente, sem desviar os olhos do esposo, buscando provocar no rosto dele algum sinal imediato de aquiescência.

Agarrado aos preconceitos, como de outras vezes, o médico resiste. Receia as murmurações da província. Estudara na Capital e partilha a severidade das opiniões que a ciência mantém a respeito daquilo que a cultura intelectual considera charlatanice.

– "Já me aventurei demais. Se me exceder, exponho-me ao ridículo, à perseguição gratuita dos colegas intransigentes, facilmente me transformo em objeto de proscrição... Não posso constituir-me em adversário de minha própria escola, em Paris..." – raciocina, aconselhando a si mesmo, embora oculte o enfado que o assunto lhe provoca, bocejando discretamente.

Ouve a esposa estomagado. Entretanto, a título de ajudá-la, concorda com a petição, a sorrir, melancólico, tentando adiar a solução do problema.

– Perfeitamente, Moni, quando quiseres e... me for possível, naturalmente. Não tens tanta pressa, tens?

– Oh! Sim, tenho! Sabes que tenho!

Mostrando-se quase contente, a esposa abraça-o emocionada, e Florian reanima-se. Marca-se a consulta para daí a três dias, quinta-feira, pela manhã, no horário de recepções da vidente.

Escapa-se o olhar de Monique como pássaro de esperança, para o céu desanuviado. A alegria que, desde muito, desertara de sua alma, transparece-lhe no brilho das faces e na palpitação das têmporas, a destacar-lhe a delicadeza das veias azuis.

Sua cabeça pende, pensativamente, sobre o respaldo da poltrona. E nesse instante salta-lhe ao colo, proferindo um alegre ronrom, *Caprice,* o velho felino do solar.

ELOGIO DA CAMPANHA

FARRAPOS de névoa, retalhos de nuvens encortinam a linha úmida do horizonte. O azulíneo das sombras da manhã rasteja molemente e se recolhe mais e mais na cornucópia da noite.

Ausenta-se o casal, varando a diafaneidade dos véus da cerração, no leve cabriolé de vime e encostos desbotados, que Florian utiliza para atender à clientela nas visitas domiciliares.

Na boleia sem resguardo, o cocheiro abotoa o redingote, semicerra os olhos ao sopro matinal e a mobilidade das rugas lhe vinca o rosto oblongo, de tez olivácea. De barba em bico e cabeleira em crista, parecendo topete postiço, derruba o chapéu sobre a testa e apruma-se no veículo. Boceja e seu bocejo se transforma em tênue bruma esbranquiçada, uma poeira de água.

Deixam a Cidade Nova, que acorda lentamente, com raros carcassonenses nas ruas, atravessam a ponte, ladeiam a colina onde se ergue, a desafiar os séculos, o cinturão medieval da *Cité*, quilômetro e meio em dois polígonos completos de fortificações. Neblinas esgarças parecem esfiapar-se nos dentes dos cinquenta torreões defensivos, palidamente iluminados ao clarão do amanhecer. Seguem rumo ao Norte, que a Torre Crémade assinala nos subúrbios.

Nos limites do campo, instalou-se a maga.

O caminho corta o declive áspero, no socalco da fortaleza, entre urzes e azevinhos. O cocheiro insinua um sorriso prazenteiro ao ouvir o chantecler campezino, que repete, euforicamente, os seus toques de alvorada. Atingem o carreiro umbroso que, recortado pelos duplos rastos das carruagens, em curvas graciosas de romanzeiras e zimbros, desdobra-se entre os grandes açafates que arrepanharão a colheita do dia. Varando túneis vegetais, sob a névoa densa, a ramaria pesada de umidade chibateia o sono na face do condutor que a corrida embala.

O médico desperta a atenção da esposa para o pitoresco desses incidentes, tentando distraí-la. Envolta no seu hussardo de percal cor de terra-egípcia, ela se refugia nos estofados e deixa pender a fronte de mármore no ombro do companheiro.

– Vê, Moni, saudemos a natureza! Há bastante tempo não vês o campo! Atenta para a esquerda, ali tens o Aude.

À frente, corre esbaforido láparo, desfraldando a cauda ao vento. Troncos náufragos boiam em tumulto, de vaga em vaga, entre franjas de espuma, na esteira rolante do rio. Já se ouve a melodia chilreante de pequeno musicista de penas a estribilhar no estrado de um galho.

Perlongam agora uma ribeira colorida de céu, a serpejar errante na pradaria, cursos serrilhados por vergéis e várzeas férteis, cercadas por muros de lodo e ornadas de freixos e vimeiros. Sobre os cadáveres das carvalheiras, na penumbra de grotas, em troncos escuros de pinheiros, medram abundantes cogumelos. À beira da trilha, crescem e encorpam centenas de ulmeiros plantados com simetria, eretos, galgando em fila as encostas, quais soldados em marcha. Dos fraguedos escarpados, enorme águia investe contra a relva, alçando voo de presa ao bico, a carrear comida para o seu xofrango, alheia à proibição da caça. O cabriolé, um pouco mais adiante, costeia antigo castanhal vestido de ouro. Lourejam searas esvoaçantes, penteadas pelo ancinho caprichoso do vento.

– Olha, querida, é como num poema...

Baforadas tangem a lira da folhagem, afagam com doçura a cabeleira dos plátanos a se elevarem bem alto, do seio germinador da terra. O grasnar de um gavião chega-lhes aos ouvidos. O recém-vindo planeia nas alturas, em imensos voluteios, por entre os cortes e recortes das colinas, numa das quais se vê o bosque tosquiado de que se tirou o monte de bétula seca, lenha providencial recolhida junto à habitação aberta à brisa.

Adeja no espaço o cheiro apetitoso da refeição matinal. Florian respira voluptuosamente:

– Desejarias viver ali, desejarias?

A moça sorri desolada à guisa de resposta, esforçando-se para demonstrar constrangido interesse em louvor da paisagem.

Abre-se mais amplamente a oficina diurna. Entre os tramados verdes das divisórias, galinhas cacarejam, grupos de bois e ovelhas pascem, nédios, eles a mugirem de manso, elas balindo com estridência, sesteando ao sol nascente, como os animais de Paul Potter, na pastaria manchada de moitas de hastes apendoadas. Outras vivendas aparecem. A cancela de uma casa de pedra bate fortemente sob a ação dos reflexos dos *cers,* ventos do Aude que sopram do Norte.

Faz-se o médico loquaz diante da alegria suscitada pela despreocupação do passeio e salienta, entusiástico, certos detalhes da tela pastoril que se desvenda festiva em éclogas de perfumes e cores. Monique, entretanto, emudece, fitando o quadro bucólico através das escuras nuanças do pessimismo, e balbucia tão somente uma palavra ou outra, monossílabos soprados que a viração colhe e desfaz. Para ela, à sombra almiscarada, os caules nodosos se contorcendo na aragem semelham serpentes encolerizadas; ouvindo o escoachar das águas primaveris, em murmúrios flutuantes, regista queixumes da fadiga de quem muito caminhou por vales e montes; os regatos lembram torrentes de lágrimas, seus rumorejos, soluços; as borboletas a voltearem, volúveis, sobre a relva, nódoas a perturbarem a visão; as copas abundantes de sombra, telhados constringentes. O próprio vento lhe parece perseguido pelo Sol, a fugir espavorido, resmungando alto.

Escalando encostas, varando campos, contornando curvas, passam rente a cavaleiros que se deixam calmamente levar pelos movimentos dos animais apaziguados.

Alcançam o sítio indicado, junto ao posto de muda para Villefranche.

Sob gigantesco carvalho, o poço de roldana identifica a vila singela. Ouve-se a mosquetaria dos chicotes dos postilhões de coletes vermelhos, aprestados pelas exigências da manhã.

No varandim lateral, de pé sobre pequena mesa, uma jovem acerta alguma coisa entre as ripas do teto de colmo, ornado de saião. Assusta-se ao perceber passos e se volta lesta.

Defrontada pelos visitantes, desculpa-se:

– Bons-dias. E perdoai-me! Procuro consertar a goteira que surgiu ontem, com as chuvas da tarde...

Arrepanha a saia de chamalote cor de cinza, justa na cintura a parecer arrebentar-se a qualquer instante, desce, limpa as mãos no avental estampado e se apresenta:

– Sou Margalide, Margot para todos. Entrai – convida sorrindo, toda mesureira com berloques chocalhantes, faces cobertas de fina penugem, os olhos parecendo desses que se engastam nas cabeças dos animais empalhados, similando vida, ocultando intenções.

Lá fora, acomoda-se o boleeiro no cabriolé e, enquanto o casal, dentro da casa, se dispõe a esperar, um faetonte estaciona atrás da carruagem, dele saltando, antes um homem, depois um menino de aspecto inteligente que, de imediato, lança ao varandim um olhar de atrevida desconfiança. Serão pai e filho. A criança, loura, de rosto redondo, covinha ao queixo, veste-se de veludo e parece contar seis ou sete anos. Nos cabelos compridos, usa casquete de fitilho que balança em movimentos saltitantes. Dirige-se o homem para a porta de entrada, com andar firme, na sua roupa de *mahón* cor de maçã.

Margot faz a recepção e, mal se assentam, retorna, conduzindo outro personagem, homem de elevada estatura que passa também a formar-se no círculo.

UMA CONSULTA ESPIRITUAL

TRANSCORREM alguns minutos e abre-se uma das portas interiores, dando passagem a insinuante mulher. Todos os olhos se tornam perscrutáveis ao se voltarem para ela.

Usa xale amplo de Paisley, com desenhos indianos, do qual emergem as mitenes com debruns amarelos, que vai retirando com elegância. Traz na mão bem cuidada, um diamante sem dúvida falso, *strass* por certo. Seu vestido, império, tem qualquer coisa de bizarro e deixa ver os pés calçados de filozela e escarpins. O rosto, estranhamente formoso, é sedutor e misterioso. Ao se mover, exibe a graciosidade dos gestos de uma bailadeira de templo. Pupilas cor de ônix ardem-lhe entre os cílios longos, a boca seria semelhante ao botão da rosa vermelha, se ele pudesse exibir a sugestão de um sorriso. Cabelos de azeviche, enfeixados num coque farto, deixam-lhe a descoberto as orelhas e o colo em que reluz pequenina cruz de coral.

Adianta-se a passos medidos, com lentidão intencionada de ritual, articula um cumprimento com a cabeça e entoa, aliciante:

– Que o Supremo Criador nos abençoe! *Buon giorno!*

Não solicita identidade, nem indaga pelos assuntos de que são portadores os clientes do dia.

Florian, que esperava encontrar uma bruxa decrépita, impressiona-se com as atitudes e a irradiante beleza da vidente que, a princípio, julgara ser outra freguesa da casa, introduzida por entrada diferente.

Margalide se retira em silêncio.

Cerra-se a porta maior. Uma atmosfera proposital de mistério foi criada no aposento, cortado por vasto biombo de papel e inteiramente cercado de prateleiras em que se alinham escaparates com recipientes e gaiolas de aves, sapos, lacraus, áspides conservadas, pastas venenosas, fragmentos de madeira em cores diversas, vasilhas com carvões, atilhos de plantas secas, alguns livros heterogêneos, além de um crânio humano ao qual falta o maxilar inferior, posto sobre um armário de casamento datado de 1782. Uma tela siciliana, representando devotas em prece, dependura-se de uma parede e de outra, com pendants de piastras furadas, um espelho de riscada estanhadura.

Ao examinar o recinto, quando a porta se fecha, assusta-se o garoto com os animais engaiolados. Monique, junto dele, acalma-o com a candidez de um sorriso.

— Não tenhas medo. Estão presos! — sussurra-lhe e, abaixando-se, afaga-lhe os cabelos.

A vidente reúne os visitantes em torno à mesa retangular de madeira desnuda, colocada ao centro da sala debilmente iluminada por uma réstia de sol, pois que os rústicos cortinados estão descidos. Toma posição à cabeceira e solicita com naturalidade, entremeando frases estrangeiras:

— *In questo momento io prego calma.* Iniciaremos a sessão para responder às consultas, após ligeira *concentrazione* de pensamento. Serão atendidos, em primeiro lugar, o *signore* com o *bambino*...

Cala-se. A quietude domina a sala e, na penumbra, veem-se os olhos espantadiços da criança, que saltam, céleres, de um para outro rosto.

A mentora da cerimônia deixa cair o xale. Veste agora apenas a roupa lisa, semelhante à gandura de cores vivas. Permanece extática por alguns minutos. Não muito tempo transcorre antes que estranho aroma silvestre, qual perfume derramado, penetre o ambiente, rescendendo em ondas que parecem fluir e refluir de origem imprecisa.

Silenciosamente a moça transfigura-se, seu rosto, enlanguescido, fixa diferente expressão. Percebe-se que se submete ao governo de uma inteligência intangível, da qual vai se fazer intérprete, constituindo-se a parte visível de esquisita simbiose. Por instantes ainda, aquieta-se na mesma imobilidade de faquir indiano. Depois, vinca-se-lhe a fronte e, subitamente, por sua boca, em límpido francês, sem qualquer traço do italiano das inflexões que até pouco lhe particularizavam a fala, põe-se uma voz desconhecida a exortar:

– Meu amigo, não te entregues à aflição... O problema do desaparecimento de objetos e alimentos em casa é provocado pela criança...

Volta-se o homem com serenidade para o garoto, que busca sorrir, mas a voz, momentaneamente reticente, torna a exigir atenção:

– Mas o verdadeiro culpado não é ele, o pequeno Edard... Ninguém o repreenda por isso...

No semblante alterado da jovem pítia, as pálpebras não tremem.

Florian, com inusitado interesse, segue os acontecimentos.

Como que desejoso de obter melhores explicações, o homem do trajo cor de maçã quer intervir, contudo, tem o ímpeto contido por um incontrolável estremecimento e a *inspirada* volta a noticiar no mesmo tom:

— ... pois quem esconde e transfere de lugar os objetos desaparecidos é o cãozinho de estimação da família.

Frêmito exclamativo eleva-se dos lábios do pai admirado.

— O cãozinho acompanha o garoto desde Castelnaudary, e desde aí já sumiam as coisas...

— Oh! Sim! Sim! – realça o assombrado visitante, incapaz de dominar-se. E foi julgado que o demônio nos estivesse a perseguir, que nos mudamos de lá! Mas instalados aqui, os aborrecimentos continuaram...

— A suposição não deixa de ter um fundo de verdade. Espíritos zombeteiros, que não simpatizam com o menino, influenciam o cão, tentando incriminá-lo...

— Oh! Eu lhe agradeço! Eu, eu... – tartamudeia o homem, meneando a cabeça de um lado para o outro, enunciando o intuito de ampliar o diálogo.

— Não mais! – interrompe o espírito comunicante. – Cedamos lugar ao próximo caso.

LIÇÃO DE CARIDADE

— *È ANDATO... è partito...*

Ganham nova intensidade os influxos de fragrância silvestre. Brisa orvalhada de aroma parece nascer, inexplicavelmente, no recesso da câmara, sensibilizando a epiderme dos consulentes.

A anfitriã volta à consciência normal. Relanceia o olhar pelos circunstantes, detendo-se em Florian e Monique.

Madame Barrasquié, ansiosa, apenas consegue murmurar:

– Senhora, desejo ardentemente um filhinho! Para isso tenho recorrido em vão a todos os recursos. Rogo-vos simpatia, auxílio... Confio em vossos poderes... Ajudai-me, por amor de Deus!

– *Si... Si... Presto...* – atalha a vidente. – Ouçamos o que nos dizem as almas.

Leve, levemente, o bálsamo reaviva-se, palpita no ar, reinvadindo o aposento fechado.

Novas transmutações ocorrem na fisionomia da mulher que se cobre de palidez, imergindo em fundo torpor. Movem-se-lhe as narinas diminutas e, volvendo a transe diverso, após ligeiros estremecimentos, sentencia com suavidade:

– Viandantes da vida! Só o amor deixa marcas indeléveis por onde passa! Quem alimenta o ódio não constrói, caminha num deserto, imprime pegadas na areia, durante o dia, para vê-las apagadas, em seguida, desfeitas pela aragem da noite. Plasmemos o máximo de amor na essência dos menores gestos. Jamais enrijemos e nem tempestuemos os pensamentos com as ideias fixas do mal que habitualmente se exteriorizam de nós, em espículos envenenados de angústia, sob a comburência das provas remissoras. Depende de vós o tempo e a alegria que vivereis entre a fralda e a mortalha.

Os assistentes respeitam, meditativos, o intervalo que surge, e a voz retoma a palavra impecável:

– De página em página, no livro do tempo, é fácil visualizar, nas vidas terrestres, a transitoriedade de todos os fastos do orgulho e de todas as afirmações dogmáticas que se agitaram em fúria. Erguei a inteligência para o Grande Todo!

Nutri-vos na seiva da humildade onipresente, no regaço do Infinito. Sim! Deus é humilde. Humildes, as Suas Obras. Humildes serão um dia os Seus Filhos. Cultivemos, de nossa parte, humildade real. Humildade de quem reconhece ter vivido a bagatela de milhões de vidas sucessivas, perante a grandeza imorredoura de tudo o que encontramos existindo quando descobrimos que existíamos... Sintamo-nos felizes por integrar a ilimitada assembleia dos súditos do Criador, mas guardemos, acima de tudo, o propósito infatigável de nos aproximarmos de Seus excelsos atributos. Exculpemos a inconsciência de quantos arremetem contra si próprios, acreditando investir contra alguém.

Faz-se novo interregno, por momentos, na preleção. A jovem italiana se apresenta com todos os característicos de uma outra personalidade.

— Nos mergulhos intermitentes através da matéria, cada espírito é desafiado a agir à feição do raio de sol que se esgueira por entre nuvens, diligenciando avançar com a própria luz. Porfiemos, seguindo para além dos bulcões da impiedade e da incompreensão, na certeza de que não existem sombras inextinguíveis, à frente da eternidade atribuída a nós mesmos. Liquefazem-se todas as nuvens em chuvas renovadoras, sob a ventania da experiência. Imprimi, em vossos passos, o selo da Complacência Divina com que fostes criados. O amor é princípio inviolável do Universo, o eterno presente; o ódio, a sepultura da vida. Deus é irresistível na sabedoria e na caridade com que nos contagiou os destinos. Sede bons. Sede humildes. Sede perdoadores! Amor recíproco em ondas de ternura, de alma para alma, no seio da Humanidade, eis um desígnio fatal como todos os desígnios do Pai, ante o futuro!

Grave expectação controla o recinto, até que a personalidade anônima torna a objetar:

– O passado... O nosso passado determina o sofrimento de agora. O decesso imprevisto de alguém que vos era amado, a perda de um filho há muito tempo aguardado com todos os transbordamentos do coração, eis os espinhos que vos cruciam a alma! Filhos meus, renovai, porém, a esperança! Orai! Alguém se apresta ao retorno, alguém assumirá nova vestimenta entre os homens!

Estremece o casal e, com aguçada atenção, empenha-se em reter quanto escuta.

– A eternidade é a idade real de todos, a carne – simples rótulo da alma; a Espiritualidade – a nossa procedência e o nosso destino inevitáveis. As raízes da expiação, que atualmente vos infelicita, fixam-se no mundo há mais de três séculos, quando dois amigos praticaram duplo crime... resgatado recentemente! Um dele foi arremessado da altura e o outro...

Surpresos, notam os ouvintes que o visitante invisível, qual se reprimisse um soluço, tem embargo na voz. Recompõe-se, todavia, de súbito, e informa em tom amargo:

– ... morre pelo martírio da lapidação, vítima em festim da turbamulta. Raras vítimas encontraram verdugos tão desvairados, raros verdugos surpreenderam tão serena vítima... Ontem, os dois assassinaram para subtrair o dinheiro do povo, recolhido em forma de impostos. Hoje, são mortos pelo mesmo dinheiro, em forma de ofertas do próprio povo aos júbilos da fé...

Franzindo as sobrancelhas, o médico sorri curiosamente. No íntimo, recusa-se a aceitar a versão da tragédia de Jules, qual lhe é ofertada aí, tentando convencer a si mesmo de que o episódio a que assiste é simples burla. Acostumara-se a embustes, custodiando Monique, daqui para acolá, a consultar espertalhões de todos os tipos.

Entretanto, o arguto observador está desperto nele. Fita a jovem erguida à condição de pitonisa, magnetizado por seu dominante fascínio. Admite-se à frente de bela mulher. Enreda-se quase imperceptivelmente ao seu encanto místico e não consegue furtar-se ao sortilégio desse rosto mate, das minúsculas narinas palpitantes, do risco negro dos cílios abaixados que deixam ver uma claridade recurva semelhante ao crescente lunar. Envergonha-se, no íntimo, dos pensamentos que lhe perpassam na cabeça, tem ímpetos de se retirar, de fugir.

– "Naturalmente, ao fim de tudo, devo desembolsar precioso dinheiro!"

Ensaia uma conversação consigo mesmo para dissipar as ideias molestas que o invadem, ao mesmo tempo em que procura enquadrar a vidente entre os neuropatas de sua clínica.

Continua, porém, a sofrer o aliciante convite que o aflige. Ainda assim, detém-se no timbre dessa voz, dantes com acentos nitidamente italianos, que já se metamorfoseara duas vezes. Com que fenômeno depara? Como explicar a diferença dessas inflexões imprevistas? Afigura-se-lhe conhecer a entidade que ouve agora, num francês castigado, sem contudo identificá-la de pronto.

– "Onde já ouvi essa voz?" Prossegue, errante pelo ar, o mesmo aroma silvestre.

Entrementes, num sussurro que imobiliza o ânimo dos presentes, a fala escorreita segue o fio da exposição:

– O povo invigilante participa também do pagamento das faltas, imolando um inocente na trama dos acontecimentos atuais... E vós, cúmplices indiretos nas transgressões anteriores, resgatais o vosso quinhão de culpa. Toda vítima é um credor do verdugo, todavia, não existe falta irremissível. Calcetas revéis no erro, carecemos de redenção, vencendo as dores que fluem em lágrimas de fogo para dessoldar os laços das quedas morais, sacudindo-nos as mentes para que venhamos a expiar o pretérito delituoso no sofrimento necessário. Daquilo que vem da Providência sucede, invariavelmente, o melhor para as nossas almas, muito embora a sucessão fatal dos resgates justos, ante os compromissos de que nos oneramos perante as Normas Universais.

Os dois cônjuges se entreolham e os demais consulentes, no recinto, não escondem a emotividade em que se contagiam, ouvindo a elucidação.

Queda-se Monique, estupefata. A esposa de Florian alcança o sentido da mensagem, julga identificar certas modulações desse persuasivo verbo e pensa reconhecer o dono de alguns dos gestos que a vidente articula.

– Depois das fúrias da tormenta, os afagos do luar. Quem erra se reabilita a pouco e pouco, remindo crimes, rompendo os vales da derrota para atingir os píncaros da vitória. Sendo assim, senhora – assevera a voz conselheiral –, não vos inquieteis dando guarida ao desespero em que vos arrasais. Ainda não recebestes um filho, à vista de perseverardes em atitude contrária aos próprios desejos, como quem anseia por luz quebrando o vaso capaz de acolhê-la. No campo da alma, sofrimento terrestre é graça divina sob disfarce. Esquecei as angústias do passado, dissipai as impressões tristes, vivei o presente entregue às esperanças e promessas com que vos acena o futuro. Proscrevamos o luto, a morte não existe. Ninguém se extingue. Não encontrareis na campa aqueles a quem amais. Alcançareis a ventura inefável de ser mãe... Tereis o filho pelo qual anelais, bastando enxagueis a mágoa do pensamento, nas fontes da conformidade e do bem! Terminaram, senhora, as vossas aflições; aguardai o vosso filhinho, ele chegará! A morte devolverá a sua presa. Vosso irmão volverá da Grande Pátria aos vossos braços sequiosos de ternura, na forma de filho bem-amado! Esperai, confiai!

Os olhos de Monique cerram-se úmidos por lágrimas discretas. Num misto de regozijo e de dor, reconhece diante de si própria:

— Sim, eu sabia... Oh! Deus meu! Há quanto tempo adivinho! Eis, por fim, a verdade acerca de meu irmão! Eu vo-la agradeço! Obrigada, meu Deus!

Em diversa atitude mental, o médico, entretanto, deplora ter comparecido à consulta. Acusa-se de compartilhar daquilo que considera mistificação, embora ponderando a débil possibilidade de extrair do ambiente, que supõe sugestivo e teatral, alguma impressão edificante ao ânimo da esposa abatida.

— Não vos atormenteis! Vosso irmão era inocente! — afirma o mensageiro, sem vacilar.

Nesse ponto, ao calor das frases ouvidas, a esposa do médico prorrompe em soluços. Quer falar, desabafar-se, gritar a alegria que lhe toma o espírito de assalto, no entanto, a garganta permanece-lhe embargada entre o júbilo e o sofrimento que lhe disputam o íntimo. Enquanto isso, o perfume do recinto se avoluma, torna-se acre, parece sufocar.

Prossegue a voz:

— O verdadeiro culpado não se fêz conhecido de ninguém entre os homens... Entretanto, quem se livrará do olhar onipresente da Justiça Divina? Senhora! Senhora! Orai por ele, e rogai a Deus pelo delinquente que vos furtou a paz da alma! Ele é...

— Não, não! Pelo amor de Deus! Não digas! Não digas!...

As exclamações estentóricas, no recinto, cortam, em rouco entono, a palavra do espírito.

O DESCONHECIDO

ASSUSTADOS, voltam-se todos.

Os gritos estrídulos partiram de um dos participantes da assembleia, justamente o homem que chegara em último lugar.

Acha-se de pé, o rosto em fogo, coroado por grisalhas falripas em desalinho. A pequena cabeça, com orelhas abertas, lembra um trêmulo corote de alças duplas. Ainda mesmo na penumbra, a roupa se lhe mostra esgarçada, revelando a ausência de cuidado e de tina. Está nervoso, seus lábios palpitam, as asas do nariz agitam-se-lhe com intensidade tal como se o nariz todo fosse despregar voo do rosto. Pisca um dos olhos, espasmodicamente, e, na exasperação em que se descontrola, alva cicatriz, qual verme atormentado, coleia-lhe na face esquerda.

Emudecem os assistentes estarrecidos.

De olhos inquietos à inesperada cena, um menino salta aos braços do pai. O pavor é contagiante, e todos se entrefitam, lívidos, em diálogo mudo. Instala-se o medo.

Piam assustadiços os pássaros nas paredes do fundo da câmara.

A vidente reajusta-se ao assento, retornando do transe característico.

Abre-se a porta, a camareira entra, precípite, ciosa do que se passa.

O homem, cujo semblante se mostra cadavérico, deixa escapar um sibilo e tomba, pesadamente, na cadeira de onde se erguera; ricto bizarro encrespa-lhe as cores confusas do rosto a denunciar enfermidade. Aperta a cabeça entre as mãos e soluça gemente:

– Não queria matar! Juro por Deus que não queria matar! Por Deus, não queria matar! Foi sem querer...

Balançam-lhe os pelos ruços da barba rala. Seus olhos garços, de olhar asselvajado, vertem lágrimas por debaixo das sobrancelhas frondosas. No rosto angustiado, fremem as rugas finas. Pula-lhe a pálpebra do olho direito num tique nervoso. A cava da boca, o legume do nariz, a pedra da fronte, os abanos das orelhas e as raízes das mãos dão-lhe à fisionomia algo de majestático ou cômico, conforme as expressões de profeta ou os gestos de bufão, inspirando medo ou fazendo rir.

Desagrado e arrependimento definem-se mais profundamente na alma de Florian. Sente-se vítima do ridículo, continua a crer em charlatanismo.

– "Isso não! Já é demais!"

Imagina que novo personagem, em mancomunação com a italiana, esteja entrando em cena. Para melhor ouvi-lo e desmascará-lo de vez, aproxima-se do homem transtornado, que resmunga, roufenho:

– Quero confessar... Deveis ouvir-me... E verdade, o moço era inocente... Quem atacou o padre fui eu... fui eu...

Transido agora de espanto, o médico verifica a mudança radical do desconhecido. Tem-no sob os olhos desfigurado por intensa fadiga, como que esmagado pelo terror. Transparece-lhe nas pupilas a pusilanimidade de um menino apanhado em delito flagrante. Qual se estivesse à beira de um abismo, faz depreender por gestos, olhares e palavras, o imenso infortúnio em que se debate. Deixa a cabeça cair para a frente, à maneira de réu atribulado pela consciência, e põe-se a narrar, em voz alta, os pormenores desconhecidos da tragédia que os lábios da vidente haviam trazido à tona:

CRISTO ESPERA POR TI

– Perdoai!... Perdoai!... Não foi por querer... foi uma fatalidade. Há cinco anos... – inicia a chorar.

E, no claro intuito de se dirigir especialmente a Monique e à Convulsionária, que retornara do transe, o desventurado prossegue:

– Eu me chamo Narcise Fondanaiche. Era furriel da infantaria, antes de ser expulso de Paris. Em Carcassone, fui admitido nos serviços da casa paroquial, com as funções de jardineiro. Sabia pelas conversas ouvidas, onde se conservavam todos os valores da casa... Sempre joguei... todos os jogos! E perdia... Necessitava de muito dinheiro para saldar os débitos. Resolvi assaltar as espórtulas recolhidas durante a semana santa... Acompanhei padre Marcel, de longe, com a astúcia do lobo seguindo um cordeiro, tocaiando a oportunidade de lhe roubar as chaves... Ai de mim!... Devia-lhe muitos favores, era um santo! Eu não tinha a menor intenção de acabar com ele, queria apenas as chaves... as chaves que não pude nem ao menos tocar. ...que nem cheguei a tocar...

Soluça fortemente e segue, arrastado no impulso insofreável da confissão:

– O padre santo entrou no solar, onde eu mesmo estivera antes. A moça Carcy, Anabelle, facilitara-me a entrada algumas vezes para desfrutar de sua companhia. Eu conhecia as dependências da casa, e como ele entrasse justamente ali... dei a volta pelos fundos e assaltei-o no momento que me pareceu mais próprio...

De surpresa em surpresa, imobilizam-se os presentes, como extáticos. A vidente é a única pessoa que cobra forças e estende a Fondanaiche o lenço que ele encharca de pranto.

Sacudido por tremores, as mãos crispadas sobre os olhos baixos, o infeliz reenceta confrangedoramente o relatório, palavra a palavra, contando como seguia, a seu modo, o *Fuge, late, tace*:

– Jamais esperei que o padre reagisse... Jamais! Era franzino! Não sei como aconteceu. Ao tentar pegar as chaves... ele... ele... Quando dei por mim, oh! Deus de Bondade! Ele estava na rua... estirado... imóvel... Corri para a multidão! Vi o moço ser acusado... Quis evitar o massacre, mas era tarde demais... fugi! Tenho sofrido muito... chorado muito... Vivo amaldiçoado, foragido de um lado para outro, tentando ocultar inutilmente o remorso e a vergonha que me perseguem! De que me vale viver enterrado neste inferno de dor! Sempre o padre, sempre a voz do padre ecoando dentro de mim!

Desata-se o trânsfuga infortunado em novas ondas de lágrimas. Remira as próprias mãos, mal ajustadas aos braços pela desproporção, como se os braços fossem de um número e as mãos de outro, com a repulsa de quem as reconhece por instrumentos da morte, enluvadas de sangue inocente. Gagueja, exibindo os olhos tomados de angústia, como se contemplando ainda, interiormente, as cenas que o mortificam em agonias morais pela expiação de duplo crime. Encordoados de veias crescem-lhe do pescoço, saca da garganta uma exclamação dolorosa, e, patenteando a ruptura das últimas resistências, tomba no piso, em súbito descontrole...

ONDE SE VEM A SABER QUE O PERDÃO NASCE TAMBÉM DO INTERESSE

MARGOT apresta um guardanapo embebido em vinagre aromático, que Florian adere às narinas de Fondanaiche. Assentam-lhe na fronte, que se descolora em camarinhas de suor, um emplastro revigorante. Alguém lhe borrifa o rosto com aspersões de água fresca.

Monique está hirta, jugulada por emoções contraditórias que raiam da revolta à alegria. No entanto, para ela, em momentos breves, sobrepõe-se o júbilo ao desespero, vai-se o gelo da mágoa ao calor da ternura.

– Oh! Graças a Deus! Antes assim! Eu sentia, eu sabia que Jules era inocente!

Corada de excitação, debruça-se sobre o homem que volta a si, tentando asserená-lo com palavras compreensivas.

Florian, perplexo, admite-se, por fim, ante a verdade. Reconhece que o infeliz não está blefando e delibera, no íntimo, a impeli-lo para a confissão, diante das autoridades. Contudo, a esposa roga perdão para o verdugo, com espontaneidade comovente. Reconforta-o e defende-o, compassiva.

A Sra. Barrasquié chama o esposo à parte e confidencia-lhe docilmente que, através daquela manifestação da Vida Espiritual, vê renascer em si o estímulo para a vida presente, na certeza da vida futura. Sente-se outra. Reencontra-se. Indizível consolação lhe balsamiza as chagas do espírito. Algo segreda no âmago do seu ser que, efetivamente, expiara a sentença de angústia e solidão a que se vira condenada. Náufraga salva no mar encapelado das provações terrenas, concebe horizontes mais vastos ao vislumbrar a existência da alma. Liberta-se do cativeiro às acanhadas visões humanas, certifica-se, enfim, de que as depressões e lamentos, a que se havia confiado, assemelham-se a reações infantis, ante a lógica das Leis Divinas que passara a entrever.

– Sim, meu Florian, nunca mais choraremos de dor! Nunca mais! Sinto agora a esperança, a luz da esperança em clarão inextinguível! Nossa pêndula voltará a marcar novos dias de felicidade e união! Graças a Deus pelo conforto e pela fé que reencontrei!

Eufórica, olhos rútilos em lágrimas felizes, insiste com o esposo pasmo, usando todo o *charme* que lhe caracteriza a alma poética:

– Perdoemos a esta criatura por amor aos ensinos do Evangelho! É um mendigo de compaixão... Bastam para ele o suplício moral e o arrependimento que o farpeiam! Piedade, Florian! Piedade para quem teve o infortúnio de ser mau!...

Relutante, o companheiro reflete no realismo dos fatos tal como se apresentam. Afizera-se, homem de estudo e de ciência, a raciocinar perante a vida com equilíbrio e serenidade. Não, não consegue baixar o cérebro ao nível do coração.

– "Silenciar" – fala consigo mentalmente – "*é* negar à memória de meu cunhado a reabilitação no conceito do mundo... Silenciar, agora, é acumpliciar-me com a ignorância que o lapidou..."

Sopesa o que ouvira através da Convulsionária e pensa na possível reabertura do inquérito imprescindível ao reexame do processo criminal; isso, porém, sacudirá outra vez a opinião pública, embaraçando-lhe a vida profissional. Capitula, não para condescender com os sentimentos de Monique, mas para não arrostar, de novo, os riscos da carência econômica e do desapreço social. Exculpa Narcise, com frases de cortesia calculada, no entanto, ameaça-o de prisão caso algum dia volte a Carcassone.

Sensibilizada, compraz-se Monique tão só com a verdade. Exulta de confiança e vê-se feliz a ponto de solicitar ao esposo importância expressiva, com que presenteia o delinquente, a falar-lhe, quase fraternalmente, dos gastos e pormenores da mudança exigida pelo marido.

Respondido antes de perguntar, o ex-furriel revela, nos olhos úmidos, os resultados edificantes da desinibição a que se rendera. Agradece a generosidade da benfeitora com o silêncio comovedor da humildade de um cão e recolhe, grato, a água de melissa que Margot fora buscar.

E num átimo, enquanto os presentes se mostram distraídos, sai desabalado, em correria. O esgrouvinhado Narcise Fondanaiche toma rumo ignorado.

Para evitar aborrecimentos, Florian roga aos circunstantes, incluindo a vidente, a quem oferece larga espórtula, não revelarem o sucedido. Fala do passado selecionando reminiscências. Ele e a esposa desejam o esquecimento. Já haviam sofrido o suficiente. Jules, que morrera infamado, está redimido. Dos bastidores da Vida Maior, os Espíritos vinham clarear o passado e promover a justiça.

A Convulsionária agradece calidamente a dádiva recebida.

– *Grazie, signore mio!* Em qualquer emergência estarei ao dispor. Sempre às ordens, *con molto piacere.*

Intrigada, Margot comparece, embaraçada com o gato cinzento, que lhe ronrona em torno da saia. À moda dos camponeses da região, serve torradas e vinho, oferecendo alféola, pão e frutos secos à criança que chora baixinho, ainda assustada com o desmaio do homem triste, episódio que não sabia compreender. Para mostrar satisfação e, talvez, para dirimir remorsos, o pai atrai o filhinho, aperta-o contra o peito enternecidamente e põe-se a tilintar alguns *sous* e *liards* que o pequeno recolhe com evidente alegria. Sorri Edard, embora guarde os olhos ensopados de pranto, ao repimpar-se com as guloseimas.

Ouvem-se regougados ladridos fora da casa.

– *Léopard!* – expande-se o menino, saltando com súbito contentamento.

Furta-se ao braço paternal, empunha um pão de dois arráteis e, castanholando os dedos com a outra mão, corre em disparada ao encontro do mestiço de lebreiro que entra no galope. E para logo se festejam, entre o sacudir da cauda em penacho e exclamações de regozigo.

Desafoga-se o ambiente.

Florian levanta-se. Espírito analítico, caldeado no exercício da medicina, engolfa-se no estudo das ocorrências e procura, debalde, alguma caçoila que conserve o perfume reinante, em contínuas rajadas, ainda mesmo finda a reunião.

Tangido pela curiosidade, estabelece conversação com a vidente, que o elucida chamar-se Carla Sebastianini.

A senhorita Sebastianini revela haver feito votos num convento de Nápoles, tendo sido reclusa no claustro apenas por um ano. Envolvida de chofre pelos estranhos fenômenos que lhe caracterizavam a vida, semelhantes aos que ele, doutor Barrasquié, acabara ali de presenciar, vira-se expulsa da ordem, sob a pecha de endemoninhada. Viera daí o apelido de *La* Convulsionária com que se fizera conhecida, qual se fora remanescente das famosas "monjas possessas". Sem parentes próximos a quem recorrer, perambulara por várias localidades até que, transpondo a fronteira da França, nos derradeiros dias do Consulado, instalara-se em Saissac. Acha-se em Carcassone há seis meses, residindo na pequena quinta para se furtar à curiosidade alheia e devido às dificuldades naturais para encontrar moradia na província.

Embora não o saiba, Carla Sebastianini possui diversos tipos de mediunidade em exercício empírico. É, no entanto, assistida por espíritos de natureza múltipla, que lhe presidem a oscilação de sentimentos e ações, entre o bem e o mal. Ela mesma não se detém no exame acurado do aspecto moral das manifestações e carrega, de permeio, vasto séquito de espíritos obsessores que lhe assessoram as energias, sempre que disponham de circunstâncias favoráveis, interferindo nas mensagens ou nos problemas dos consulentes, conforme o grau de invigilância da vidente e segundo a intenção infeliz predominante em cada cliente. Nisso, os mistificadores desencarnados são apoiados pelo profissionalismo mediúnico da ex-monja, que se dedica aos processos primitivos de magia, usando rituais e instrumentos para impressionar os visitantes e atraí-los, o que explica a presença de supostos talismãs e animais na câmara de trabalho. Angaria assim elevadas somas nas consultas diárias, em que se lhe submetem os assuntos mais díspares, desde aqueles subordinados a inconfessáveis interesses até sublimadas intercessões espirituais, em favor de almas sofredoras, como no caso Narcise Fondanaiche.

– *E che ne dici di questo vinetto bianco?* – relembra a anfitriã, com vivacidade, retificando: – Este vinho branco, aceitais?

Enquanto requisita os préstimos da camareira para que os copos voltem a ser cheios, enseja a Florian a oportunidade de observá-la com mais atenção. Os formosos braços que ondulam em gestos de baile, o busto de estátua de proa, o rosto de camafeu, recortado em moreno coral, a pesada cabeleira cor de noite...

Poucos instantes depois, despedem-se.

De regresso, apresenta-se Monique totalmente modificada. Parece impregnar-se de vida nova. Com indisfarçável contentamento, tudo apreende agora em tintas de otimismo; em cada lance da paisagem, recolhe aulas de harmonia e confiança, expressas nas galas da natureza.

E Florian, analisando-a, ainda sob as contraditórias emoções a que se abandonara, na vila da napolitana, conclui que o exterior da companheira lhe atesta a renovação integral do mundo íntimo.

Monique devaneia... O vento entoa endeixas ao longo de longo percurso aéreo. Revoadas de borboletas, imitando pétalas esparsas ou flores volantes, flutuam à sombra dos olivais. Cantam águas nos taludes, andorinhões voltivoam, cindindo o ar quais turquesas aladas. A ramalhada, quando o cabriolé rompe os túneis de verdura, recorda baldaquim de veludo com franjas de seda, e os ramos entrelaçados sobre o carreiro são arcos de triunfo, dosséis para a alma da senhora Barrasquié, que se vê renascida. Tomada de júbilo misterioso, sente o coração tangido de harpejos ignotos, assinalando música de alegria no ádito do ser, ao prelibar o futuro. Sem querer, abre os braços para acolher o sopro da brisa que a enlaça, de manso, como que ciciando promessas...

Olhos da véspera não mais a identificariam. Assemelha-se à planta largo tempo sem água, reverdecendo de inopino à carícia da chuva. Respira felicidade. Desfaz naturalmente a severidade das tranças e a farta cabeleira rola na libertação dos cachos flamejantes. Depois, descansando a cabeça no ombro de Florian, docemente entrecerra as pálpebras.

A irmã de Jules põe-se em colóquio com Deus, inebriada de esperança, e nas asas do pensamento atira para o Azul radioso seus novos anseios iluminados de oração.

A DUPLA OBSESSÃO

RETORNA o cabriolé pelos mesmos caminhos.

Decorridos dois dias, na folga do cocheiro, o próprio médico empunha as rédeas com a segurança de quem, noutras oportunidades, já se entregara àquele mister, no espírito de iniciativa que lhe exige a profissão.

Nessa viagem, contudo, vê-se Florian, a contragosto, num clima sigiloso. Intimamente está decidido a rever Carla. Sente-se jungido à sua personalidade. Prendera-se-lhe aos encantos e, além disso, tem excitada a curiosidade pelas ideias diferentes que os fenômenos da vila junto ao posto de muda lhe haviam suscitado. Mal contém o desejo de pesquisá-los de imediato. A rocha das convicções niilistas, acalentadas há tanto tempo, desabara de improviso.

Fascinado, torna à vidente. Carla é a mesma anfitriã cativante. Mostra-se alegre, busca entreter o doutor com assuntos originais, confia-lhe o mais profundo das impressões. No moço irrompe, absorventemente, inelutável admiração pela enigmática mulher. Sente-se intimado à rendição afetiva por aqueles olhos sombrios e deixa-se envolver na rede de seduções que ela entretece. Exalta-se. Carla é, para ele, a chave que abre as portas do fascinante Mundo dos Espíritos.

Passa a revê-la frequentemente. Nas semanas seguintes, em várias ocasiões, o cabriolé de vime encaminha-se de maneira pontual, na direção da estrada para Villefranche, e se detém à sombra da alta carvalheira. Agora, é hábito ver-se o ligeiro veículo junto ao velho poço de roldana. O interesse do facultativo gravita para a linda moça de Nápoles, encerrada na personalidade da vidente. E entrega-se, totalmente vencido, às forças perturbadoras que a cercam, apaixonando-se por ela, em desbragada obsessão.

Nascem daí lamentáveis vínculos afetivos entre os dois, acobertados pela alcovitice remunerada de Margalide, que lhes facilita entendimentos com estudada dedicação e risinhos solertes.

O obstetra, que a partir do diploma laboriosamente conquistado se fizera portador de lisura perfeita, envereda por obscuros desvãos da vida moral, sem ponderar que o adultério é dívida a prazo fixo, reclamando difícil resgate; que toda ligação emocional arrecada responsabilidade específica; que a criatura consciente responde pelo que faz; que urge honrar compromissos assumidos, nada importando se esse ou aquele contrato jaz firmado em papel ou simplesmente apalavrado de coração para coração; que um ajuste espiritual é decreto no destino para quem o formula.

Lavrara o fenômeno psíquico sulcos profundos no campo mental do médico. Infelizmente, Florian, em procurando luz, entontecera-se, desavisado, aos perfumes capitosos da sombra. O seu *caminho de Damasco* torna-se estrada de perdição. Não sente os desafetos desencarnados que o perscrutam, à guisa de tocaias intangíveis, e a vidente, menos esclarecida, se não honra a dignidade mediúnica, muito menos se conduz à altura da dignidade feminina, assim, qual paciente comum, visita-o agora, inconveniente, no gabinete profissional, tornando-se-lhe cúmplice nas transgressões emotivas.

Barrasquié dispensa enfermos e esquece obrigações outras a fim de atendê-la, tanto quanto alega imaginários serviços de clínica para se delongar nos reencontros com a jovem que lhe enceguece o raciocínio e desfibra o caráter.

Ao invés do coche, no bordejo diário da clientela, segue sozinho na trilha habitual para além da Cité. Noutras ocasiões, sela o cavalo e sai, sob bagas de orvalho, surdo de ansiedade, louco de impaciência, para o convívio da amante. Ameninado, leva-lhe quinquilharias compradas aos ciganos de estrada, mantos de pelúcia, castorinas, xales, sedas vistosas que a fazem exclamar:

– *Ma no so quale sceglieri! Sono contentíssima! Oh! È eccelente!*

Mas Carla aprecia também as escarcelas recheadas.

UMA ESPOSA ENGANADA COMO SE VEEM TANTAS

PARALELAMENTE, Monique atende aos conselhos do espírito comunicante que ela, após o esfervilhar das ocorrências e surpresas na moradia da Convulsionária, identifica, sem qualquer dúvida, como sendo o próprio padre

Marcel. Tornara o velho amigo, paternalmente, das sombras do túmulo para lhe clarear os caminhos da nova vida.

Sentada, frente à janela da câmara que lhe é mais íntima, tem na mão o bordado interrompido num ramalhete iniciado em suaves tons de azul. De lado, sobre a mesinha, amontoam-se-lhe os petrechos de costura.

Meses passaram, céleres, palpitantes de felicidade, e já consegue sentir a realização da promessa que o espírito do padre Marcel lhe formulara, a graça de ser mãe, e acaricia o sonho de luz que a visita, despetalando flores de carinho no retrato do esposo, que mantém próximo, ao alcance do olhar.

Estremece-lhe a alma de esperança. O filhinho se anuncia. Ela canta baixinho os versos de bênção, entretecidos há quanto tempo?..

> Meu filhinho, enquanto espero
> O albor da alegria imensa
> De sua doce presença
> – Minha luz de amor sem fim –,
> Todo o meu hausto é carícia,
> Canção, beleza e vitória!
> Mas sei que toda essa glória
> É você vivendo em mim.

Transfigura bonecos do seu tempo de criança em manequins de auxílio para a confecção das vestes do filho bem-amado, bordando ao bastidor delicados motivos nas peças minúsculas do enxoval. Contempla, horas seguidas, bela gravura em que se destaca rechonchudo recém-nascido, crente de que assim lhe será fácil imprimir semelhantes feições ao rebento de seus mais puros anelos, esculpindo-lhe as formas com todos os requintes de sua ternura, no santuário mental.

Antes deprimida, vive contente, não obstante atravessar incomodada os empeços orgânicos da gravidez. A estação da saúde amadurece-lhe as maçãs do rosto. Já não se lhe veem os rastros das lágrimas nas faces que, aliás, exibem, na sua expressão peculiar: "as joias da maternidade". Desistira, por fim, das incessantes peregrinações ao túmulo de Jules, por sabê-lo, agora, sempre vivo.

Transpirando candura, a enfeitar-se com a mocidade que retorna, nem sabe quantas vezes já abençoou a existência de Carla, através de quem reencontrara a satisfação de viver. Dispõe-se a revê-la e abraçá-la em casa, dela, outra vez, para testemunhar-lhe carinho e gratidão, entretanto, o esposo, cauto, persuade-a a não se arriscar em viagens repetidas...

O COMEÇO DO FIM

CARLA tudo faz para conservar a ilusão dos sentimentos do médico.

Aproveita os dias longos do verão para reformar a vila modesta, cuja localização lhes facilita os encontros, e alfaiá-la da melhor maneira a fim de agradá-lo. Conserta o reboco quebrado das paredes, adquire mobiliário de palissandra e mogno, coloca estores internos e externos nas janelas, instala cortinas de percal com lambrequins vistosos, pateras pintadas de amarelo, aplica encáustica e retesa tapetes nos soalhos. Veste de mármore vermelho a lareira, solenizando o recinto; compra escalpadeiras e pinças que assenta cuidadosamente no poial da chaminé; emprega acendalhas escolhidas e exibe a estufa de sistema fumívoro que não usa, combatendo o aspecto e o cheiro de província das velhas peças.

Acrescentando melhoramentos a cada dia, passa a servir-se de um velador de gingar, exposto triunfalmente com chinesices em lugar de realce. Num só fim de semana, entra o jogo de poltronas de estofos com veludo de Utrecht, dois móveis de Boule e o leito ornamentado, tipo duquesa. Agora serve ao médico *mirabeles* e *calvados*, em salva de malaquita com caprichados filhós. No serviço da casa, os talheres ferrugentos foram trocados por outros de prata dourada, obtidos com parcelas do dinheiro que Florian lhe presenteia. Por fim, aplica elevados rodapés de carvalho nas paredes do aposento de uso pessoal, retira o antigo biombo, esconde as gaiolas, animais e aparatos de suas encenações e faz erguer ao teto o lustre de porcelana retorcida, com doze braços enfeitados de flores e de anjinhos.

Estilos e extravagâncias misturam-se na casa, já rodeada de citronela e pisos de pedra lioz, e ela começa a preocupar-se com os canteiros cercados de centáureas, silindras e ipomeias claras, estriadas de azul. Numa das visitas, Barrasquié encontra nos jarrões artísticos, alinhados aí, dias antes, não mais as sempre-vivas e flores artificiais, porém rosas e cravos entremeados de outros rebentos da estação.

Carla parece possuída pela bricabracomania, num sonho de luxo asiático. Introduz na esfera caseira tanto conforto quanto pode e, no ambiente flamante, cada dia, faz sentar o homem querido na poltrona predileta. Então, com a elasticidade de uma serpente se lhe enrosca aos pés, sobre a almofada, ostentando arrebatadora meiguice repleta de abandono. Ri-se, atirando a cabeça para trás e deixa ver os dentes alvos; pede compotas, confeitos e orchata que Margot, sempre atenta, não deixa faltar. Apura o vestuário, repudiando as roupas ao gosto das mulheres de sua raça, em veludilho e peluche e, na nova *robe* propositadamente branca, a fim de tirar especial partido da tez mate e da escura cabeleira, não raro a moça, qual se sentisse habituada a chorar quando quer, entrega-se a crises de pranto, melodramáticas, com suspiros entrecortados de soluços dificilmente reprimidos, que visam a comover o *caríssimo* e amolentá-lo num consolo. Articula exclamações tempestuosas em sua língua nativa, que o divertem, segreda-lhe trivialidades *sotto voce,* pontua de reticências o disfarce das intenções. Buscando enviscá-lo ainda mais, dá-lhe de presente elegante carteira espanhola de marroquim vermelho.

Em determinadas manhãs, quando o solo se aquece, a golpes de sol vivo, corre até o bosque de faias ou descansa sob o agasalho do vidoeiro, a esperá-lo com uma flor entre os cabelos ou largando-os negligentemente escorridos nos ombros, as faces afogueadas, os olhos amendoados a chamejarem entre os cílios recurvos, aguçando o ouvido à espera da "música das rodas do cabriolé, como sempre *veramente una sorpresa molto gradita",* como dissera, certa feita, no intuito evidente de enternecê-lo. Se vai à cidade para vê-lo de passagem, assenta um chapéu de chamalote, que deixa ver o ébano de alguns anéis agitados ao sabor dos seus meneios, ou prende fino véu violáceo no turbante. O ar do campo lhe é propício. Não perde o hábito italiano das meias-luvas e sua delgada constituição se amolda aos vestidos de *stoffe rigate,* nas alegres cores que lhe são tão caras, sempre endomingada, parece agora que só se veste *in fiocchi.*

Quando o médico é esperado, Margot astutamente se instala à porta, de sentinela, vigiando as curvas do caminho que o matagal apendoa. Ligam-nos tácitas conivências. Ganhou por isso a camisa de guipura que exibe faceira, expondo os cachos cinéreos no espesso das ondas caprichosamente assentadas em derredor da touca.

Continua o doutor as sortidas, mantendo o apaixonado das efusões, sem pensar que caprichos da alma criam destino caprichoso. Durante quatro meses, vive os seus dias partidos em dupla existência. Ambos, Carla e ele, reduzem as consultas públicas, empenhando atenção e tempo à ligação clandestina. Agora entregam as manhãs ao *far-niente* irresponsável, deixando-se embair no lastimável arrastamento obsessivo, esquecidos de que o verdadeiro amor se baseia em atitudes recíprocas de confiança, sem distorção nos compromissos firmados e sem desdouro de conduta social.

Sorvem as semanas; aos goles, os dias, e, certa manhã, o médico vem a saber que a moça napolitana espera também um fruto da ligação afetiva. Então, Florian desperta. Renasce-lhe a noção de responsabilidade, esmorecem-lhe os ímpetos. Aflige-se, entre receoso e desencantado. Ainda, assim, está preso à vidente, e preso até quando? Compadece-se de Carla e esforça-se por lhe estender auxílio mais eficiente, conquanto, *in petto*, decidido ao ponto final no erro em que persistem. Agora, não mais cego de espírito, age conselheiral. Os amigos começam a voltar ao convívio social mais íntimo no Solar Barrasquié, dilatando as alegrias de Monique durante a gravidez e as apreensões dele, que se vê mais vigiado em horários e andanças diárias. Eis também por que torna-se um amante que espaça entrevistas, teme a espionagem e a maledicência provincianas, refere-se constantemente a deveres e, por tudo isso, Carla sofre.

O FIM

RASPA a alvorada os derradeiros resquícios de névoa, e Florian medita. Caem-lhe sobre a cabeça, em lentos voos, as primeiras folhas do outono.

Vive, presentemente, os dias fastientos, os bocejos da saciedade. É um homem cansado, cheio de remorsos, cismarento. Acomoda-se à prudência, reporta-se a regras morais a cada minuto de conversação, consagra-se ao comedimento e aproveita as semanas penumbrosas em que as estradas se tornam lamacentas, para rarear encontros, até poder cortá-los em definitivo. Gostaria de não mais rever a amiga, a fim de não parlamentar com ela usando acidez no verbo, nem lhe ouvir as frases de insistência e persuasão.

Pouco a pouco, a napolitana se transfere da ternura ao ressentimento e do ressentimento à revolta. E em lhe notando a hostilidade, Florian evita-lhe a presença, até mesmo quando procurado por ela no consultório.

Volta ao carinho da esposa, agora feliz. É um novo prazer o que lhe dá Monique, extravazante de ventura nas promessas da maternidade. Desafoga-se ao vê-la distraída, a acarinhar brinquedos que adquire para entreter o filho, ansiosamente esperado. E o jovem esculápio cerca a mulher de zelos, garantindo-lhe o êxito da maternidade retardada, que lhe exige assistência maior. Assíduo em lhe prodigalizar cuidados, não só na condição de esposo, mas também qual pai devotado, percebe que o afeto por Moni se avoluma a cada dia, na proporção que a gravidez se adianta. Suprime-lhe as menores perturbações, atende-lhe aos desejos mais singelos. Sorri, usufruindo as alegrias da paternidade nascente. Mobiliza toda a experiência de que dispõe a serviço da mãezinha que ele esculpe zelosamente nos recessos do lar... Será pai! A certeza disso lhe enternece, mas a silhueta da outra lhe busca a alma. Será pai, sim, mas por intermédio de duas mães...

Em Monique, a alegria verte simples. Guarda a convicção de que terá um filho, e essa ideia se lhe fixa tão fortemente no espírito que chega a entrevê-lo em sonhos. E, dentre os nomes que o marido lhe sugere volta a escolher aquele que lhe comunica a poesia da infância, *Renet,* recordação do mundo diáfano das bonecas, quando se fazia de mãe-menina, nos brincos da meninice e antiga escolha sua. Florian, bem-humorado, aceita a indicação embora considere o nome diminuto. Ela antevê o gárrulo petiz que reinará, na condição de pequeno príncipe, nas dependências do solar e ele, de bom grado, estimula-lhe as perspectivas, alimentando-lhe os devaneios.

No apogeu do contentamento, o marido afortunado dirige longa carta a Mme. de Brézé, Marie Louise, sua única irmã viva na Terra, convidando-a a passar em Carcassone o fim da estação e o inverno próximo, numa temporada que abranja a época prevista para o nascimento do herdeiro, mesmo porque, no Midi, os rigores do frio se suavizam com a presença de um sol invariavelmente benfazejo.

DAS PEQUENAS VIAGENS NAS SUAS RELAÇÕES COM A PATERNIDADE

SURGE a madrugada inesquecível, em que se ouve no solar Barrasquié um flébil vagido de criança.

O recém-nato é, realmente, o sempre esperado Renet, e Monique cobre de beijos o carminado da face do pequerrucho. Tudo chega em tempo para quem sabe esperar. Ao calor da ternura materna, e custodiado pelo devotamento da tia, o bebê chora alto como a chamar a atenção dos circunstantes embevecidos.

Nova vida inicia o primeiro capítulo, e as horas tangem o dia.

A irmã de Florian, viúva nem bela, nem feia, nem gorda, nem magra, mostra os olhos espremidos entre as pálpebras, como se sofressem, incessantemente, o assédio de um sol enceguecedor, olhos circundados de rugas perpétuas, muito juntas ao mirar o pequerrucho.

Ela, se tem eloquência nos lábios, mostra inexpressividade na fronte; se move o queixo redondo, exibe o nariz pontiagudo; se expõe orelhas transparentes, destaca uma pele indesrugável no pescoço de linhas serpentinas. Se os cabelos parecem peruca, os dentes parelhos ostentam uma regularidade quase postiça, embora o sorriso com certo encanto ainda primaveril. A expressão assustadiça do rosto parece que lhe foi esculpida a buril para ficar permanentemente qual se fosse uma peça de mármore. No talhe, com flexibilidade de salgueiro sob o vento, as roupas afetam um estilo apurado, pouco persuasivo, que talvez use inverno e verão, com meias de fios da Escócia e sapatos de ourelo.

Florian, no aconchego do lar, enfeita-se, solene, com os louros da paternidade, quando ao término do almoço é chamado urgentemente.

Atende à porta e encontra Margot a desmanchar-se de fadiga. Couraçada de chamalote cor de cinza, fala num jato:

– Doutor Barrasquié, venha depressa... Carla está na iminência de ser mãe e passa muito mal! Tem estado muito nervosa por todos estes dias! Eu disse a ela para se acalmar, mas de nada valeu! Ela não esquece o senhor! Ela não perdoa!

Assustado, o médico reflete rápido e interpela:

– Está sózinha?

– Bigorre enviou um recado à parteira, que não sei se já veio.

– "Não posso abandoná-la" – conclui de si para si.

Mescla as iniciativas profissionais a sestros nervosos de sobressalto e, lançando-se pela casa a dentro, furta-se de convidar Margot para entrar. Pega a valise, aprovisiona-se com os instrumentos necessários e bebe grandes sorvos de um cordial, tentando reanimar-se. Sobe para junto da esposa e, beijando-lhe a fronte, desculpa-se, fingindo naturalidade:

– Sinto-me tão feliz com o nascimento de nosso herdeiro, minha Moni, que vou atender a uma infeliz mulher que passa mal, esperando também um filhinho...

Cabeça florida de ouro nos travesseiros de renda, a jovem mãe clareia o rosto num sorriso.

À borda do leito, o pai toma a criancinha a mãos ambas e, entre apreensivo e alegre, intenta acarinhá-la. Monique, entretanto, arrebata-lhe o tesouro docemente das mãos.

– Florian, peço-te, faze a barba... Assim, não podes beijar o nosso Renet. Tu o espetarias, não vês?

Mme. de Brézé solta uma gargalhada, e o médico força o risonho de uma expressão:

– Aaaah, bem que me esquecia! Mas não te preocupes, rasparei o rosto tão logo me veja de volta! Hoje e sempre!
– beija novamente a face jactante da esposa e ergue o pequenino nos braços, afagando-lhe a pele velutínea que, com róseos pômulos, parece irradiante sob o banho de luz que as cortinas da janela filtram.

Sozinho, agora, com Margot, ele ruma, apressado, para a moradia da Convulsionária, que não vê desde muitas semanas.

ENSAIO SOBRE O IMPASSE

CÉLERES, atravessam os caminhos aquecidos pelo sol outoniço. Em chegando ao destino, topam o esposo da camareira debruçado sobre a mesa na qual tomara a refeição, ressoando qual pião em longo giro. Ao lado, a tijela com papa de trigo cozido no leite, o porta-ovos e talheres de plaquê.

Bigorre, um Lúculo burguês após a batalha doméstica, desperta.

Barrasquié, enquanto retira da valise instrumentos que deseja aprontar para qualquer eventualidade, avalia o homem que se faz passar por tapeceiro, mas que, ele o sabe, vive de expedientes. O conjunto fisionômico lhe apõe a marca onipresente do relaxamento. Todas as peças de seu traje mostram-se irremediavelmente deformadas e sem cor, como se tivessem sido arrebatadas de algum túmulo medieval, mas dariam ainda um bom meio metro de esfregão. Pelos intervalos dos botões da camisa e do colete salta-lhe a proeminência do abdome.

Ele limpa os lábios com a manga da camisa sebosa, balouça a cabeleira e explica, pachorrentamente, que a italiana já dera à luz prematura menina. Soulange, a parteira, depois de laboriosa assistência, retirara-se, quando Carla dormiu.

O médico mostra interesse pela criança que Margot traz do quarto, encantada. Examina-a com simpatia, conquanto os sentimentos contraditórios de que se vê possuído, pois que nele se misturam compaixão e asco. Enternece-lhe sua fragilidade, porém, não lhe suporta o aspecto desgracioso. Ainda assim, compõe-lhe a touca bordada na cabeça, restituindo-a à improvisada governanta. Reúne os trastes médicos, deliberando retirar-se, quando Bigorre lhe pede que examine a parturiente.

Contrariado, tenta esquivar-se:

– Não convém despertá-la. O sono faz bem.

– Mas o senhor já está aqui – insiste o outro.

A camareira depõe a criança nos braços do marido e acompanha o médico.

No quarto, descerra a meio os cortinados e, ao clarão que invade o recinto, o esculápio vasculha o leito com o olhar. Abeira-se da cama. Fita a jovem imóvel. Aproxima-se mais. Cauteloso, pretende ouvi-la, auscultar-lhe o rosto de leve, pressiona-lhe o queixo. Por fim, sacode-a docemente pelos braços.

– Basta de sono, preguiçosa! Finges que dormes, hein? Vamos, *adesso suona mezzogiorno!* – brinca, esforçando-se, de algum modo, por alegrá-la.

Contudo, ao erguer as peças de roupa branca, descobre, aterrorizado, manchas de sangue que as encharcam. Tateia a parturiente, apreensivo. Num ímpeto, pesquisa-lhe o pulso, examina-lhe o tórax e certifica-se de que a vidente já não vive mais. Esfria-se-lhe o corpo, o coração emudecera.

Margot, espavorida, olhos ampliados de horror, leva as mãos crispadas à boca e despede um grito lancinante, saindo a correr à busca do esposo.

A patroa adormecera ao hálito da morte.

Cambaleando de supresa e de angústia, Florian contempla o corpo inerte, que livores macilentos amortalham. Rememora os dias passados, reflete na curta experiência emotiva em que ambos se haviam confundido nos mesmos arrastamentos de loucura e paixão.

– "Deus! Nem um ano transcorrido! Dias fugazes de ilusão e meses de remorso! Por que tramas do destino, terei vindo parar aqui, convertendo-me num homem dividido entre duas mulheres, às quais, indiretamente, conferi a vida e a morte?!"

Revê, na tela das próprias reminiscências, a primeira visita à vila singela, três estações atrás. Procura, inutilmente, no cadáver à sua frente, o olhar fascinante que o havia subjugado e treme sem querer... O que resta da inexplicável magia do rosto juvenil que parecia guardar o calor das terras distantes? E da volubilidade irrequieta dos gestos que o haviam encantado?

Entre as roupas desfeitas, Carla tem quase um ar de menina solitária, o aspecto de princesa moura que tivesse chorado em demasia para depois adormecer.

Vendo a rigidez do rosto que adorara, o médico tem o arrastado da voz de quem pranteia por dentro, explicando ante Bigorre e Margalide em lágrimas:

– Hemorragia fulminante! Tem os olhos enxutos, não teve tempo para as lágrimas da agonia. Isso ocorreu devido ao nervosismo dela! Carla Sebastianini... tanta beleza, tanta decisão, que desapareceram nesta inércia! Terá morrido sem perceber...

A tocha da vida passa de mão, na corrida do destino. Substituindo a vidente no palco-plateia do mundo fica a mirrada menina prematura. A existência materna é o preço da existência para a filha que surge análoga ao fruto que, para viver, consome a flor de que desponta. Uma lâmpada que se extingue, outra lâmpada que se inflama; Carla dera à luz, cerrando os olhos à luz terrestre. Na câmara – um berçário-velório – a noite e a alvorada, a imobilidade da morte e a promessa da vida. Acostumado embora a nascimentos e óbitos, pelo exercício da profissão que lhe empresta constante autodomínio, Florian é também o pai que se abate e humilha, ante o débil gemido da recém-nata agora na tepidez do berço em que o toque peninsular das rendas, laços e flores traz o sinete inconfundível da italiana.

Chora a criança. O Sol, descrevendo a curva da tarde, envia, pelas frestas das cortinas ornamentadas, fios de luz que lhe brincam nos dedos. O genitor acabrunhado beija-a mansamente na face.

– "Carla Sebastianini! Tanta juventude, tanta alacridade!... Quanto não terá sofrido o abandono, a ausência!"

O médico acusa-se atônito, em dúvida se não tem o seu quinhão de culpa nessa morte... A princípio, enxergara a criança conjugando piedade e náusea, no entanto, agora, capitaliza a compaixão que a morta lhe inspira, em favor da pequenina. Percebe-se inelutavelmente ligado a ela, verga-se ao peso de profundas apreensões, conflitos se lhe esfervilham na alma e, sobretudo, sofre impertinente vacilação:

– "Devo adotar a criança ou entregá-la a Margot? Recordar o passado ou esquecê-lo completamente?"

Nota-se, contudo, magneticamente algemado à recém-nascida e emociona-se até às lágrimas... Instala-se, pensativamente, no canapé, de cujas almofadas dimana ainda, discreto, o perfume do Íris de Florença, a que Carla se afeiçoara. Assusta-o esse mutismo da alcova em meia-luz. Procura inutilmente, na imaginação, o riso exuberante da vidente, afastado para sempre do quarto, que se lhe afigura uma concha vazia. Pervaga-lhe o olhar. Seu pensamento, porém, é reincidente:

– "Ela é minha filha, minha filhinha..." – adverte-se atormentado.

Volta a debruçar-se no berço aformoseado de adornos. A menina, conquanto apenas recém-chegada ao mundo, parece ter os olhos azuis fixos nele como a lhe suplicarem proteção e justiça. Os preconceitos sociais e as inconveniências de tomá-la sob sua custódia, por um lado, e a voz da consciência paternal, por outro, digladiam-se, travando, no íntimo do pai curvado e silente, acirrada discussão.

– "Agora com o meu primogênito, já não tenho desculpas para uma adoção... Monique não compreenderia! Além do mais, impor-lhe uma filha aos braços ocupados não faria sentido... Estamos em festa! Para que e por que uma nova criança em casa? Ela causaria terrível discordância! Mas, como abandonar um entezinho assim, carne de nossa carne?! Perfilhá-la daqui a meses é cousa incerta, problemática..."

Lamenta doloridamente o erro em que resvalara... Pertence à Monique, mas se compadece de Carla, de quem a maternidade furtara a vida.

– "Sim! Sim! Ela tentou acertar! Não posso me esquecer de que foi ela quem me levou a crer, que abriu para mim o novo mundo das realidades do espírito!...

E mirando a pequerrucha, fala-lhe em seus pensamentos:

– "Filha, és alguém que me busca, chegando da eternidade... Não posso te identificar, mas adivinho que laços irresistíveis nos prendem um ao outro! Eu o sinto, eu o sei..."

Enfia a cabeça entre as mãos, aperta os olhos.

– "Eu, que ansiava tanto pela paternidade, sou pai duas vezes no mesmo dia! Oh! Senhor, que trágica farsa! Até parece que o mundo se ri de mim!"

Como os avassaladores ventos que sopram do Sul, as ideias turbilhonam-lhe no cérebro, opondo-se, em conflitos. Forças espirituais do bem e do mal litigam em torno dele, suscitando-lhe inspirações dignas e indignas.

– "A criança é minha filha, devo ampará-la! Afinal, Carla não morreu. Ela mesma me provou que a morte não existe! Sustentarei nossa filha! Mas, que Deus me perdoe! Não comigo; não no lar!..."

O dilema sufoca-o. Devastadora tempestade moral convulsiona-lhe o mundo íntimo, o impasse remorde-lhe a alma, garroteia-lhe o sentimento. Vê-se febril, chamas de inquietude fustigam-lhe as têmporas, farpas intangíveis de dor se lhe enterram no peito, oscila-lhe o espírito entre o dever e a deserção. Tem a expressão do olhar movediça, qual a incógnita de um amanhecer depois da catástrofe, e no rosto, em meio aos supercílios, se lhe movimenta fina ruga, que surge e se extingue, torna a surgir e a se extinguir, denunciando absorventes duelos emocionais. Ouve as batidas do coração como se fossem marteladas, superpondo-se aos demais sons.

Ergue-se em atitude maquinal e põe-se, ausente, a alisar a felpa do xale da chaminé. Com a ponta do dedo distraído, acaricia o ramo de camélias ainda frescas, esquecido em mesa próxima.

Um vizinho que chega, tomando-o à conta de obstetra qualquer que acabasse de prestar assistência à moça inerme, mal ingressa na alcova, torna atrás, cuidadoso, sobre os próprios passos.

A pouco e pouco, porém, a casa se altera cheia de gente, e Florian resolve partir. Vai à janela, respira fundo, abre o colete abotoado de opalas, fixa o azul dos olhos no azul do céu. Suspira e o suspiro ecoa alcova a dentro.

ÓRFÃ MAIS UMA VEZ

BARRASQUIÉ afasta-se alguns metros da casa, mas recua, como quem vacila nos propósitos que assume e, por fim, decide-se, acusando pelo rosto a certeza de haver encontrado a solução mental para o seu caso. Regressa à porta de entrada, chama por Margot e o esposo. Abraça-os com intimidade, quer segregar-lhes o que pensa e cochicha com o casal em atitude circunspecta

O Sol, na tarde, golpeia o espaço com luz e insinua-se pela rama farta da carvalheira em lâminas de âmbar transparente. No entanto, o olhar de Florian mostra-se noturnal. Pela conversação que entretém, evidencia-se-lhe a queda moral no visco do preconceito em que se enovelam suas decisões pusilânimes, a pretexto de amor próprio e de falsa honorabilidade. De pensamento escuso a pensamento escuso, acaba por encontrar razões para se descartar da responsabilidade direta:

– "Não, a morte resultou de um acidente de parto igual a tantos outros. Fato comum. Nada de sentimentalismos!"

E delibera relegar a criança – em verdade, nascida duplamente órfã – à própria sorte.

– "Para mim, evidentemente, é como se ambas houvessem morrido!"

Ajustando cogitações a ações, propõe entregar larga soma em dinheiro ao casal, mediante promessa de sustentação e amparo à recém-nascida. Margot e o companheiro, todavia, se obrigarão a deixar Carcassone, definitivamente, demandando destino ignorado até mesmo para ele, dentro do menor prazo possível.

– Dou-lhes fortuna razoável, com rendimentos capazes de lhes assegurar certa tranquilidade, mas é indispensável que desapareçam de minha vista. Não quero a criança e por isso não desejo mais vê-los, nunca mais!

Florian, porém, desconhece que a palavra *nunca* não existe no dicionário da Justiça. E como não traz em mãos o dinheiro suficiente, passa a comprar-lhes o silêncio, de imediato, dando-lhes o que tem, tudo o que encontra nos bolsos, inclusive custoso camafeu de ouro, preso a trabalhada cadeia, que pertencera à sua genitora, recordação afetuosa, impregnada de saudade, trazendo no interior da moldura lavorada, a miniatura da senhora em lindo momento da juventude.

Bigorre geme rápido espirro e, encavalgando as lunetas no nariz afundado nos pelos do bigode, lança olhares cúpidos à bolsa do interlocutor com significativo gesto de cobiça, atraindo cuidadosamente o dinheiro que começa a contar. No descarnado do rosto do tapeceiro, gílvazes pequeninos recordam a passagem da varíola. Cortado de rugas rígidas, parece quizilento, mas neste instante, sorri, feliz.

Retira-se Barrasquié, ruborizado, antes que os vizinhos lhe identifiquem a posição. Nem olha para trás. Pela última vez, dá as costas à gelada vila, entre cujas paredes *La* Convulsionária agora se cala e não mais exibe os gestos que o retêm. A pequenita chora... Ele, entretanto, apressa o passo.

– Adeus, senhora, adeus... – remata, sem pestanejar, dirigindo-se a Margot, a voz grave requintando nítido acento profissional.

Esta ainda arrisca:

– Mas, o nome de batismo... Não o quereis sugerir? – Ante o olhar frio e fixo do médico, todavia, ela compreende: – Adeus, doutor...

Bigorre recolhe a paga polpuda na cava do colete e sai num caminhar paquidérmico.

Fatigada quietação pesa sobre a casa insone até que, inesperadamente, Margot se põe a chorar. No berço, o sono do abandono embala a recém-nascida, sem música e sem palavras.

Quando o médico alcança a Alta Carcassone, a cidade solene, dominada pela imponência das fortificações centenárias, já veste mantos de sombra para a vigília úmida da noite. Ele se interrompe, prudentemente, a fim de se recompor e, por um instante, abarca a paisagem com o olhar nublado de tristeza. A reta do canal aponta a Montanha de Alaric, entre as baças luminosidades do Sul. Muito e muito longe, os mais altos aclives dos Pirineus, acobertados de neve, são a lembrança da morte que ele deseja sepultar no fundo da memória. A torre inacabada de S. Vincent, na pureza do talhe romano-bizantino, bate o ângelus por entre revoadas de pombos assustados, e o som e o ruflar das asas parecem, subitamente, enrugar a superfície de espelho em que se reflete a paisagem no crepúsculo outoniço.

Lasseia de novo as rédeas, incita o animal esfalfado; de improviso, sem explicar o fenômeno insólito, julga ouvir ressoar, na acústica da alma, as expressões do mensageiro espiritual pronunciadas meses antes através da vidente:

– "Sede bons. Sede humildes. Sede perdoadores!"

Intimida-se por momentos, balouça freneticamente a cabeça, qual se quisesse alijar de si as palavras inoportunas, palavras que não quer ouvir.

Golfadas de vento seguem o cabriolé. Dá-se conta de que é noite quando se aproxima de casa. Imenso cortejo de claridades marcha pela planície do céu, enluarado por débil crescente. Aqui e ali, palores verde-azulados e azul-esverdeados de outono. De entrada, no pátio doméstico, vê um meteoro riscar o firmamento e, num voo de luz, esfuziar por entre aleias de astros, lembrando caprichosa vela que se desprendesse do candelabro da constelação de Cassiopeia, deixando, à retaguarda, largo traço de chama.

Abre a porta do lar num gesto de chumbo e crê ouvir uma voz a ciciar-lhe aos ouvidos tristemente:

– Adeus... Adeus...

Lá fora, na profundeza da noite, a luz do luar segue a dialogar com a luz das estrelas.

CAPÍTULO ABORRECIDO PORQUE EXPLICA ANOS DE FELICIDADE

NO SOLAR Barrasquié, a penumbra recama-se de paz.

Monique, mechas loiras levemente matizadas de prata, aquieta-se no estúdio lambrizado e ocupa-se em pintar *encarpes* de flores e frutos, na porcelana do serviço caseiro, reunida na mesa de mogno a que ela se apoia.

Na ronda das estações, o tempo, como nos desenhos medievais, prosseguiu na marcha inviolável. A ciranda infinita das horas despetala lentamente os dias, tentando, em vão, alterar as listas do calendário.

O homem de olhar indeciso, cuja imagem reponta do emoldurado da tela que domina a câmara, é Carlos X. Os Bourbons, pois, estão de volta!

No rosto inclinado da Sra. Barrasquié, os anos deixaram inequívocas marcas de provação. O amplo *desabillé* de seda clara, as pantufas bordadas que lhe abrigam os pés, não lhe disfarçam a fragilidade. Mas ao contornar com traço azul o monograma do esposo, iluminam-se-lhe as faces de rósea claridade, e ela sorri. Ama-o como sempre o amou, respeitando nele o cidadão probo e o companheiro ideal! Nesses momentos ternos de solilóquio, como desejaria inventar minúsculos veículos de sentimento para lhe confirmar a extensão e a pureza do amor!

Monique chama:

– Palome?

Furtiva, a servidora surge à porta. Ariel de Monique, ela traz no cinto o molho de chaves que a distingue por nume familiar que tudo providencia, a mover-se de um lado para outro, onipresente, onividente, como dantes, apesar do passo agora um tanto tardo e a vista fraca que lhe exige uns óculos entrevistos no bolso do avental.

De mão no trinco, apresenta-se:

– Madame?

– Renet, onde está? Já se levantou?

– Deve estar no jardim.

Atinge a governanta a entrada dos canteiros. O céu inala os derradeiros resquícios das névoas matinais, roubando, ao ar azul, a umidade que fizera nascer os fios-da-virgem trêmulos de reflexos. Meias de musgo calçam os pés das estátuas. Nas faixas do terreno, as faces brancas, veiadas de violeta, das *roquettes* odorantes, misturam-se aos miúdos eufórbios. Sombreia o pátio, com o mesmo gradil de ferro forjado em velho estilo, a tília de gomos inchados na copa a sublevar-se ao vento. O esgar petrificado das carrancas parece rir no vazio, o antigo riso, esfíngico e mudo.

Abeira-se Palome de um alto rapaz entrajado, displicentemente, de camisa branca e levita cor de avelã. Hércules tostado de sol, de mais de cinco pés e dez polegadas de estatura, tem aproximadamente vinte anos. Seus ombros são salientes, o tórax flanqueado por largas espáduas. Mostra o olhar vivo do lebréu, o rosto raspado, de linhas regulares em que a franqueza e a decisão fulguram marcantes e bigodes tão espetados que lembram os pelos do gato quando boceja. Com as mãos fortes, preocupa-se em ajeitar as botas cascadas de terra sobre as pedras do murete, aos fundos.

– Renet, madame está chamando – explica sorrindo a mensageira que, ao falar, retorce o rosto nas rugas, fazendo esgares não intencionais.

O moço bate as mãos uma na outra, sorri também e, ao brincar, amimando a cabeça da querida benfeitora, desloca-lhe a touca pondo à mostra os cabelos grisalhos desigualmente aparados, que esvoaçam. Voltam de mãos dadas, à sombra do arvoredo, cujos arabescos e improvisados afrescos decoram as paredes do solar.

De passagem, dirigindo-se à sala onde o espera o pequeno almoço, Renet beija o rosto da mãe, que o contemplava, enlevada.

– Muitos bons-dias – diz-lhe. – Todos os bons e belos dias do mundo para a mais querida das mães!

Finda a tarefa, Monique limpa os pincéis a cantar. Levanta-se, recompõe a mesa, movimentando o candeeiro carcel e relanceia o olhar pelos ponteiros do relógio.

Palome se retrai.

Madame Barrasquié vai ao encontro do esposo.

De pé ante a janela aberta, Florian cofia calmamente uma das suíças e consulta um primoroso exemplar dos livros de grossas lombadas que fazem fila na estante encimada por um mármore de Alepo. A paleta do tempo tingiu-lhe a cabeleira de neve, mormente nas têmporas e em derredor da fronte. Os olhos cintilam, ainda plenos de juventude interior, mas na face se estampa a serenidade da madureza. Veste-se, como sempre acontece, com estudada discrição. Calças de presilha e sobrecasaca de alpaca cinza-pardacento. Exterioriza no semblante uma tranquilidade de rico burguês. Seu porte quase autoritário é o de quem sabe o que vale e o que quer. Envolto numa auréola de confiança, parece trazer na cabeça todos os arquivos do pensamento atualizados, como certos departamentos de serviços públicos nos quais cada coisa deve sempre estar no posto conferido pelo rotina.

– Não tomas o teu desjejum, querido? Renet espera-te!

Em minutos, pai e filho, seguidos pela atenção de Monique à sacada, saem na antiga viatura da casa e seguem ao cadenciado trote do cavalo, através da rua que serve de acesso à principal artéria da Cidade Baixa, de ativo comércio, percorrida por diligências, carretas e cupês. Em seus últimos limites confundem-se pomares e jardins, dilatados para muito além da várzea e do rio.

Estandartes e bandeiras da Restauração erguem-se sem *panache* sobre os tetos dos tranquilos edifícios públicos. Velhos brasões, emblemas armoriais quase esquecidos, ressurgem nas portas das carruagens e nas fachadas solarengas, onde pombos espanejam em sonoro tatalar as entorpecidas asas de prata, arrufando entre as trapeiras patinadas. Pequenino *rouge-gorge,* flor de pena da estação, alça-se-lhes em voo baixo, ante o olhar e vai pousar meditativo num ninho de cegonhas, a cavaleiro de um sótão que o vento vai desmantelando sem pressa. Cortam as quadras de edificação recente e, mirando-os de costas, impassivelmente, assenta sobre a escarpa, a *Cité* – a Carcassone de pedra, a Carcassone-relíquia – expõe a sua arquitetura militar, imprimindo o sinete do décimo-terceiro século à paisagem que se renova. Muralhas de várias toesas de altura, torres graníticas, arcos e barbacãs compõem a montanha gótica que os muitos verões calcinaram.

Entretanto, o médico reflete nos trabalhos do dia. Hoje, tem a vida qual pertence de todos. É o facultativo citadino mais procurado, o amigo incansável dos infelizes, sem qualquer nódoa ou escândalo por desacerto profissional, a seu débito. Avultara em destaque e reputação, desfruta belo renome departamental e, apoiado na seriedade verdadeiramente britânica, na qual emoldurou a competência, exerce com distinção a ciência de curar em meio da vasta clientela que nele admira, sobretudo, o homem de bem. Granjeara fama de abastança. Pontual na clínica sempre próspera, favorecido de economias, feliz nas vindimas, hábil nas vendas – o que lhe consolidou o respeito de que se vê cercado –, o prestígio profissional se lhe expandira, sendo consultado por doentes chegados de Limoux, Quillan, Castelnaudary, Villefranche de Lauragais e das redondezas de todo o Aude num raio de cem milhas em derredor.

Atende gratuitamente a centenas de enfermos cada mês e mostra parcimônia ao perceber honorários, jamais registrando queixas. Disso nascera o dito da terra, num perímetro de muitas léguas: "O doutor Barrasquié é o maior amigo do povo!"

Respirando numa atmosfera assim extensa de gratidão e estima públicas, ao passar nas ruas, todos os chapéus se lhe erguem respeitosos, pois haverá pouca gente em Carcassone que ainda não sentiu o contato amigo de suas mãos. A esse, acolheu na hora do nascimento; a outro, salvou das garras da morte; a outro ainda, mantém vivo à custa de fidelidade e assistência incessante. Em todo o Aude, o verbo popular lhe bendiz o exemplo de esculápio benemerente. Muitas famílias tomaram-no por chefe, convertera-se-lhe a moradia em cenáculo. A conduta admirável do amigo e a lealdade do médico lhe valem as homenagens sinceras; as novas gerações do burgo e adjacências estão assinaladas por dezenas de *Florians,* pequeninos ou adolescentes, como penhor do afeto de pais reconhecidos. Suas opiniões, até mesmo em outras áreas que não as da medicina, granjeiam-lhe, na cidade, apreço universal. E essa reputação proverbial e a elegância de atitudes levaram-no até mesmo a ser convidado para árbitro único entre litigantes diversos. Não é apenas o homem-padrão que os chefes de família indicam como exemplo aos filhos, o ponto de referência que alicerça as construções morais da honradez no senso coletivo, mas também o refúgio de entendimento, o guia, o pai.

Inda de pouco, como coroa cívica para a abnegação de sua vida, propuseram-lhe um lugar de destaque nos quadros políticos do Departamento. Seu nome quase chegou a ser recomendado ao escrutínio dos colégios eleitorais, apoiado pela monarquia, não os alcançando pela insistência com que Monique lhe rogara recusasse a honrosa indicação.

Apagou-se, pois, o passado de perseguições insólitas, dantes capitaneadas pelo clero citadino. A avaliação popular aplicada através de anos, sobre o casal, harmonizara-o a todas as classes sociais. Carcassone tem, hoje, dívidas de honra para com o casal Barrasquié.

Quanto a Barrasquié filho, embora enunciando inclinação para o estudo superior, não se ausentou para seguir o curso médico e "continuar a carreira e os exemplos do pai", como repete sempre, na qualidade de seu admirador incondicional; e, conquanto ame profundamente "a arte divina", "revelando as mesmas tendências do tio Jules", do qual herdou o belo *Guarnerius,* não pode frequentar o conservatório, recebendo pouco estímulo nesse sentido, porquanto, na província, é mais difícil a instrução musical. Ao completar dez anos, os genitores consideraram a possibilidade de enviá-lo para um colégio em Paris. O carinho materno, entretanto, acabou por não lhe permitir tal ausência, e ele, a seu turno, não se decide a deixar a mãezinha, que o envolve nos fios de ternura constante. Embora refeita do longo traumatismo que a molestara, apega-se desmedidamente ao filho, cujo estudo fez promover ali mesmo, ao pé do lar. Não lhe nascendo outros rebentos, desvela-se pela felicidade do unigênito que a vida tão hesitantemente lhe confiou.

Renet, moço vibrante, amimado em casa e festejado no *manoir,* cuida com interesse das plantações em franca prosperidade, apoiando os antigos projetos de seu pai. Para ele, que não sentira como criminoso as inconveniências do vinho, no sábado fatídico da Ressurreição, o *manoir* é o mesmo nectário, cuja extensão aumenta de ano para ano. Sustentado por Florian, transforma-se a pouco e pouco em ativo proprietário no setor da viticultura. Afeito ao trabalho, nem ao menos conhece o jogo de bilhar da mocidade contemporânea. Tem mais amigos entre os camaradas de serviço do que entre os ex-companheiros da primeira escola.

A cada dia, o rapaz deixa o pai no consultório e parte ao encontro das lides habituais de administração nos vinhedos. Mas hoje é domingo, e Barrasquié, pai e filho, compartilham a breve visita de inspeção.

– Bons-dias, senhor doutor, bons-dias, senhor Renet – dizem-lhes à beira dos caminhos.

– Bons-dias – eles respondem confundindo vozes.

UM ATAQUE A LÍNGUA ARMADA

BARRASQUIÉ transpusera a entrada do gabinete cumprimentando os primeiros doentes, sorrindo por baixo do bigode pendente que deixara crescer.

E depois do exame de alguns casos iniciais, no serviço matutino, a auxiliar entra informando que jovem mulher, na antecâmara, deseja falar-lhe com urgência. Crê-se convocado pelas necessidades de algum enfermo em posição grave e ordena a entrada imediata da recém-vinda.

Moça de cabelos escuros em modesto traje, livre de enfeites, não obstante apurado, vara a porta no exato momento em que o facultativo despede a doente anterior, depondo a pena na ultimação da receita.

O médico saúda a consulente, analisando-a num agudo olhar profissional. À primeira vista, guarda a impressão de conhecê-la, sem precisar, todavia, de quando e onde. No formoso rosto extremamente feminino, pressupõe semelhanças incertas. Por segundos, esforça-se por lembrar, tentanto reapossar-se dos informes alusivos ao caso clínico, mas inutilmente.

A face da jovem, engrinaldada de cabelos em franjas finas e presos em *fontanges* à maneira antiga, tem um ar de fatuidade. Ressalta-lhe, nas linhas faciais, o temperamento obstinado. As pupilas são vivas, postas à flor do rosto, e esparzem veludoso olhar, mas reverberante de altivez. O queixo é voluntarioso, a tez mostra ardentes cores de terras tropicais; veste saia de algodão azul, pés sem meias na enormidade dos sapatos rotos, de solas grossas, uma das quais aberta como boca de peixe.

De mãos apoiadas nos quadris, ao jeito das mulheres desinibidas que a polidez ainda não alcançou, pergunta com inesperado desdém:

– Barrasquié, o doutor?

– Perfeitamente, senhorita, para vos servir. Sentai-vos, por favor.

Mostra-se alegre o facultativo, sorri amistoso, habituado que se acha a consultar todos os tipos de criaturas.

Oferece-lhe a poltrona, a moça porém, assumindo ares de arrogância, ignora o oferecimento formal. Movimenta-se a passo presunçoso e, encarando-o, intercepta-lhe a observação, assestando para ele os olhos francamente hostis, carregados de agressividade potencial.

– Não nos vemos desde que nasci, senhor doutor. Mas... antes tarde do que nunca!

Ele ensaia interrogativa expressão, como se abalado por tremendo impacto de força intuitiva que o adverte de perigo iminente.

Ira e revolta impregnam as inflexões da recém-chegada ao prosseguir, tuteando intencionalmente:

— Eu me chamo Rossellane, sou a tua filha desprezada, a filha a quem tudo recusaste, inclusive o nome que por direito me pertence...

As palavras ouvidas estalam no cérebro do interlocutor por faíscas elétricas. O sorriso lhe esmorece na face. Correm-lhe ondas de fogo e gelo pelo corpo, e feixes de ideias contraditórias se lhe emaranham na cabeça. O pequeno dedo enristado que a visitante lhe aproxima do rosto, quando desfechara as frases de pesadelo, cresce-lhe ante os olhos, acusativo e demolidor.

Levanta-se, recua primeiro num salto e adianta-se em seguida para, num ímpeto de pavor, cerrar a porta abruptamente.

— "Demente ou ladra!" — pensa, mal refeito do susto, ante a inusitada declaração.

Mas o espanto se lhe modifica. Qual se os frígidos ventos de outubro houvessem penetrado recinto adentro, acompanhando a desconhecida, ânsias calafriantes o inteiriçam. Reexperimenta o passivo terror dos que adivinham desastre irremovível, porém, mesmo assim, a medo, voz quase inaudível, rosto exangue, balbucia:

— Por favor, senhorita... o que dizeis?

— Como? O que digo? Sou a tu-a fi-lha des-pre-za-da! — silaba a moça, no intuito de acentuar nas palavras o efeito contundente.

— Mentis! Nunca tive qualquer filha! Contai essa anedota aos carvoeiros!

Estabelece-se entre ambos um duelo de olhares, em que ódio e surpresa se misturam.

— Minto? Nada de fingimentos, senhor! Vê aqui! A joia com que compraste o meu desaparecimento! Examina, eis a lembrança de tua mãe... Pude resistir à tentação de vendê-la, mesmo nos dias de fome e desespero, porque descobri que esta é a efígie de minha avó! Este camafeu prova a minha identidade, examina!

Exibe a preciosidade à meia-distância, aos olhos pasmos do interlocutor, que contempla siderado o adereço, a base desgastada pelo uso, a ourivesaria artística, a tessitura inconfundível da cadeia doirada, as pedras do engaste.

A menina anônima não é a Isabelle da comédia italiana, a *soubrette* mistificadora de velhos que poderia fazer supor. Aí está a face serena, a miniatura do retrato de sua mãe, que Monique, há muitos anos, em certo tempo, dera por falta, e que ele alegara haver perdido.

Ensaia desesperada menção de arrebatá-la, mas a jovem, num gesto felino, guarda-a no decote do corpete, sorrindo mordaz.

Hebetado, Florian se descontrola e, oscilante, deixa-se cair na poltrona do *bureau*. Por momentos, julga perder a razão. Os próprios pensamentos esvaem-se-lhe, deixando-o de cabeça vazia e inútil. Alimenta a sensação de que o gabinete, celeiro de suas emoções profissionais, há cerca de cinco lustros, adquire, súbito, a tensão de fornalha incandescente. O sangue, como que em catadupas, alcança-lhe a fronte pelas artérias túrgidas; transpira suor copioso, apesar da estação fresca.

Insensível, a recém-vinda agride-o com palavras. Ele ouve a saraivada de conceitos insolentes, acolhendo-os por borrifos de lodo; empenha-se a reapoderar-se de si próprio e, à maneira de alguém que se concentra numa ideia única, não desfita o corpete por onde a joia mergulhou.

Parece a jovem adivinhar-lhe os pensamentos recônditos e, olhos relampejantes de fúria, numa ardência incômoda sobre ele, investe apostrofando, a bater no colo, ferozmente:

144

– Não te preocupes em me arrebatar o camafeu! Possuo também o registro batismal do meu nascimento, em que, à tua revelia, compareces na condição de meu pai. E não penses que isso seja letra morta! Embora não o faça, posso usar teu nome quando e como bem entender. E não é só isso! Guardo comigo dois bilhetes melosos que escreveste à minha mãe... quando fingias que amavas a infeliz...

Silencia a menina, enquanto o médico recorda. Enviara, sim, ambos os recados amorosos, nos primeiros dias de ligação com a napolitana, justamente quando lhe caíra sob o fascínio.

– Mas vamos ao motivo que me traz. Decidi que é chegado o momento de viver a vida a que tenho direito. Até agora, estou mantida da respiga e da rebusca, urdindo o furto dissimulado, esmolando empregos por aí, ao léu. Sofro sozinha com Margot – tens lembrança de Margot? – a mãe postiça que generosamente me concedeste... Mas Bigorre morreu. Margot e eu temos comido túbera! Sabes o que é isso, senhor meu pai? Não! Não podes saber! Tens sempre bom fogo e bons pratos! Olha para as minhas roupas, para os farrapos que cobrem a filha de um médico famoso, filha que se fosse de outro homem, honrado e verdadeiro, talvez chegasse a ser condessa! Seria designada no almanaque real! Contempla só a provável condessa! Olha as marcas do trabalho, os calos em suas mãos! Mãos, ou cascos de animal?!

Estende as palmas abertas, os dedos gretados, que se agitam ante o rosto de Barrasquié, mudo de terror, e ri-se.

– Como não tens o cuidado de indagar que espécie de trabalho, eu repito: o trabalho de pilhar, de roubar! Roubar para viver!

Florian afunda as mãos nos bolsos e retira-as, imediatamente, úmidas.

145

– Mas eu paguei para que vos criassem... – reticencia timidamente, à guisa de quem estivesse pensando alto.

O olhar se lhe evade cismarento, e a moça prossegue:

– Se despendeste grandes somas, assim fizeste relativamente aos meus tutores. Simplesmente pagaste os seus serviços. Isso não me diz respeito. Estou viva por tua culpa. És o causador dos meus infortúnios passados, presentes e futuros! Pai desnaturado, não te pedi para viver! Isso de nascer de fulano ou beltrano não é coisa que se evite... Por isso creio que, na condição de órfã de pai vivo, tenho um preço, ao qual, naturalmente, se acrescentarão os juros pelo abandono que minha mãe sofreu!

O DESAFIO

ROSSELLANE aproxima seu rosto ao rosto do médico emudecido e fuzila-o com o olhar constante na irritação com que se manifesta, estigmatizando:

– Este é o momento da revanche a dois! Não estou aqui apenas para que me reconheças, vim trazer-te o meu ultimato: terás de me pagar, sem mais demora, cinco mil francos! Por início de resgate, começo de ajuste... A tua recusa significará a verdade gritada para a tua mulher, para os teus amigos, aos quatros ventos, pelo Aude inteiro! Não preciso te dizer que isso te colocaria, aliás, no lugar que mereces, "prezado senhor candidato respeitável, médico eminente"! Um homem assim tão importante, da primeira sociedade de Carcassone, uma das "notabilidades departamentais", não desejará cair tão baixo, na boca do povo, ao nível das piadas de leito e de alcova!

Diverte-se com a ironia das próprias insinuações; afrouxa os lábios num riso desafogado, e volta a falar intimativamente:

— E como se adoece neste Aude, *par bleu!* Estás, já me informei, entre os maiores contribuintes da cidade! Teu consultório está repleto, querido papá... Muito e bom dinheiro entrando!... — e acrescenta com inflexão intencional, atirando o olhar percuciente sobre moedas de ouro, esquecidas na mesa: — Não te será sacrifício a pensão que me cabe, quero dizer, o preço do meu silêncio!

Estupefato ante a cena insólita de que é protagonista compulsório, Florian persiste em rigidez de gelo, a engasgar-se de amargura. Regista estremecimentos e arrepios de febre, brota-lhe travoso ressaibo na boca cerrada. Doem-lhe na face a dureza das palavras quais bofetões. Estatelado de assombro, analisa a cliente inesperada de cujos olhos buliçosos espocam fagulhas magnéticas de ódio e sarcasmo, que lhe fazem lembrar sementes de incêndio a lhe rebentarem no cérebro, comburindo-lhe as forças. Fere-o de morte a repentina destruição de projetos escrupulosamente elaborados; presencia a queda da honorabilidade que construíra em mais de vinte anos de serviços e deveres ingentes. Julga ouvir o estrondo da própria queda, entre o desmantelar dos sonhos mais caros, das mais nobres aspirações. Sente a língua hirta, freados os lábios. Embaça-lhe a vista e, quando volta a erguer as pupilas, consegue movê-las à custa de enorme esforço.

Mirando-o destemerosa, Rossellane saboreia avidamente as reações que se lhe sucedem na face. Apercebe a enérgica palidez que, no rosto perolado de suor, domina as outras cores sobre os traços atormentados.

Florian, como se inopinadamente envolvido em fina máscara de marfim, afigura-se uma estátua nevada — a estátua da Surpresa. Em lividez mortal está, com efeito, mais branco que as laudas na mesa, nas quais grafa as prescrições. Embora a oponente implacável silencie por momentos, ouve, na consciência, palavras fantásticas que lhe ocupam a cabeça a se expressarem por vibrações ribombantes de camartelo descomunal. Fixa o belo rosto da jovem e põe-se a recordar, recordar... Esquadrinha a memória em todas as direções e, partindo das reminiscências em torno da primeira viagem ao posto de muda para Villefranche, trava diálogo estranho consigo mesmo:

– "É a filha? A filha ou a própria Carla? Uma Carla imune ao tempo? Não, Carla morreu! Não! Sim, é ela, a Convulsionária rediviva. Tu a reconheceste assim que entrou... Um fantasma que volta do túmulo!"

– "Duvida, Florian, duvida para te salvares!"

– "Não, tudo isso é loucura! A filha retrata a mãe! E eu que a julguei também morta!"

– "O ódio por mim ao morrer a mãe, por um monstruoso processo, transferiu-se à filha."

– "Vamos, não devaneies! Desvela a realidade! É isso. É preciso enfrentar a realidade! Será melhor, muito melhor!"

– "Sim, a realidade. .. Mas, e meu nome?! E Monique? Renet? Carcassone inteira? Ainda mesmo depois de tantos anos passados, confessar meu erro a Monique, não obstante através de perífrases conforme o decoro, é algo superior às minhas forças... Não! Sou um homem renovado, respeitável! Farei o último esforço para que o passado não transpire!"

– "Descobre-te, Florian! A verdade gera a paz!"

– "Não! Não quero ser apontado na rua! Não posso jogar meu nome na lama! Se devo, já paguei moralmente o bastante, sofrendo, trabalhando... Essa também é a verdade, minha verdade!"

– "Conservas, assim, tão particular noção das próprias contas?"

– "Ah! já sei! O assunto agora é dinheiro, dinheiro!. .. A riqueza da França com os tesouros do mundo não valem a paz de Monique e Renet! Sim, para forrar-me às injúrias do falatório, darei dinheiro e mais dinheiro... Selarei esta formosa boca de serpe à chave de ouro! Este o caminho, o caminho!..."

Dilui-se no fogo da inquietação o aviso do foro oculto. Desliga-se Barrasquié do arrazoado imanifesto. Assume resolução inapelável: não consentirá se exponha o pretérito de público, não permitirá que se desbarate a organização dos seus próprios serviços e que se manche o nome que já não é seu apenas, mas também de Renet! A mente para ele tem o tamanho da clínica. Rememora o desmesurado esforço a que se afizera para reconstituí-la, após o calvário de Jules e padre Marcel. Carcassone, burgo provinciano, recheado de superstições, normas rígidas, preconceitos, tradicionalismos, não lhe aceitaria e muito menos lhe entenderia a falta que supunha sepultada no tempo. O inamovível escândalo rebaixá-lo-ia até a morte, enodoando-lhe a casa, a respeitabilidade profissional e ferreteando os entes queridos com a mácula indelével do menosprezo público.

– "Os carcassonenses não compreenderiam! Mulheres dignas nunca mais pisariam em meu consultório!" – morde o bigode, esmagado pela conclusão.

Pensa e repensa... Vive em contato direto com a população quase inteira, à exceção das aristocráticas famílias da Baixa Carcassone, velhos fidalgos e fidalgotes dos quarteirões aristocráticos da cidade, ainda impenetráveis à convivência mais estreita com os que não têm padrões de sangue.

– "Mesmo que muitos venham a pôr em dúvida as palavras e os documentos de que ela possa dispor" – reflete, de-

solado –, "meus adversários da vida político-social não me desculparão... Ser-lhes-ei presa fácil. Por outro lado, ainda existem no clero aqueles que rearticularão o passado... Conquanto não se manifestem de pronto, estudarão esta moça, menecma da antiga Convulsionária, de quem revela herdar todos os traços físicos, a determinação inabalável, os ademanes insinuantes. Vejo ainda, dia a dia, muitos dos que foram auxiliados por ela e esses fatalmente se lembrarão..."
– E fixando a visitante como se ela fosse o *Mane, tecel, fares* de sua vida, explica a si próprio: – "Ai de mim! Tudo será revisto! Aí estão os seus olhos... Os meus olhos... De perto, azuis-escuros, negros à distância... Os olhos negros que admirava tanto em Carla, os mesmos que surpreendi na pequenina que enjeitei!"

Rossellane quebra o silêncio e, deliberadamente, volta às invectivas implacáveis, com ares de carrasco, interpretando o mutismo do médico à maneira de escárnio e desafio.

– Vivi anos na penúria, varei aflições que, decerto, meu digno pai nunca imaginou pudesse sofrer o mais miserável dos teus protegidos! Ora, ora! Enquanto pais há que esgotam saúde e fortuna à caça de um filho perdido, o meu pagou para que me perdessem. .. Não saberá jamais com que ansiedade esperei por este dia! Sonhei com ele anos a fio... Queimei os miolos para descobrir o jeito de liquidar nossas contas. Foi assim que, no longo cativeiro da espera, fui planejando localizar-te... Busquei-te os passos, mirei muito para não errar o tiro que sonhava certeiro. Calculei, estudei tudo! Não tens alternativa! Desafio-te à defesa! Instilaste em minhas veias – as veias de uma bastarda, porém bastarda tua! Veias cheias de teu sangue! – o veneno da revolta! Agora, resolve por ti mesmo! Dinheiro ou escândalo! Já não posso esperar!

Das pupilas flamejantes, ao término da entrevista, bate o pé nervoso no piso do gabinete e, franzindo o sobrecenho, verruma-o com o olhar, ameaçadoramente, na trégua de silêncio sublinhada de reticências.

Florian reflete:

– "É preciso cautela, muito cuidado para que não descubram essa extorsão em Carcassone. Vivemos como em casa de vidro transparente, onde tudo se torna público!"

Levando a palma direita à face:

– "Deus meu, que proporções tomaria essa intriga lançada no vácuo de nossa vida interiorana?! Não! Não!... Que pensariam de mim? Nada de ser infantil ou teatral! Não serei prato do dia à mesa da maledicência! Isso seria me enterrar vivo!"

Esse argumento íntimo é definitivo.

Ergue-se peremptório. Aumentara, nos últimos três anos, as libras do rendimento, pela morte de um parente afastado...

Tem o dinheiro e o dará... Encantoado e decidido, rebusca bolsos e guardados do consultório, manchando-se com a tinta de escrever.

Estende os resultados da coleta às mãos pequenas, sem nada dizer e sem, ao menos, levantar os olhos. Aspira a terminar, o mais depressa possível, esse entendimento que considera abominável. Agora não tem outro pensamento senão o de apressar o afastamento da jovem, reentrar no domínio de si mesmo, encontrar-se a sós e alijar a perturbação que o deprime.

A visitante, contudo, sem qualquer mostra de inquietação, mantém o tom áspero das palavras e finaliza, sardônica, com as frases fatais:

– Repito-te, sou órfã de pai vivo! Prepara-te, voltarei! Não venho disputar no jogo de tua herança! Nada de inventários tardios! Quero o meu quinhão já e já, *bon gré, mal gré!* Desta vez, aceito o que tens contigo. De outra, serei mais exigente. Não posso aceitar menos de dez mil francos! Arranja-te. Conheces meu preço! Ouro ou escândalo! Até breve, doutor Barrasquié.

Deitando gestos irônicos, roda sobre os calcanhares, dando-lhe as costas, friamente, sem ao menos confiar-lhe o endereço.

Florian, ainda não refeito do assombro, afunda-se na poltrona com as pernas bambas, a cabeça encurvada no espaldar, o rosto alquebrado, as mãos caídas, qual se estivesse na iminência de um grave delíquio. De alma agônica, deixa fugir do peito fundo suspiro, quase um gemido que lhe rebenta um dos laços do colete justo. Pesa sobre o consultório um silêncio que, após a tempestade de insultuosas provações, o barulho das palavras da moça, parece-lhe mais pesado, mais lúgubre. Sobre todas as frases incisivas de Rossellane, que ainda lhe estrondeiam no crânio, esmaga-o o espanto, a ameaça intolerável da queda de sua vida, castelo imponente que, se ruir, aniquila-lo-á em seus escombros. Cerra os olhos do corpo, incapaz, no entanto, de fechar os olhos da lembrança.

A empregada volta, cautelosa, e notando-lhe a alteração fisionômica, não consegue reprimir a pergunta que lhe evidencia a preocupação:

– Sente alguma coisa, senhor?

Acusa-se Florian repentinamente indisposto, pede-lhe dispense os enfermos que restam na sala. Realmente, apresenta o rosto desfeito, tem a camisa encharcada de suor, levanta-se a custo... A cooperadora obedece, surpresa com a ordem recebida, embora satisfeita com a folga, dizendo consigo, na estranheza da novidade:

– "Raramente o doutor Barrasquié cancela consultas, mas nunca o vi tão transtornado como agora... Que teria sucedido? A moça que chegara e saíra, tão rispidamente, quem seria?"

Fecha as dependências, Florian fica para trás.

As palavras da filha recém-egressa, em forma de obstinada mulher, ressoam ainda, perturbadoras, em seus ouvidos. Ele cisma, retorce um dos pincéis do bigode, as rugas afundam-se-lhe na face. O aguilhão do remorso fere-o fundo, e a angústia é tanto maior ao verificar que o estado de coisas continuará. A intrusa prometera não lhe deixar livre o caminho.

– "Impedirei que me armem esse escândalo! Não permitirei que me enxovalhem o nome! Lutarei! Monique e Renet são sagrados!"

O mais penoso de tudo é reconhecer que o passado lhe irrompe no declive da idade, à maneira de avalanche de pedras de retaguarda, destruindo-lhe o templo da ventura presente, mesmo quando se sentia inacessível, realizado, à vontade! Desfilam-lhe velhas recordações no palco da memória. Carla, antes simples fato fugidio, reminiscência ocasional, inumada nos porões mais escuros da mente, desponta-lhe, dominante, de novo, qual se reaparecesse rejuvenescida do nervosismo da última vez em que a contemplou estuante de energia, vinte anos antes... E revê, na imaginação, a filhinha recém-nascida, ao pé de Margot, indagando em vão, de si próprio, a razão por que a deixara.

– "Por que não a trouxe comigo? Por que fugi ao dever e à verdade?" – suspira, melancólico, apertando a cabeça entre as mãos, ante a irremediabilidade do acontecimento passado. – "Mas Laio está morto..."

Sente-se no inextrincável de um labirinto enlouquecedor. O que se acaba de consumar tem para ele um alcance incompreensível. Afeito a duros embates com o sofrimento alheio, luta contra suas próprias dores sozinho, e sua fronte inclina-se, perplexa, para o chão.

O DESESPERO DE UM PAI

PELAS impostas das porta-janelas, os arcos dos arbustos trepadeiras prateiam-se ao luar. As pencas fartas do *rosier-jacqueminot* imitam flores noturnas que o orvalho torna mais e mais pesadas enquanto a madrugada se aproxima.

Na noite morta, a insônia conserva Florian de pé, diligenciando coordenar os pensamentos, reequilibrar as forças. Nem chegara a envergar o barrete de dormir. Vaga solitário, tentando decifrar os arcanos da consciência. Passa em revista mental os fatos do pretérito, quando chegou a esquecer o estatuto esponsalício, os incidentes que culminaram na traição à esposa. Afasta e atrai, encadeia e dissocia as rememorações e não atina com a justiça da vida, ante o elevado pagamento que o destino lhe cobra com intransigência de credor.

Inflexível nas diretrizes de homem maduro, desde muito sentia-se tranquilo em seus hábitos.

– "Jamais supus que a existência tomasse outro rumo..."

Modificara-se realmente; reconhece-se hoje um otimista, em filosofia; um orientador, em política; um espiritualista, em moral; um servidor, em medicina; um chefe consolidado, no tálamo conjugal. Ameaçado de escândalo, nega-se a aceitar a possibilidade da confissão pública de seu erro, por várias razões, notadamente a posição social a que se guindou; a nova indicação que acaba de receber para membro do Conselho Geral do Departamento; o antigo projeto, ultimamente amadurecido, de constituir um morgado, através de uma solicitação ao Rei, pela vinculação das rendas avultadas do *manoir*, que produz centenas de barris de vinho anualmente, obtendo para Renet, após o futuro casamento do filho, o título de visconde. Ante os acontecimentos que se desencadeiam pela intromissão de Rossellane, imagina todos os planos fragorosamente derruídos. Já não pode encastoar o nome do filho num brasão, e o escândalo queimar-lhe-á as ambições nobiliárias, entenebrecendo-lhe o amanhã.

Outro motivo que o apoquenta será perder o elevado conceito que desfruta junto da esposa, que aprendera a venerar com profundeza de carinho, depois do nascimento de Renet. Ambos colhem, no tronco da vida, os frutos de uma felicidade estável, sem perturbações e sem arrufos. Emociona-se pensando nesse amor, na maneira com que, em mais se amando, maior riqueza de paz haviam encontrado na mútua comunhão e admite que a união de ambos, agora é, e deve continuar a ser, inquebrantável. Horroriza-se só de pensar na escavação do pretérito, que seria para Monique um golpe demasiado brutal e, no desespero mudo de que se acomete, não divisa qualquer porta mental de libertação.

Todas as medidas que aventa, no sentido de se furtar dignamente ao passado, resultam frustradas, por mais hábeis os artifícios que entretece diante da imaginação. Por vezes, essa ou aquela decisão parece-lhe o resultado racional de um conjunto de suposições claras, mas, na essência, pertence ao mesmo redemoinho de impressões que vem percorrendo em círculos, há horas, centenas de vezes. Conjetura, conjetura, e não é capaz de achar uma ideia, uma escapatória, uma solução para aquém dos melindres da consciência, que se recusa outra vez agredir.

– "Hoje sei que o verdadeiro amor" – filosofa – "deita raízes de alma para alma, vibrando à distância de aventuras ilusórias. Erros de maioria não nos disfarçam os erros pessoais, portas a dentro do foro íntimo. Estou mudado... Já não sou mais capaz de uma leviandade assim tão chã. Sazonei emoções purificando ideais, conheço mais extensamente a vida. Entretanto, nada me forra ao resgate dessa falta que o tempo não apagou!"

E, por tudo isso, o retorno ao passado, qual retrocesso tardio, o embaraça e repugna.

Avança a estação no abraço morno do sol do meio-dia. Nos demorados crepúsculos, Florian estira o olhar fitando, ao acaso, um ponto perdido para além do que os olhos podem ver. Remira o horizonte qual se contemplasse a estância dos sonhos impossíveis, tentando fazer do infinito o confidente das amarguras que o avassalam. Nenhuma vida tem sido tão transparente e irrepreensível quanto a sua. Mas pressente-se à beira de pavorosos ultrajes através da própria filha. Sineteia a mente com a palavra *reputação,* na significação maiúscula a que se havia habituado, dentro de inatacabilidade a toda prova, e carrega esse termo com todo o teor dramático de que é capaz, repetindo-o intimamente, em conceitos sempre renovados e sempre confrangedores, a cujo turbilhão lança-se a si mesmo.

De quando a quando, a cabeça pensativa, apoiada nas mãos, penteia com os dedos a cabeleira em que o nevado dos fios parece se acentuar. Ele, que sempre se acomodou à cidade, semelhando caracol na concha, sente-se qual se estivesse no estrangeiro.

– "Devo fechar-me... ter cuidado... Não posso deixar escapar nada" – monologa apreensivo – "ligeira leviandade, simples impulso de irritação, um dito involuntário, uma leve omissão, podem perder-me..."

Patenteia-se nele um novo homem, acovardado, induzido a dissimular constantemente, disposto a amontoar mentiras sobre mentiras, a fingir disposições de ânimo e de humor. Admite-se escravo de Rossellane, nos grilhões de um segredo que necessita acobertar a todo custo.

– "Nenhuma justificativa é bastante poderosa em face de um segredo aviltante que subjuga alguém..." – conjetura, afundado num mar de reflexões.

E volvendo, novamente, ao aconchego da noite, senta-se na *chaufeuse* e afasta o para-fogo. Levanta-se, deita-se, busca um livro que lhe altere o curso dos pensamentos e, sem o conseguir, muda de posição, tenta mergulhar na leitura de versículos do Novo Testamento, tal qual a esposa nos dias de desânimo, anos antes. Contudo, o espírito rebelde foge aos textos, errático, abandona-se a visões interiores, fragmentadas, em que preocupações de hoje se mesclam às preocupações de ontem, vividas junto de Carla, de mistura com a imagem inofensiva da filhinha recém-nascida e da agressiva jovem surgida em roupagens de catástrofe, associações mentais indistintas que acabam sempre com a figura de Monique a exibir-lhe o quadro de sua serena ventura, agora sobre paiol de pólvora.

Findos os afazeres do dia a dia, tomba na poltrona em extrema fadiga. O enxame das ideias lhe volteia em torno, como vespas vorazes. Invariável a depressão que o acomete ao peso do remorso que carrega por inquilino implacável da consciência.

Muitas vezes, doentes gemem, de súbito, na antecâmara, e o doutor desperta de seus pesadelos lúcidos, voltando-se para eles, aceitando-os em forma de autopunição:

– "A dor alheia me requisita, afogarei aflições lenindo aflições alheias... Estarei devotado, de ora em diante, com mais ardor, à clientela gratuita à qual posso tudo dar sem nada esperar em troca. Conseguirei assim apagar meu erro, reabilitar-me e viver."

Em casa, Monique observa-lhe, receosa, a palidez do rosto, estranhando-lhe o impenetrável da atitude, a presença-ausência para a qual debalde procura explicação. As mudanças dele não lhe passariam despercebidas depois do que já haviam vivido e sofrido juntos. Sensível alteração se lhe operara no modo de ser... Florian tornara-se arredio, mostrando abatimento inexplicável, qual se possuído de mortal inquietação.

– "Que terá acontecido?" – indaga-se. – "Florian, com certeza, esconde-me algo... Que será? Seu caráter está irreconhecível! Ele se modifica! De onde lhe vem tanta tristeza? Parece perseguido sempre por um pensamento que não pode exprimir!"

Conquanto mais terna, no intuito evidente de consolá-lo, não quebra o apreço de esposa que jamais o confundira com perguntas e indiretas.

Palome, à qual confidenciara suas preocupações, ensaia possibilidades que lhe justifiquem a tristeza e fala de estafa em serviço. Ela, por isso, concentra esforços para tornar mais repousante o refúgio doméstico. Sempre soube, pelo humor de Florian, quando é fustigado por algum doente difícil, porquanto essa inquietação termina sempre por ricochetear sobre ela. Agora, porém, é diferente. Desesperança, cansaço, lassidão e pessimismo no esposo funcionam sem pausa, em regime de mutualidade.

– "Que turbilhão de pensamentos indecifráveis lhe domina a cabeça? Não mostra nenhum interesse pela casa, nem mesmo pelas rosas!"

Para Madame Barrasquié, os silêncios do esposo, entre frustrados esforços evasivos, obviamente valem por algum problema grave oculto, revestem-se de inqualificável importância. Em qualquer ocorrência destacada, a primeira reação de Florian era repartir com ela novidades e inquietudes, decepções e alegrias. Reinicia-se então a agonia moral da senhora.

À frente da incógnita supliciante, transforma-se-lhe igualmente a conduta. Perde o ânimo, entibia-se-lhe a confiança e, de vez em vez, surpreende-se ajoelhada, ao pé dele, olhar cheio de secreta ansiedade, refletindo ao mesmo tempo alguma cousa de muito sério e de muito meigo:

– Florian querido, o que há? Alguém feriu-te? Eu te feri? Então? O que se passa? Onde o teu gosto de conversar? Ensina-me a confortar-te... Dize o que há... Tu sofres...

– Moni, eu é que pergunto. Por que te inquietas? Estou bem, nada de te amofinar por motivos imaginários...

Ela tenta brincar:

– Nunca te vi assim... Estás lúgubre, mostras um semblante de condenado. Será que estamos lendo Hoffmann, em doses excessivas?

– Nada disso. O que existe é unicamente um pouco mais de serviço – ele acentua em tom amargo.

Insiste a esposa, e ele desconversa com desenvoltura estudada, pretexta fadiga e termina sempre mordendo o bigode, a fixar um riso enigmático, enquanto a companheira, mais triste, se retrai – sem desejar fazer-se importuna – nas interrogações realmente sem resposta .

Por vezes, na mente do médico relampejam impulsos de heroísmo nos quais desejaria confessar-lhe: "Moni, tenho uma filha, uma filha fora do lar!. .. Uma filha que me extorque dinheiro... Filha que me maltrata! Compreende-me e ajuda-me!" – mas à simples ideia de se declarar, já não vê mais nada claramente, o medo se lhe reinstala no cérebro, domina-o, silencia-o, provando que as grandes dores são mudas: – "Não! Não! Preferível pagar, sofrer ou morrer!"

Vida a fora, não se acostumara a expor-se senão a ela, exclusivamente a ela, a esposa; Moni, em verdade, é a sua grande companhia, o seu apoio, o afeto com quem troca todas as confidências, a única pessoa com a qual se sentiria aliviado se lhe desvendasse a alma, associando-a ao seu drama, no entanto, por uma ironia dos fatos, é justamente dela, pensa, de quem precisa ocultar, com todas as forças e a todo custo, a própria situação...

UMA CENA MODELO

BARRASQUIÉ atende no consultório e, qual já ocorrera antes, à vista de Rossellane toda a energia se lhe esmorece.

Pela terceira vez, a moça retorna-lhe à presença para escarnecer, discutir, usurpar. Na aparência, lagarta que se fez borboleta, já é quase outra mulher. Em traje luxuoso e ares de triunfo, os cabelos fartos, arrepanhados em novo penteado, à *anglaise,* exibe joias verdadeiras e pompeia pelo *canesu* cor-de-camélia, num ruge-ruge de seda que certamente custara boa parte da primeira soma recebida, a expansão plena do seu coquetismo instintivo, dos sonhos de fortuna, pompa e ostentação que desde a infância sufocara, o desejo preponderante de ser notada onde aparece.

Estirando os sapatos de pelica bronzeada, já de tacões altos, qual haviam sido lançados recentemente pela moda parisiense, retira as luvas da Suécia e fecha o decote estrelado de pedras com a mantilha fina de *point d'Alençon.*

Percebendo que o médico lhe dedica atenção ao porte sobranceiro, à riqueza exagerada dos seus embustes de elegância, sua representação estudada, feita de mil e um aprestos de gosto duvidoso, sublinha irônica, agitando o leque de rendas bordado a contas e pontas de plumas pretas:

— Nada mau, hein? Começo, enfim, a ser aquela que sempre deveria ter sido. Aprovas minha transformação, senhor meu pai? Atirei fora os trapos, o antigo uniforme de respigadeira! Correspondo à sociedade e ao nível em que vives? É preciso dar-te também outra notícia alvissareira... Já larguei o antigo ninho de ratos. A propósito, espero que me convides, oportunamente, para um sarau em família. Além disso, atinjo a idade em que deverias apresentar-me ao grande mundo: *M'sieur* Doutor Florian Barrasquié e sua dileta filha, *Mademoiselle* Rossellane Barrasquié! A propósito, uma destas noites sonhei que, por tua mão, transpunha os portais do nosso solar. Não é engraçado?

E sem preocupação qualquer por resposta, ergue as palmas das mãos à altura do atribulado olhar dele e acentua com volubilidade:

— Os calos começam a desaparecer... Já posso dar mão a beijar! Não sou mais a última das últimas! Tenho erros de linguagem, ainda sou rude, reconheço, pobre de mim! Em toda a minha vida não cheguei a ler três volumes de começo a fim! Mas receberei de ti, do teu carinho paternal, o resto de educação que me falta. Aliás, sou, até agora, o que fizeste de mim.

Ouvindo-a, Florian conclui, melancólico, falando para dentro:

— "Infeliz que sou!"

A espécie de lindo monstro *parvenu* lustra com a língua as penas de milhafre a tagarelar:

— Viajei muito, sofrendo daqui para ali. Em compensação, no mínimo, quero agora lançar a moda em Carcassone, estadear elegância, expor minha beleza à luz! Ninguém mais fará troça de mim! Daqui para diante, meu caro, o de que preciso mais é apresentação. Tenciono aburguesar-me. Tenho dito a mim mesma que é necessário subir às alturas da família. E, palavra de honra, é também por "nossa família"... que concederei muito de mim, vegetando aqui, obrigando-me à estagnação da província. Isso, porém, não quer dizer que vá criar pó e teias de aranha em Carcassone! Não tenho vocação para fóssil! Nasci aqui, o que basta; corri mundo, o que me agradou; porém, não voltei para a toca, imitando os mochos e as corujas, exatamente quando nasce o meu dia. Não sou árvore para me acomodar no chão. Sou Barrasquié, nome com brilho próprio na cúpula social, e que não me será difícil tornar célebre em França. Não me venhas dizer de bastardia, ilegalidade... Meu pai, és um homem inteligente, um titulado da medicina. Postas de lado as convenções, está claro, que diferença existe de um corpo de mulher para outro corpo de mulher? Minha mãe não teria sido inferior a qualquer outra e muito menos a esta que te pode gastar o ouro e usufruir-te o nome, sem cuidado! Ora, senhor meu pai, tanto eu poderia ter nascido numa choupana quanto num solar! Desde que o teu sangue me corre nas veias, o jogo está feito! O resto que desapareça da minha frente! Nosso entendimento apenas começou! Nós dois – eu, tua filha e tu, meu pai – aplainaremos as diferenças! Sem essas frioleiras de retiro bucólico, de encanto rural! Paris, senhor meu pai! Tenho sede de Paris! É preciso bater às portas de Paris, forçá-las se preciso for. Depois Paris baterá à nossa porta. Esse é o triunfo verdadeiro! Mas... basta de lengalenga. Por agora, o dinheiro! Vamos ao nosso acerto em metal sonante!

Ri-se a bom rir, sustando o palavrório cascateante e acrescenta:

– A digressão sobre aristocracia pode subir-me à cabeça, mas não me prejudicar a memória! Agora tu vais falar, e sobre dinheiro!

Empenha-se o interlocutor em não descer a crises de desespero. Sente-se esmagado ante os sarcasmos que lhe apuam a paciência. O espírito lúcido entra em horrível ginástica mental para não esbofeteá-la, enojado. No íntimo, não quer aceitar a filha por adversária, porém, não consegue dissimular a repugnância de que se vê possuído, diante das atitudes pueris e perversas sob o disfarce de joias e refolhos de seda. E, a um só tempo suave e contundente, afoita e vulgar, tempestuosa e álgida, de lábios sempre alertas para ironia, Rossellane não tem o respeito e os sentimentos de uma filha, nem tem coração, tem um cofre no peito. Analisada, friamente, é uma sinistra aventureira, uma intrometida, uma indesejável que não convidara à sua vida e de que precisa descartar-se. Ainda assim, ele é intrinsecamente um pai e um pai verdadeiro, na solução de um problema, não foge aos meios dignos. É, pelo menos, o que pensa!

Qual agira nas outras vezes, tenta ensaiar entendimento amistoso, no sentido de abrandá-la, encerrando o assunto. As gentilezas, no entanto, as tentativas de base afetiva redundam infrutíferas. Por fim, volta de novo a ser o mesmo homem inseguro, pássaro conturbado diante da serpente. Tão somente à distância, consegue dizer-lhe, em espírito, tudo o que, na sua presença, francamente inibido, não pode articular. Perto dela, se raciocina claro, fala aflito. Diante dessa menina que aspiraria a amar, e detesta sem querer, altera-se-lhe a personalidade para menos. Ele, o profissional acatado e o cidadão austero, o chefe e o orientador de mãos invariáveis no leme, cai maquinalmente em condição de subalternidade. Disposto a reprimir-se, controla os mínimos gestos e ajunta, entre ríspido e sereno, no intento de lhe confutar as expressões:

– Filha, em verdade, não tens consciência!

A moça que se assentara, levanta-se da poltrona com tal ímpeto, como se tivesse sido espetada de chofre e, parecendo agredi-lo numa estocada com o olhar, retruca sem titubeios, beliscando-lhe o amor próprio:

– Pois, como! Quem me fala de consciência?!... – adiciona às interrogativas uma gargalhada de comediante. – Não defino este assunto em termos de consciência em se tratando de ti para comigo, senhor meu pai. Aliás, a tal respeito tenho muito a quem herdar... – larga o pensamento inconcluso nas reticências e alça as espáduas.

– Em se tratando de paternidade clandestina, filha, deves compreender, este não é um caso de exceção. Não fui o único a cometer falta semelhante!

– Compreendo o que me interessa! Se outros homens possuem filhos ilegais, é lá com eles. Que tenho eu com isso? Falo do que me diz respeito! Penúria, fome, andrajos, a falta de tudo, não são casos de exceção, a menos que estejamos nós, pessoalmente, envolvidos com eles!

– E quanto a mim, que estou sendo prejudicado, coagido, saqueado?

– Saqueada fui eu, moral, espiritual, materialmente! Pai vil, mesquinho, avaro! Ignoras, porventura, esbulhos além dos teus próprios? Largada na rua fui e como trapo no lixo! – E em tom imperativo, de imobilizar qualquer palavra na garganta do interlocutor: – Claro fica, e cada vez mais, que nem ao menos te lembravas de mim, que nunca tiraste um instante para considerar meus sofrimentos, vicissitudes, angústias! Nunca pensaste também que eu tinha dois olhos através dos quais podia ver as jovens felizes, aos pés dos pais!

– Mas...

– Não existe mas nem menos! Nada de rodeios sentimentais! É tarde demais! – fala num jato, as palavras antes gritadas do que ditas, depois encara Florian com a expressão de quem aspira a dizer: "aguenta mais esta!", e deita farpas de injúria: – E quem me pode dizer que não tenho algum outro irmão ou irmã, por aí, de outras mães desconhecidas?... É rifão popular, senhor meu pai, que cesteiro que faz um cesto faz um cento...

Nesse ponto, Barrasquié dirige para ela o olhar hipocrático do médico experiente quando examina um caso incurável, em que percebe o aviso da morte. E ocorre-lhe melancolicamente:

– "Sim, realmente, é tarde demais! Já não há com que salvá-la... ou com que me salvar!"

Rossellanne, porém, não descansa. Após interromper-se momentaneamente, agita as mãos enluvadas, esgrime-se com o indicador, convidando com acre aspereza:

– Não queres visitar minha mãe adotiva? Verificarias nossa vida mais de perto. Agradecerias a quem cumpriu-te os deveres, a quem me criou. Poderíamos até mesmo esclarecer alguns fatos. Sempre ouvi, em casa, que o meu berço abriu a cova de minha mãe... Diz a velha Margot que roupa suja se lava em casa. Assim convido-te a visitar-nos. Será indiscrição indagar em intimidade se perdi minha mãe por falta de cuidados médicos? Saber que assistência terá recebido antes e depois do parto?

As perguntas, no entanto, morrem sem resposta. Rossellane domina a situação:

– Ninguém teria coragem de te interpelar, mas eu tenho, porque, para tanto, assiste-me o direito...

Florian pensa na ingenuidade com que, ainda na véspera, considerara a possibilidade de visitar Margot e comprá-la mais uma vez para se livrar da filha inconveniente.

Tem os olhos apagados e faz trejeitos faciais para sustar as lágrimas que transparecem. Notando-lhe o olhar parado e o rosto de gelo, a menina, como se estivesse escudada contra qualquer sentimentalismo, adverte com imensa causticidade, o indicador enristado frente ao rosto pálido:

– Ora essa! Pranto à bica, senhor meu pai? Mas não há de ser por mim. Dói-te certamente dar a volta na chave de teu cofre, esvaziar a escarcela. Mas é inútil! Chora! As lágrimas são livres para cair! Chora, mas paga! Já dei ao destino, também eu por tua causa, a minha quota de choro! Não percas tempo, passa para cá o dinheiro!

Ante o inesperado das respostas, as ambíguas interpretações temperadas de crueldade, o clínico entrega-lhe mais dinheiro e se cala, mergulhando em profunda mágoa, convicto de que acabara de agir, mais uma vez, com a irreflexão de um débil mental.

Em seguida, de novo a sós, não obstante as farpas que guarda tão recentes, surpreendeu-se acusando a si mesmo em alta voz:

– Meu Deus, meu Deus, que sou enfim? Pai ou verdugo? Por que, Senhor, não consigo amar, suportar aos menos, minha própria filha, sangue do meu sangue, carne da minha carne?!

ÂNSIAS DE PAZ

REPETEM-SE as entrevistas de Rossellane, executadas à sensibilidade de Barrasquié como as variações de uma sinfonia infernal. Ela extorque ferrenha, abusivamente. Esbanjando, quer mais dinheiro, sempre mais dinheiro. Esta é a meta que procura a *outrance*. Tais imposições de sua presença, essas entrevistas são, para o médico, sessões de martírio moral, forjas chamejantes em que se lhe pirogravam para sempre, no espírito, as palavras pronunciadas, insensatamente, quais dardos envenenados com que se lhe retalha o rosto e cilicia a consciência já vergada à carga do remorso.

Envergonha-se de si, admite a pusilanimidade incoercível que lhe coarcta os movimentos diante da jovem que é, para ele, um carrasco risonho, a executar com esquisita volúpia a sentença a longo prazo a que se vê condenado. Medita na sobressonhada libertação. Mil vezes deseja opugnar-lhe as arremetidas, entretanto, no momento preciso, mil vezes falham-lhe as forças. Seus argumentos, frente aos sarcasmos dela, se lhe afiguram folhas secas que o tufão arrebata. O estopim da língua atrevida lança, pelos ares, facilmente, todas as débeis ideias dele. Com o desprezo de um simples olhar, Rossellane corta-lhe argumentação ao meio, e ele perde o fio do discurso.

Mas, tão cedo a sós, critica-se em vão, readquirindo a lógica nas palavras, com retardada presença de espírito.

– "Se fosse noutro tempo" – conclui, desculpando-se – "decerto reagiria, mas agora não posso, sinto-me exausto... É impossível! Estou velho... Morre-se a pouco e pouco... É melhor calar. Ela gosta de relembrar rifões. Sim, é bom lembrá-los. E terei os meus: *A paroles lourdes, oreilles sourdes.*"

Investiga o tórax para se certificar de que a fadiga do coração não o levará muito longe.

– "O meu coração não é o mesmo... Fez-se traiçoeiro. Fora preciso cautela... mas como poupar-me?..."

O respeitado esculápio é verdadeiramente outro homem. No lar, hóspede sombrio, na rua, transeunte solitário que os melhores amigos já consideram doente. No íntimo, sabe-se desarvorado, como quem perdeu inexplicavelmente o rumo em viagem. Desinteressa-se das próprias contas, embora a dourada extorsão que sofre, contínua, ganhe o aspecto de sangria mortal. Sem que Monique lhe conheça, de leve, o calvário oculto, dissipa depósitos vultosos que retinha em atividades comerciais e prepara-se a novos gastos e prejuízos.

Enquanto se lhe agiganta, cada vez mais, o receio pelo escândalo, aperfeiçoam-se em Rossellane os processos de dilapidar, dentro dos quais maneja como ninguém a lâmina da mordacidade e o punhal do epigrama. Sem compaixão ou pudor, o escalpelo da ironia nela move-se em requintes de orgulho insaciado. Embriaga-se com o ruído da própria voz, lançando frases como quem dispara tiros. Há expressões dela que lhe moram indelevelmente no pensamento.

– "É preciso reaver o tempo perdido, se isso é possível!"
– "Quero mais dinheiro!"
– "Pelo amor de Deus, não me fales em poupança. Enfada-me!"
– "Tenho débitos a liquidar! Fiz contas. Que queres, é preciso pagá-las eu mesma, ou preferes que mande recebê-las aqui?"
– "Melhor que eu me envenene, deixando um documento esclarecedor. Que achas?"

Florian reouve as intimidações em paroxismos de indefinível inquietação e intermitências de acabrunhamento.

Estuda e indaga em silêncio... Seria Rossellane instrumento de adversários seus, de uma quadrilha disposta a aniquilá-lo? Mas não. As monstruosidades nascem dela mesma, que tem sede de ouro para viver regaladamente e que conquista-lo-á a qualquer preço, *quibuscumque viis.* Decide-se a propor-lhe a doação de fortuna razoável, desde que se afaste dele e de Carcassone em caráter definitivo.

– "Mas, de que modo confiar na palavra dela? É uma aventureira! Capaz de tudo! Não há dinheiro que lhe aplaque a avidez!"

Aventa, inutilmente, para si próprio, soluções e mais soluções.

– "E se contratasse alguém para ameaçar Rossellane e Margot?" – mas entende que semelhante medida equivaleria a delatar-se.

E, acovardado, prefere sempre, e muito mais, a si mesmo que a verdade.

– "Que fazer?" – E a resposta invariável: – "Dinheiro! Posso neutralizá-la à custa de ouro... Entrou em meu dinheiro como rata num queijo. Levará algum tempo, precisará de alguns anos ainda para devorar meus haveres!..."

Mãos trementes, deixa cair talheres às refeições, e, certa manhã, surge sem os antigos bigodes. Interpelado pela esposa – que lhe conserta vezes e vezes a camisa abotoada errada e os sapatos desamarrados –, tenta esquivar-se à explicação, mas esclarece, depois, que cortara distraidamente uma das pontas e fora obrigado a raspá-lo de vez.

Alterara-se Florian de maneira mais e mais sensível. Perturbado, apoderara-se dele o nervosismo crônico desde a primeira entrevista, em que a jovem se dera a conhecer. Sua atividade mental fizera-se, a partir daí, um vórtice incontrolável e voraz. Pensa nela sem cessar e sem querer.

Supusera-se de início capaz de se mostrar alegre qual sempre fora, pelo menos, na intimidade, de modo a não intranquilizar a esposa e o filho, entretanto, o suplício que experimenta cresta-lhe a menor floração de bom humor, torna-se fúnebre e já não pode disfarçar.

Monique volta a confessar-lhe com certa solenidade, acossando-o com perguntas sobre a sua conduta enigmática:

– Continuo a estranhar-te, meu Florian. Que há? Não estás... – Ela pensa: "Não estás normal..." – mas diz somente: – Não estás bem! Tão amuado, tão triste! Por quê?

– Nada, absolutamente nada. O que queres?
– Quero-te como eras e como és! Apenas isso. Onde está o meu Florian? Afinal, o que há? Tenho a sombra do meu marido e não meu marido... Dize se me amas...

Num momento, ela atira-lhe cem expressões de carinho. As pupilas persistentes procuram as dele num olhar ansioso que deseja enxergar para além das palavras, mas os olhos do médico se retraem desassossegados. Empenha-se a esposa em levá-lo à confissão afetuosa, emprega os mais doces e os mais diversos recursos, mas debalde. Florian silencia, engasgando de tristeza e transparece tanta amargura e fadiga do rosto pendido que ela o imagina gravemente enfermo.

– "É o coração, talvez!" – conclui, preocupada.

E de novo recomenda-lhe repouso, refazimento físico, sem se esquecer de apontar a leitura das lições evangélicas, na certeza de que Jesus lhe apaziguará a tempestade interior. Noutro tempo, era-lhe Florian o consolo na enfermidade, agora é Monique a medicação moral de que não pode prescindir.

O esposo ignora por que sofre mais: se de remorso pela falta cometida, se pelo temor do desprestígio social.

– "O que é pior: a falta em si ou a falta propalada, sobretudo por nossa própria filha? Rossellane é a maior prova contra mim! É mais doloroso ou mais humilhante?"

Não tem forças para se descortinar a ninguém. Nunca descera da superioridade de que se supunha munido. A face disso, ensimesma-se. Ilha-se no tormento da imaginação, reconcentrado.

Monique, por isso mesmo, não mais se acomoda à discrição. Vive desarvorada, mal se alimenta, traz olheiras de insônia. Enquanto finge dormir, vigia o companheiro inquieto, que anda de um lado para outro, mãos cruzadas atrás das costas, ao longo do *boudoir* contíguo ao quarto. Desenganada de tê-lo junto de si, procura ler. Consomem-se as velas sem que consiga dar atenção ao livro aberto. E quando adormece, quase manhã, cai num sono fatigante, de que desperta estremunhada.

E mais se lhe agrava o pesar, em notando que o repouso noturno para ele se reduz a raros minutos de decúbito, dos quais se levanta combalido, as faces marcadas pelos relevos bordados no travesseiro.

De ânimo excitado, o clínico recorda a existência dos seres incorpóreos. O espírito da Convulsionária ocupa-lhe o pensamento. Diminui-se intimamente diante da memória dele a genitora da jovem que se lhe transfigura em verdugo, invoca-lhe a intervenção, roga-lhe auxílio. Por noites sucessivas, experimenta pesadelos indescritíveis. Sonha que certa mulher, semelhante à napolitana, atende-lhe ao apelo e, como que desejando minorar-lhe as dores, aproxima-se... Entretanto, as recordações da vidente antes lhe impõem desconforto. Ao invés de acalmar, perturba-se ainda mais. Acorda, findos os raros momentos de sono e ergue-se a tremer, sob o olhar confrangedor de Monique. Delibera então varrer da lembrança a imagem daquela criatura que amara e desprezara, e cuja proteção agora suplica e repele, lembrando-a e desejando esquecê-la nos conflitos da consciência.

A FORÇA DO SANGUE

OUTRA vez, a entrevista penosa. Separados pela escrivaninha, Rossellane e Florian se entrefitam, entre ódio e desconsolo.

Ele perscruta admirado a figura esguia da moça, a face envolta na elegância do *mentonnière* quase exatamente à maneira com que Carla amarrava, dantes, o alegre *fanchon* popular. Quantos traços da vidente nesse rosto francês! Elas, a morta que se foi e a jovem que o defronta, são iguais no físico e no temperamento latinos.

Mentalmente surpreendido, Florian põe reparo:

– "Rossellane é a imagem de Carla: o gosto pelas vestes cintilantes, a personalidade envolvente, a audácia, o raciocínio ligeiro, a facilidade de argumentar. Tem a voz de Carla, as palavras de Carla, o rosto de Carla... E a força do sangue, a herança que independe de alvará. Tal mãe, tal filha... Rossellane não teve estudos esmerados. É tão moça! E que provisão de respostas, que desdém, que sarcasmo. Deus meu!"

Recompõe na memória os traços do rostinho tenro e suave que contemplara no dia do nascimento. Faz-se, de súbito, paternal.

– "Como te modificaram... foi o sofrimento, talvez... A pobrezinha cresceu insatisfeita com tudo e todos, atirada ao relento, estigmatizada pelos mais duros golpes da vida?!"

Seu desalento se amplia ao reconhecer-se, pela centésima vez, causa daquela jovem existência a transbordar revolta, convertendo o sofrimento dela em acicate para os outros.

Rossellane quer dinheiro, mais dinheiro... Não adiantam conselhos, reflexões. Epigramática, alega-se dominada por necessidades imperiosas, inadiáveis. Lesada intimamente, exige regalias exteriores. Conclui, atrevidamente e sem rebuços, que se vê constrangida a fascinar atenções, já que não possui um lar que a recomende. Precisa de luxo e mistério para se impor aos rapazes dignos, porquanto decidiu-se agora ao propósito de organizar casamento rico. Declara que uma filha ilegítima de pai afortunado precisa receber a herança e o dote que lhe cabem, antes que a morte lhe inventarie os bens. Isso, no fundo, julga ela, em seu palavreado incendido, será compensação justa ao menosprezo social permanente...

E Florian lhe despeja ouro nas mãos insaciáveis.

De volta à casa, o médico está mais triste, a inquietação lhe encova as faces. Senta-se à mesa do jantar e recusa os pratos, um a um, ao olhar reprovador de Palome.

Monique, no intuito de lhe reavivar o apetite, altera virtualmente a lista do cardápio, recorre aos velhos livros de receitas mas, em verdade, qualquer prato é insulso a Florian. Para aliviar o ambiente, redispõe o mobiliário nas várias peças, repenteia os cabelos, recorre aos mais belos vestidos, aos trajos evocativos da ventura de outra época, refere-se às longínquas reminiscências de amor, interessa-se pelos doentes. E, com o objetivo de alongar as conversas, cada vez mais reticenciosas, transmite notícias da sociedade, comenta as atividades de Renet, fala dos pequeninos incidentes domésticos.

Propõe-se a ajudá-lo pessoalmente na clínica, oferecimento esse que o marido se apressa a dispensar...

Insta junto aos amigos para que o distraiam e ajudem. Nada, porém, surte efeito. Todos os seus atos redundam, como bem os reconhece, em carregar água em cesto. A cada vez que lhe fala, Florian percebe súplicas tão ardentes no olhar dela, na inflexão da voz, na atitude ansiosa, que desvia os olhos, desconversando logo para não se render a crises de pranto. Ainda assim, a esposa prossegue procurando um ponto de interesse para o esposo na convicção inabalável de que precisa ajudá-lo. Há de encontrar como, há de encontrar...

Em certo crepúsculo, Florian, no anseio de fugir ao curso mórbido das próprias lucubrações, refugia-se entre as torres octogonais de Saint Nazaire, pela porta interior que abre para Oeste. Em meio às colunas de mármore do edifício, recolhe-se meditativo junto à estátua de Pierre de Roquefort que o clarão da tarde, filtrado pelos velhos vitrais do século XIV, ilumina. Essência indistinta flutua no ar. Odor a passado, a antiguidade que impregna o ambiente. Emotivo, Barrasquié pensa nas criaturas que ali viveram no curso de outras eras... Quantos romances sofridos! Dores maiores que as suas, dores menores que as suas! Quantas provações suportadas! Curva-se à onipotência da Lei que lhe pede a reabilitação através de testemunhos condignos e, a sós, liquefaz em lágrimas a carga de infortúnio. Como nunca, aquela sede de solitude lhe absorve as energias e deixa-se, no silêncio gótico das ruínas, possuir inteiramente pelos problemas que o esmagam... Curte os doridos lamentos, ante a nudez da pedra que nada pode indagar. Imenso langor, a nascer do entrechoque entre o remorso e o orgulho, apossa-se-lhe da alma. Impertinentes ressurreições da memória trazem-lhe vivos, junto de si, os seus fantasmas inclementes, as figuras da vidente e da recém-nata que relegara ao desprezo. Em torno do seu nó górdio, as ideias passam e repassam-lhe na mente, errando em desvario, no vasto mundo das hipóteses, à busca de equação.

Sentimentos acerbos de expectativa e medo fazem-no assustadiço ante o futuro. Se o hoje é terrífico, o amanhã surge desalentador! Assim medita quando o tatalar das asas de humilde *rouge-queue,* ferido e refugiado na muralha, põe-lhe o coração aos saltos. Reajustado, compadece-se do pequeno ser que arrepia as penas rubras cheio de pânico e aflição. Compara-se à ave perseguida qual se surpreendesse um irmão, tangido por idênticas e estarrecedoras desesperanças. Acicatado pelas próprias dores, Florian distende o círculo das experiências mais interiores e pode identificar-se na dor de quanto vive, sofre e se debate no emaranhado aparentemente simples do dia a dia.

DIPLOMACIA FEMININA

À NOITE, a chama do candelabro clareia a figura de Monique, extática. Assenta-se de propósito no *confident* em que noivara, antigo móvel em forma de S, palissandra com damasquinagens que, anos antes, trouxera do salão paterno, antevendo o romance de amor de Renet.

À tarde avistara-se com Eulalie, a grande amiga da infância, casada quanto ela. Em torno às aromáticas xícaras de verbena, conversando e recordando, como sempre, buscara distrair o espírito pesado de preocupação, mas em vão. Naqueles momentos, como agora, seus pensamentos não se desviam de um núcleo central:

– "O que determina a perturbação de Florian?"

O esposo entra. No desconsolo de um sorriso, oferece à esposa o buquê de capucines, com que justifica a ausência longa, e atendendo-lhe, instintivamente, ao desejo imanifesto, partilha com ela a poltrona conjunta.

– Obrigada – fala Moni, a tatear-lhe o rosto com a vista.
– Tu mesmo as colheste?

– Sim! Florescem abundantes ao sopé de Saint Nazaire.

– Ah! Estiveste a passear pelas ruínas...

Ele reergue-se, abana a cabeça e, movendo o atiçador, aviva o lume da lareira, mordendo o lábio superior, sestro com que substitui o antigo hábito de morder o bigode, agora raspado.

Refletem ambos a sós. No silêncio que se faz espontâneo, ouve-se apenas a fala crepitante das línguas do fogo que esparzem, de quando em quando, lucilantes labaredas em chuvas de faúlhas cor de sangue. O cheiro desmaiado da tília em combustão envolve a sala.

A senhora fita o esposo, demoradamente, busca expugnar-lhe a mente, espionar-lhe as ideias.

– Florian, é doloroso para mim assistir, impotente, a tanta angústia! Dize-me o que se passa, meu pobre querido! – O veludo da sua voz parece antecipar rogativas de perdão pelo que vai dizer: – Chega de te afligir e afligir-me! Conta-me o que há. Questão de negócios? Algum enfermo? Renet? As vinhas? Por favor, confia em mim!

E como o marido se desculpe insatisfatoriamente, persistindo em posição ambígua, sob a inércia de vítima resignada, a responder por monossílabos, com patética lassidão na voz, depois de intensa tortura da imaginação, ela prossegue:

– Lembra-te de quanto éramos assim tristes?... Lembra-te, Florian, de como recorremos aos espíritos? Ouvimos conselhos salvadores e voltamos a ser felizes... Não gostarias de consultá-los? Tu, como eu dantes, morres aos poucos. Eu sigo-te... Por muitas razões que desconheço sofres tanto, e eu sofro porque, em te amando, faço minha a tua dor...

Emocionado pela doçura com que a companheira se exprime, o médico vê redobrada a ironia das circunstâncias em que se avulta o carinho de sua Moni. Ignora a esposa que ele não soubera respeitar o intercâmbio com o Mundo Espiritual. Ela conhece tão somente o fruto doce colhido da árvore mediúnica. Não que ele atirara o corrosivo da própria incompreensão às raízes da planta, aniquilando-a. Acusando-se intimamente, deplora o destino da Convulsionaria, de cujos sofrimentos se reconhece culpado. Fixa a esposa, de olhos úmidos.

Monique interpreta-lhe a emotividade por aquiescência e, após um minuto, em que lhe acaricia a face e os cabelos com os dedos finos, procedendo a sutil malabarismo mental, agrupando as palavras, selecionando esta, descartando aquela e enfeixando-as num apelo persuasivo:

– Não te contei ainda que conheci, há algumas semanas, Mme. Lajarrige, cuja filha recebe comunicações do Além. Precisamos delas, de seus bons ofícios. Diz-me o coração que uma vez mais obteremos o consolo e o esclarecimento de que estamos necessitados. Iremos vê-las, querido! O que achas?

Ela se detém, suave, e afaga-lhe com brandura as ondas grisalhas dos cabelos. Florian fixa um ponto no piso, evidentemente contrafeito, mas, entusiasmada, a esposa insiste:

– A situação reclama auxílio, modificação mental. Por que atrasar uma providência que nos será benéfica?

Alinha ponderações com meiguice, e o médico sente-se invadido de esperança. Identifica-se apoiado na mulher, que o sustenta com infatigável ternura.

Ainda assim, hesita... Não descrê da consulta, mas teme os resultados.

– "Que novas surpresas poderão advir dessa invocação ao Além? Acaso, não poderá a Convulsionária regressar de outra vida a fim de me descobrir e condenar-me?!

Imagina Monique devassando-lhe os segredos, ouvindo-lhe a acusação, pela voz da vítima em pessoa, a narrativa completa dos desdouros de sua mocidade, e essa cena mental lhe comunica um temor tão inescondível que lhe enfebrece o rosto. A companheira, no entanto, nem de longe lhe percebe o estado de alma, e promete diligenciar um encontro com as senhoras, dentro do menor espaço de tempo.

PRIMEIRA REUNIÃO

TRÊS dias são passados desde o ajuste familiar.

O salão em casa das Lajarrige adorna-se modestamente para as sigilosas reuniões.

Breve toque de sineta faz abrir a porta.

Vem a anfitriã, pessoalmente, acolher os visitantes. Madame Lajarrige, Coralie Massat para os amigos, senhora de meia-idade, tem simpatia no semblante e doçura na voz. Propiciando-lhe um contraste juvenil, mecha de cabelos brancos irrompe-lhe sobre a testa num coque alto que lhe desvela as orelhas. Usa lunetas de hastes duplas, com armação de chifre. No rosto surgem ocasionalmente os traços dispnéicos da asma insidiosa. É viúva, vinda de Paris em busca do Sol e do calor do meio-dia.

A jovem Lajarrige, a intermediária com o Mundo Espiritual, penetra o recinto. A temperatura ambiente faz com que envergue um xale de cachemira cor-de-rosa a realçar-lhe o corado das faces que duas covinhas enfeitam. Linda, caracteriza-se por modos delicados e meigos. Fala com suavidade e, ao andar, movimenta-se animadamente, agitando as passamanarias do vestido de batista com amplas mangas à moda pagode, traje simples sem os exageros da moda, o que revela ausência das características dos círculos da juventude burguesa em geral.

Ao ser apresentada aos hóspedes, surgem-lhe rubores ao rosto em que se lê um caráter pleno de lenidade e candura. De perfil, ressalta-lhe o louro da cabeleira que um laço de veludo sustém, mantendo a descoberto o suave pescoço e a nuca enfeitada de cachinhos.

Monique espera das Lajarrige o ensejo de renovação do humor de Florian.

Reúnem-se na sala quase severa, forrada com valioso tapete de desenhos persas e onde descansa antiga durindana sobre a chaminé. Na mesa central, profusão de rosas entre o branco e o quase rubro, a famosa *Souvenir de Malmaison.* Um crachá prende papéis na pequenina mesa com pés de cabriolé, a um canto. No piano encapado em seda, sobre álbuns de música, acomoda-se uma espiga de milho primorosamente esculturada – lembrança da América – cujos grãos parecem pepitas de sol cristalizado.

No descanso do instrumento aberto, *Fanfan la Tulipe,* manuscrita em pauta, faz lembrar a canção popular:

Boira, qui voudra, larirette
Comme l'mari' d'notre mère

Doit toujors s'app'ler papa..., que, de Paris alcança a alegria da província. Ao chão, um vaso alto, contemporâneo de Luís XIV, acompanha certamente sucessos de família. A estante de carvalho, com entalhes e caneluras, pejada de volumes bem dispostos, alinha *in-fólios,* encadernações em couro da Rússia, folhas periódicas amarelecidas, destacando-se notícias grifadas do *Constitutionnel,* a *Gazette des Tribunaux* e números da *Revue Encyclopédique.* Estendem-se dois metros de livros, relacionando assuntos em torno dos Espíritos e dos problemas do magnetismo.

Mme. Coralie para deixar os visitantes à vontade, convida-os ao belo pátio ajardinado aos fundos da residência.

Ao ar livre, falam sobre experiências de ordem espiritual, envolvendo sobretudo o magnetismo. A anfitriã acompanhara de perto, em solteira, o famoso caso das aparições do camponês Martin que, em Gallardon, recebera comunicações dos espíritos, dirigidas ao Rei.

– Aprisionaram-no num hospício, mas Luís XVIII, ouvindo falar do caso, recebeu-o em audiência. Foi, em seguida, posto em liberdade. Não tem sido agradável o caminho dos vanguardeiros da revelação espiritual!

A senhora aponta as fauces do leão de granito, a vomitar um jorro d'água na concha posta na relva florida:

– O socorro da Divina Providência, entretanto, jorra em nossas vidas, como aquela água, dia a dia, ininterruptamente. O crepúsculo se adensa, a flor de fogo do Sol murcha no poente. Ao longe, as copas curvadas indicam o itinerário dos ventos. Prosseguindo na mesma ordem de ideias, Mme. Lajarrige vale-se da paisagem e torna a filosofar, fixando no clínico o olhar pestanejante:

– Vemos no horizonte a imagem da vida eterna: por mais que avancemos, permanece inatingível...

Volvendo ao interior, agrupam-se numa sala apainelada de charão vermelho para o intercâmbio com o invisível e a que o casal assiste sem surpresas. Iniciado o trabalho, um grupo de almas se apresenta, incentivando o médico nas tarefas que abraça, insuflando-lhe esperanças novas. Contudo, os comunicantes não se identificam.

Dirige-se um deles em especial ao facultativo, tuteando-o:

– Todas as criaturas são iguais perante o Princípio dos Princípios e o Fim dos Fins: guardam idênticos direitos, obrigam-se aos mesmos deveres, todavia, são diferentes em si, nas tendências e aptidões. À vista disso, és uma individualidade, um ser único: reténs características particularíssimas que te distinguem de todas as demais criaturas diante de Deus. Se as almas são criadas aos grupos, cada uma tem seu número. Se o Criador te insuflou a vida é que precisa de ti. Já pensaste nisso? Somos, cada um de nós, criação personalíssima do Pai, como jamais existiu, não existe e nem existirá nenhuma outra, em qualquer parte do Existente. Por isso, nunca serás demais no mundo. Vives predestinado por Deus a um lugar definido, a um posto definidamente reservado na Vida Universal. Não só do Criador, mas também de ti depende o equilíbrio do Universo. Se desaparecesses haveria uma lacuna impreenchível, um nada absurdo, a Criação estaria incompleta, as Leis Naturais se subverteriam, instalar-se-ia o caos. Já ponderaste no valor que te foi atribuído?

Com a interrogação, o mensageiro corta o fio da prelação qual se auscultasse os efeitos de suas palavras na alma do ouvinte que, de fato, medita surpreendido, mas asserenado.

– Existes – continua a entidade desenvolvendo a sua tese –, eis a verdade mais próxima. E tens qualidades únicas. Não te perturbes ao sopro da adversidade. A Sabedoria Eterna te garante para que possas suportar muito mais e vencer. Não te rendas aos golpes do desencanto! Possuis em ti potencialidades imensas para alcançar vitórias sempre maiores. A Humanidade não te dispensa, o progresso terrestre carece de tua colaboração, a evolução das almas te exige os esforços. Podes alterar, melhorando, centenas de destinos. Já refletiste nessa realidade? Não te amesquinhes na inutilidade, não te inferiorizes no desânimo! O que admiras? Monumentos? Descobertas? Invenções? Obras-primas? Não te confundas! Tudo isso começou em vidas iguais ou piores que a tua vida de hoje! O que lastimas? Cansaço? Ignorância? Doença? Incompreensão? Necessidades? Não te compliques! Existe normalidade em tudo isso e o que haverá de estranhável, em qualquer circunstância, será tão somente o teu mundo íntimo e oferece de ti algo de bom, expondo-te aos outros: compreende, perdoa, ensina, ajuda, trabalha. Foste criado e colocado na vida por Deus e Deus não se engana!

A HISTÓRIA DA FAMÍLIA LAJARRIGE

PELA frincha da janela que olha para o poente, ainda passa uma lista de luz crepuscular. A manifestação cala fundo no espírito de Florian, e a palestra seguinte com as Lajarrige lhe é igualmente benéfica.

Mme. Coralie explica com intimidade maior:

— Quem sente a poesia desenvolve-lhe a significação e acentua-lhe a beleza. Assim também ocorre com relação a Deus: quem lhe admite a existência, amplia-lhe a glória e aprofunda-lhe a grandeza. Os dons espirituais quando se manifestam nas criaturas que se disponham a conduzi-los de modo correto, erguem os santos na memória do povo e, ao mesmo tempo, quando mal orientados, criam os desajustados de todos os tempos. Estamos em meio de fenômenos que solicitam estudo e interpretação adequados. Por essa razão, não mais aceitamos imagens por objeto de culto. A sua significação é tão oca quanto elas próprias e surgem-nos tão insensíveis quanto as massas que as estruturam. Aceitamo-las, sim, por obras de arte, porquanto é impossível que a fé reclame a escultura para viver...

Interrompe-se, parecendo concentrar-se para coordenar os pensamentos e, porque os visitantes exibam sinais de inequívoco interesse:

— Não tenhamos dúvidas! Ocorrências há que não se filiam de modo algum aos sortilégios das antigas superstições. Os *mortos* vivem através dos vivos... — A dona da casa fita o interlocutor de maneira significativa e, séria, aponta filosoficamente: — E tanto fertilizam o terreno dos cemitérios com os seus corpos, quanto nos adubam o campo dos ideais pela inspiração de suas almas. Sempre escutaremos referências a aparições de parentes e amigos; em todas as famílias, em toda parte, são os fatos impropriamente considerados sobrenaturais.

Florian assente com naturalidade:

— Também não descreio. Alegro-me ao verificar que ambos pensamos de modo semelhante, conquanto a senhora observe pessoas influenciadas por espíritos e eu veja doentes...

Madame Lajarrige assume a atitude de quem se sente a gosto e continua sentenciosamente:

— Por isso, rompemos definitivamente com as ideias antigas sobre o destino e abandonamos velhas práticas, até mesmo o luto, pois sabemos que os nossos entes amados não morrem. Prosseguem trabalhando, amando e aprendendo em outras esferas.

E os espíritos dizem que os outros mundos são habitados? – indaga o médico, ao mesmo tempo curioso e gentil, meio sério, meio risonho.

— Sim. A propósito da possibilidade de contato com o que convencionamos denominar *o desconhecido,* preveem os espíritos, para daqui a algumas gerações, a nossa comunicação, mundo a mundo, a começar pelos Planetas que se avizinham da Terra.

No semblante da anfitriã, a serenidade se consolida em forte realce, dando a ideia de que vem sendo adestrada em tolerância, ante as afrontas do ceticismo. E com franqueza, sem presunção:

— Nós, aqui no recesso familiar, sob a inspiração dos espíritos, diminuímos o número de roupas e calçados sobressalentes. Modificamos o tratamento para com os servidores da casa e distribuímos a quase totalidade dos objetos de estima herdados de nossos avós. Quaisquer objetos sem proveito para nós, mesmo aqueles que guardávamos a sete chaves por relíquias domésticas, peças esculpidas por Clodion, devem hoje fazer o conforto e a alegria de outras pessoas. Toda a pompa humana ostenta o brilho fugaz do relâmpago: fulge e entontece. O asseio é o luxo a que devemos aspirar. Depois de nossas novas convicções, tudo quanto nos pareceu excedente em casa vendemos ao adeleiro, aplicando o resultado em roupas para os desnudos de Saint Marceau e do Marais. E trocamos também as perdas de economias e de tempo que a *mouche* e o véspora nos traziam, por atividades de assistência aos necessitados.

Como que alertados pela conversa, os visitantes discretamente examinam a peça em que se acolhem. Toques de bom gosto destacam a singeleza da ornamentação. O tom claro dos móveis refresca o ambiente. Cortinas com paisagens entretecidas à mão disfarçam as janelas cerradas. As confidências e pontos de vista prosseguem:

— Hoje quase nada possuímos em objetos de valor. Tínhamos a casa, meus amigos, por verdadeiro museu de antiguidades. Conrad, meu marido, colecionava telas raras, objetos de sua veneração. Elas nos valeram, sobremaneira, quando, ainda em Paris, nos foi possível socorrer os infortunados de Meudon. Nessa ocasião, aproveitando o entusiasmo do momento, liquidamos com as pratarias e joias hereditárias. Pode parecer estranho, porém, chegamos a conclusões renovadoras após analisar as instruções de Amigos do Invisível, através dos quais alcancei até mesmo inesperada prorrogação de vida, pois melhorei dos meus achaques de asma, acumulando mais paciência para com essa minha companheira de tantos anos...

Os Barrasquié ouvem enlevados as revelações.

Luís de França, o bom rei canonizado pela Igreja de Roma, é o mentor espiritual da jovem Lajarrige, e isso já anteriormente aos seus contatos com o Invisível, isto é, desde que a moça nascera. Recebera o nome de Constance, em homenagem ao amigo espiritual, nome que recorda a torre que o soberano construíra em Aigues-Mortes, em 1248, e que ainda existe.

— É digno de nota que o espírito de Luís de França se refira constantemente e cheio de emoção a um grande missionário das revelações novas. Tem explicado que esse apóstolo já se encontra entre os homens, com o mandato de vulgarizar os conhecimentos da Doutrina dos Mortos.

— E quem é ele? — indaga Florian, interessado.

Silenciam acerca de sua personalidade, entretanto, afirmam-no em França.

O médico aproveita-se do intervalo e procura robustecer-se nas convicções nascentes:

— E Mlle. Lajarrige? Como principiou as relações com os espíritos?

— Iniciou-se nas faculdades espirituais há uns cinco anos, em Paris, ao vislumbrar um vulto escuro às costas de um sacerdote, no momento da confissão. O medo foi tanto que não pôde se explicar ao frade amigo. Em seguida a isso, tudo como que entrou em crise ao redor dela. Fenômenos diversos, aparentemente inexplicáveis, apresentavam-se como terríveis enigmas para nós. Toda casa em que passávamos a morar, de bairro em bairro, ganhava fama de assombrada. Mobilizamos todos os meios ao nosso alcance, tentando livrá-la daquilo que supúnhamos um distúrbio nervoso. Não faltaram exorcismos, operações mágicas, fórmulas cabalísticas, invocações, orações exóticas, práticas que variaram entre empuxões nos cabelos, faixas de pano com propriedades misteriosas que lhes atavam aos braços, até a queima de ervas em certas conjunções astrais. Entretanto, os fatos insólitos escarneciam de nós e persistiam mais evidentes, sempre mais vivos...

A senhora faz breve pausa na qual observa, no outro extremo da sala, onde prepara o fogo da lareira, a figura tranquila da filha, e acrescenta em voz baixa, com carinhoso acento:

— Constance sempre foi boa, desde menina. Compra os pássaros cativos tão só para libertá-los. Visita os enfermos, sem exceção e sem o mínimo receio, quando se trata de moléstias contagiosas, exclusivamente interessada em consolá-los. Nos primeiros tempos, quando as suas faculdades apareceram, houve quem falasse em "mal sagrado", e quem se referisse à obsessão demoníaca. Em verdade, o relato que ela faz das visões era desconcertante. Muitas vezes, em desmaios, sonambulizada, previa acontecimentos marcantes na vida doméstica. Aqui mesmo, no decurso de nossa primeira temporada em Carcassone, por duas ocasiões viu espectros, nas *lices* e sobre o túmulo de Radulph, na Cité, semelhando, na descrição dela, as criaturas que despertassem de um sono de séculos. É curioso notar que, desde o começo, uma voz lhe ressoava na cabeça: "Cristo espera por ti! Cristo espera por ti!" Isso até que, numa festa elegante, em Paris, desmaiou ao contemplar uma tela na galeria de nossos anfitriões, identificando o espírito que vira junto ao sacerdote, no episódio do confessionário. Tratava-se de um homem influente na Revolução. Desde aí, o nosso entendimento se fez mais seguro. Compreendemos a sobrevivência da alma e passamos a promover reuniões de estudos e observações.

– Seu esposo acreditava nos espíritos? – interpela o médico.

Não, era cético. Mas depois, já do Além, numa de nossas sessões, o espírito de Conrad veio a se manifestar. A partir dessa data, periodicamente se comunica, sustentando-nos a esperança e a alegria de viver. Nunca mais voltamos às confissões e às missas, embora conservemos o respeito a todas as práticas religiosas. Mas, doutor, eu o estou talvez maçando com as minhas lembranças – ajunta Mme. Lajarrige, ao colher o médico numa atitude tão cismarenta qual se estivesse distraído.

– Oh! Absolutamente, continue – replica o visitante. – Nem pense nisso!

– Através dos ensinamentos do espírito de meu esposo, desapareceram de nós até mesmo a admiração e o gosto pelas aventuras bélicas e a que ele nos habituara nos seus arroubos patrióticos de homem que atravessara a juventude entre arengas políticas e campos de batalha. Temos aprendido agora a respeitar o valor do militar pelo que ele representa, como apoio da ordem sem a preocupação de chacina, e a venerar a inteligência de um chefe pelo trabalho e dignidade que ela implanta, sem os vícios da astúcia ou da prepotência.

Ausentando-se a jovem Lajarrige, volta a senhora a retratá-la com calor e ternura, e Florian inteira-se de tudo o que diz respeito à jovem intermediária, um anjo que se oculta sob o nome de Constance. Repentinamente, lembra-se de que a vira, tempos atrás, quando o procurara pleiteando auxílio para certa mãe necessitada. Sim, justamente pela socorrida viera a saber que a população carcassonense, nos bairros de penúria, conhece a formosa menina pelo carinhoso apelido de *Le Sourire de Bonté*. O cognome, esclarecera-se Florian, não se prendia apenas à graça sorridente, mas sobretudo à elevação dos conselhos e à generosidade da assistência que ela ministrava aos infelizes, de maneira espontânea, convertendo-se em mensageira de auxílio aos deserdados e consolo dos tristes.

Terminada a tarefa que a distanciara por um quarto de hora, Mlle. Lajarrige, com redobrado interesse por parte do visitante, volta ao grupo, desenvolvendo agradável dissertação sobre os pais e a Picardia, onde tinham nascido. Faísca um par de olhos sonhadores, balouça os jatos louros platinados dos cabelos e recorda o Sr. Lajarrige, que passara às forças combatentes para subir mais depressa no oficialato, e que os obuses não o respeitaram. Falecera na guerra com a Espanha, em 1823. A genitora, e também dirigente das reuniões em que atua como "inspirada", é portadora de asma que a constrange, de tempos em tempos, à mudança de clima. Sentem-se felizes em Carcassone, onde podem gozar de uma atmosfera amena sob o céu do meio-dia.

Interessados, os Barrasquié por sua vez descrevem a própria iniciação nos temas psíquicos, narrando as fortes impressões que lhes haviam ficado do memorável encontro com a Convulsionária. Monique, principalmente, louva o concurso da moça napolitana e as consequências benévolas da intervenção dos espíritos no drama que a situara, quase, em presença da morte.

– Não tivemos depois oportunidades para outras experiências – explica Florian.

E as confidências são permutadas, a compasso de ternura, em pauta da confiança. Brinca o reflexo das chamas, que Constance pusera a brilhar, na alegria das faces.

CONSIDERAÇÕES SOBRE LIVROS

NA QUINTA-FEIRA seguinte, à noite, Florian e Monique voltam à residência das Lajarrige. Nessa ocasião lhes é mostrado o retrato do chefe da família e a biblioteca por ele constituída. O médico, amigo fiel dos livros, surpreso ante a qualidade daqueles que aí encontra, vê aumentar o seu apreço pelas senhoras. Toma de empréstimo um volume azul que contém o *Arcana Coelestia*, de Swedenborg. Mal voltando à casa, põe-se a ler com interesse que não diminui até às últimas páginas, percorrendo com o vidente sueco a multiplicidade dos planos astrais.

Noutro encontro, a Sra. Lajarrige oferece ao clínico e à esposa, velhos números dos "Arquivos de Magnetismo Animal", do Barão d'Hénin de Cuvillers e do "L'Hermès" que estuda o mesmo tema.

— Este saiu a público no verão passado — a dama exibe um exemplar de "O Propagador do Magnetismo Animal".

— Embora o mesmerismo sofra acerbas críticas de sábios, céticos e religiosos diversos é, incontestavelmente, uma ideia que avança.

Admite a senhora que as doutrinas promanadas dos espíritos se difundirão tão depressa quanto às do magnetismo de Deleuze e de Puységur?

— Cremos que os ensinos dos espíritos serão aceitos de igual modo. São eles muito mais importantes para os destinos da Humanidade, preparada no decorrer de quase dois milênios de filosofia cristã para receber diretamente a palavra do Mundo Invisível. Mas talvez por isso mesmo, pela imensa importância que expressa, a ideia da sobrevivência pedirá muito mais abnegação para ser difundida. Aliás, contei-vos o caso do camponês Martin. Por haver recebido mensagens do Além, foi chamado insano e trancafiado no hospício... Melhor destino não aguarda os trabalhadores da causa. A luta apenas se inicia... Se lembrarmos o rastro de fogueiras acesas a partir do martírio de Jeanne D'Arc, compreenderemos melhor o montante de sacrifícios a serem feitos. Mesmo assim, cresce cada vez mais a legião de criaturas assinaladas pelas faculdades de interpretar os espíritos, dos que enxergam além da morte...

Pelas leituras de Wier, de Gence e outros, pelas comunicações do Invisível e as palestras esclarecedoras da Sra. Coralie, profundamente instruída nos fatos do magnetismo e das manifestações espirituais, Florian se atualiza no assunto. Reconhece que Esquirol tinha razão ao libertar os alienados, dentre os quais vê, agora, extenso número de perseguidos por espíritos conturbados.

Munidos de pensamentos novos e incentivos edificantes, de cada reunião se retira desfrutando serenidade maior, conquanto os preconceitos se lhe enraízem ainda no espírito, alentando-lhe as depressões e as considerações derrotistas.

HÁ MUNDOS DENTRO DE OUTROS MUNDOS

DA RESIDÊNCIA das Lajarrige, junto ao movimento do canal e através da sonoridade dos pinheirais, do lado oposto à Cidade Baixa, divisa-se o caminho para Saint Girons. Florian aproveita excursões campestres para refletir e recuperar-se. Ele e a esposa reatam afetuosos diálogos, contemplam a natureza, revisam atitudes, reapercebem-se da beleza da vida, refazem forças.

Como, além dele, necessitado de reajuste e orientação, a saúde frágil de Mme. Coralie requer cuidados, combinam-se reuniões em dias certos, mobilizando-se uma ala da moradia para esse fim.

Dão-se os espíritos a perceber através de pancadas ou se utilizam de Constance em estado sonambúlico. Tais processos do intercâmbio intrigam Florian que, além do remédio às próprias contristações, procura multiplicar objetos de análise. Os comunicantes solicitam seja trazido o concurso de mais alguém ao grupo e, fiel aos seus arejados princípios, a Sra. Lajarrige não hesita em admitir uma honesta servidora da casa. Evita-se, porém, a generalização de qualquer comentário, suscetível de acarretar prejuízos à honorabilidade do clínico e à harmonia das reuniões que se guardam em caráter íntimo. O médico não é capaz, por enquanto, de arrostar com o pragmatismo da classe ou de se arriscar junto à massa supersticiosa, demasiadamente apegada à fé tradicional, embora o avultado número de ateus e livre-pensadores confessos entre as famílias exponenciais do Departamento.

Aqueles reencontros, em torno da espiritualidade superior, a se revestirem de oração e fraternidade, valem para ele por terapêutica providencial. Acalentado pela palavra restaurativa dos espíritos protetores que lhe conhecem as mágoas, sente que as energias se lhe refazem. Muitas vezes, ele, homem sereno pelas características da profissão em si, percebe-se particularmente socorrido pelos amigos intangíveis na agudez dos problemas pessoais, sem que as senhoras tomem conhecimento do endereço real de semelhantes auxílios e chora emocionadamente.

Sim – conclui –, não estava abandonado e, com o apoio espiritual, solucionará o problema crucial de sua atribulada existência. Sob a proteção das entidades manifestantes encontrará um caminho diferente, no qual possa ressarcir os débitos contraídos em sua falência paternal.

Em muitas ocasiões, procura confidenciar-se com os espíritos. Pensa, indagando, e eles falam, respondendo. Agita-se em temores e incertezas qual se trouxesse o peito inflamado de chagas e as mensagens aparecem por balsâmicas duchas.

Antes de cada reunião de intercâmbio espiritual, Monique umas ocasiões, outras a própria Constance, deleitam o ambiente ao piano, dedilhado a tato sutil, preparando clima adequado à edificação dos pensamentos. E, terminadas as tarefas, doces frutos retemperam o grupo fraterno, em meio à animação da palestra sobre os sucessos da noite.

Florian anota de novo os fenômenos para ele surpreendentes. Vez em vez, durante as reuniões, surgem, brando e brando, de lugar impreciso, emanações semelhantes ao incenso de alfazema. Aspira, sôfrego, aqueles aromas que lhe asserenam a convulsionada atmosfera íntima e as dores da alma se lhe atreguam.

Em oportunidades diversas, surgem comunicantes rogando preces, alguns deles em idiomas desconhecidos à pequena assembleia. O espírito de uma jovem que se dá a conhecer pelo nome de Bílnia, afirma-se ligada à família Barrasquié, desde priscas eras, e denota particular ternura por Florian, a quem consagra repetidas expressões de carinho filial. Todas as entidades que se apresentam combatem a escravidão, a avareza, a violência, a tirania doméstica, a crueldade em nome de preconceitos sociais, a fé vazia de obras, a prática do duelo, a caça por simples diversão e confessam-se os pioneiros da era nova, considerando os homens de boa vontade por instrumentos valiosos de serviço ao verdadeiro cristianismo.

Naqueles contatos, Florian haure reconforto, principalmente através das mensagens de Bílnia. A benfeitora que se dá a perceber, qual meiga menina, improvisa quadrinhas perpassadas de emoção infantil, a chamá-lo ternamente de Papai. Comove-se o médico até às lágrimas, ante as filigranas poéticas da amiga invisível.

A entidade, após saudar os presentes e encorajá-los no exercício do bem, fala pela intermediária:

> Papaizinho, eis-me ao teu lado,
> Rogando com muito amor
> Ao nosso Jesus amado,
> Proteja e guarde o senhor!

Certa noite, Florian traz a mente nevoada de melancolia, tem os ombros curvos de desânimo e o espírito recita:

Estou a dizer baixinho,
Numa prece de esperança:
– Na coragem do paizinho
Vive a nossa confiança.

Bílnia desenha pela mão mediúnica, num esboço rápido, mas seguro, pequenino inseto e escreve:

Escute, meu besourinho,
Voe de leve, mansamente,
E vá dizer ao paizinho
Que somos dele somente...

Se o clínico chega fatigado, caminhando a custo para a reunião, eis que a mensageira reaparece a confortá-lo, cantando:

Meu paizinho, meu encanto,
Suplico a Deus, cada dia,
Guardar-te o roteiro santo
No coração da alegria.

Quando dezembro enregela as noites, nos júbilos natalinos, declama quadrinhas, tecendo poema infantil que intitula "Doces Vésperas", sob terno prelúdio:

Enquanto a luz sacrossanta
Do Natal vem a caminho,
Meu coração vibra e canta:
– Meu paizinho! Meu paizinho!

A emoção domina Florian num crescendo, de reunião em reunião, de estrofe em estrofe, revigorando-lhe as energias.

Dizendo repetir as preleções dos Mentores Invisíveis, o espírito transmite conceitos que lhe empolgam a sensibilidade:

– Há mundos dentro de outros mundos, a coexistirem e a se interpenetrarem, recheados de vidas palpitantes. Confiai! Confiai! Tudo quando urdis na Terra ecoa na Espiritualidade; a abóbada do firmamento é a maior cúpula de ressonância de vossas aspirações e de vossas alegrias, de vossos prantos e de vossos ais! A vida dialoga com os homens, segundo o entendimento de cada um. Até agora nos fastos do progresso, as opiniões humanas divergem acerca de tudo. Apenas a provação aparece positivamente inteligível; todos lhe percebem o idioma inarticulado, e ninguém lhe estima a linguagem. Criatura alguma elogia a adversidade ou apologiza o desastre: define-se a dor, entre os homens, como sendo ocorrência invariavelmente detestável. A face disso, possuímos nela o alfabeto mais conciso, em que a vida se faz claramente compreender e em cuja soletração não existem pessoas indiferentes às dificuldades umas das outras. Nessa cartilha de experiência em comum, todas se procuram, se irmanam e se apoiam, em trabalho recíproco. Guerras, calamidades, tribulações ou doenças são termos que a lágrima emprega, burilando a Humanidade, despertando consciências, entretanto, a alma não foi criada tão somente para lhe registrar os apelos e assimilar-lhe as lições. Ao invés disso, objetivos, realizações e maturidade do ser assentam-se na alegria perfeita.

E os ensinamentos prosseguem através de sínteses formosas, após breve silêncio no qual a entidade como que rearticula as próprias lucubrações:

– A dor pode ser interpretada por dialeto da infância, composto por monossílabos dos Estatutos Universais e, considerando-se que todo processo da fala humana também evolui, domina, para em seguida transformar-se, ela, um dia, repontará no terreno do espírito, inteiramente transfigurada, vivendo na lembrança geral por ingrediente educativo já superado, à feição das línguas mortas. Depende de cada criatura preparar-se, a fim de perceber, na existência, outra linguaguem que não a dela. Sofrimento é obra nossa, formação nossa. A Lei vigente na Criação, muito antes de virmos a ser, baseia-se na matemática do amor, lei imutável. Logicamente que para extirpar a aflição de nossa estrada a iniciativa há de partir de nós e não da Lei. O Criador, quando nos insuflou os dons da vida, lançando-nos à luz do Universo, não ignorava que carecíamos de lutar e sofrer, experimentar e conhecer, a benefício próprio. Revolta ou indisciplina, precipitação ou negligência não fazem, nem trazem melhores dias; só o discernimento, apenas o discernimento, conduzir-nos-á para a felicidade da autodoação, em que o serviço aos semelhantes nos investirá, por fim, na plenitude da paz.

"TRANSIRE BENEFACIENDO"

EM OUTRO serão, Bílnia revela nuanças de gravidade nas manifestações, concitando Florian a serviço diferente. Ele deverá colaborar na sustentação e educação de órfãos, auxiliando aos menos felizes através do socorro a obras assistenciais. O beneficiado de tamanhas atenções percebe a alusão espiritual indireta ao deslize pelo qual se responsabiliza e de onde recolhe os tormentosos pesadelos do presente.

Depois disso, decide-se a enviar contribuições a sociedades diversas, notadamente as que vicejam entre as *Filles de Jésus* e as *Fidèles Compagnes de Jésus*, empenhado em amparar a desvalidez da infância, convencido de que assim mais facilmente dissipará o remorso que lhe consome as forças e atenaza a consciência.

Em trabalho conjunto, começam a socorrer mais eficientemente às mães em penúria, ajudam órfãos, esportulam instituições assistenciais, confeccionam enxovais destinados a noivas sem recursos, medicam enfermos e agasalham velhinhos às portas do inverno. Aproveitando migalhas de tempo, realizam visitas de fraternidade a doentes sem recursos, indicados por Florian. E, com isso, o grupo se alivia dos encargos da etiqueta, sustentando-se nos regozijos da intimidade. As sábias advertências dos espíritos tornam-se provérbios comuns entre as duas famílias. Agora, um ou outro necessitado beneficia-se diretamente nas reuniões, e os serviços de solidariedade se repetem, de semana a semana.

Não são poucas as vezes em que mortos queridos se manifestam. Comunicam-se o pai de Monique e um dos avós de Florian. Surge também o instante em que Bílnia anuncia trazer um amigo que propõe a identificar-se e fala, a seguir, o espírito de Narcise Fondanaiche, que ninguém sabia já desligado do corpo carnal, agradecendo o perdão que lhe haviam concedido.

Em meio a essa seara de experiências novas, o médico, embora a casca do rigor cerebral da profissão, que o caracteriza por homem de temperamento analítico, recolhe comovidamente os mimos afetivos de cada manifestante, marcando-lhes as instruções e gravando-as em apontamentos especiais para que lhe sirvam de aviso e consolo nas horas difíceis. Compreende que as entidades lúcidas lhe escoram a alma e lhe derramam bálsamo nas feridas, sempre requeimadas pelos sarcasmos e invectivas de Rossellane, linimento de reconforto, que as companheiras de oração efetivamente não percebem.

A moça insolente continua a visitar-lhe o consultório, entretanto, ele se sente mais acomodado à provação, mais resignado. E Monique lhe observa, satisfeita, a recuperação gradativa. Também ela se refaz. As palavras de benevolência dos espíritos minoram-lhes as dores, estancam-lhes as lágrimas e lixiviam-lhes a coragem, prodigalizando-lhes o remédio de inesperadas consolações.

O ENCONTRO

GANHAM teor diferente as meditações de Florian. O intercâmbio com o Invisível lhe rasga véus na mente, dissipa dúvidas e projeta claridade em muitas das ideias sobre o destino, que se lhe afiguravam obscuras. Por vezes, ao influxo das emoções, algo nas profundezas de seu espírito parece elastecer-se, qual se estivesse conclamado a receber eflúvios de recôndita felicidade, no regaço da vida.

E interessa-se sempre mais intensamente pelas reuniões, instando com Renet a frequentá-las.

O rapaz vem à casa da família Lajarrige. Esquivo, é a primeira sessão a que comparece.

Constance abre-lhe a porta, ao hálito da noite agradável.

Os dois jovens entreolham-se, enternecem-se mutuamente e descem as pálpebras para erguê-las, de novo, encantados, olhos nos olhos, enunciando a reciprocidade da simpatia em confissão sem palavras. A menina cora, e um sorriso esculpe-lhe duas covinhas no rosto. Instantânea afeição irrompe-lhes do intimo.

Tarde da noite, ao se recolherem, ambos se entregam às impressões primeiras do amor. Os sucessos reproduzem-se-lhes na memória com a beleza de um sonho...

E, daí por diante, encontram-se ao entardecer, junto às crucíferas da Porta Narbonnaise, fazem passeios ao nascer da Lua.

Constance, educada na grandeza moral que lhe transparece das mínimas atitudes, não mais consegue reprimir os transportes de inocente veneração pelo jovem vinhateiro. Desde o instante em que lhe descerrava a porta, na visita inicial, a imagem do moço lhe vinca o sentimento de maneira indelével. Já vivia em poucas horas uma existência inteira. Em vão busca lobrigar, em si mesma, as razões daquela emotividade que a envolvera de chofre. Desconhecidos arroubos de esperança povoam-lhe o coração e maneja seu diário íntimo, no qual se retrata em longas páginas plenas do carinho que lhe excita, ao mesmo tempo que descobre renovação em toda parte, qual se a Terra experimentasse, tanto quanto ela própria, modificação substancial.

Mostra-se outra, mais viva, mais alegre. E quem passe defronte à casa, delicia-se em lhe ouvindo o baile dos dedos sobre o marfim das teclas, irradiando júbilos e lágrimas em forma de melodias, conforme as alternativas de esperança e sofrimento que lhe extravazam da juvenilidade dos anseios.

Estimaria expor-se abertamente ao jovem, confiar-lhe os sentimentos, contudo, hesita. Seria erro declarar-se? Não tem, acaso, o direito de se confessar, exprimindo a ele o afeto que a empolga?

Algo porém, coíbe-lhe as manifestações, impedindo-a de se revelar ao eleito. Mimoseia-o com livros, incluindo um Novo Testamento, em separata da Bíblia, cuja encadernação providenciara com esmero, em vermelho marroquim, monogramado em ouro.

Renet oferece-lhe rendas finas do Alto Loire, a *châtelaine* bordada em mimosa trama, que ela guardará para sempre e a caixa de *turlutaine,* capaz de imitar o canto de pássaros diversos. Ambos mantêm colóquios mesclados de afeto, cérebros e corações flutuando em páramos de sonhos, a marcarem as lentas transições que transfundem dois seres na espontaneidade do entendimento. Pouco a pouco certificam-se de que um se continua no outro, com a mesma identidade de gostos e princípios, no deslumbramento de uma fusão espiritual.

As duas famílias acompanham com alegria o romance que se esboça, estabelecendo motivos que o fortaleçam. Monique e Constance colhem na literatura um ponto de estreita ligação; a senhora é cultora fiel da poesia e a menina mostra vocação especial para as belas letras, maravilhando-se com as estrofes da amiga maternal.

Bílnia, que observa a ligação entre Constance e Renet, patrocina a manifestação de poetas domiciliados no Plano Espiritual, compondo clima adequado ao entusiasmo com que se aguarda o futuro.

E os Barrasquié passam a substituir as horas dedicadas ao *écarté* por palestras em torno do porvir das religiões e da evolução humana, entrecortadas pela inteligência das evocações e dos comentários. Assimilam ensinos através do intercâmbio com os espíritos amigos em serões recheados de emoções, que se prolongam noite a dentro, várias vezes, em cada período quinzenal.

O médico ainda não admite francamente o auxílio magnético da imposição de mãos sobre os doentes que desmaiam, conquanto asseverem eles alcançar, com isso, significativa melhoria, quando não seja a cura completa. É que Florian não consegue se desvencilhar, de todo, dos preconceitos científicos. Não se sente à vontade com as operações hipnóticas tendentes a aproximá-lo de Anton Mesmer. Ainda assim, não obstante patenteie a sua idiossincrasia por todas as fórmulas terapêuticas suscetíveis de catalogação no charlatanismo, prestigia os métodos de aliviar adotados pelas entidades, reconhecido à vida nova e à nova confiança que elas, de modo inequívoco, implantam-lhe na alma.

Após a tarefa diurna, Florian descerra a janela e aspira em sorvos profundos o aroma dos limoeiros enflorescidos. O imenso quebra-luz da noite desce sobre a Terra. Rossellane procurara-o horas antes, e apesar de haver entregue a ela, como sempre, soma vultosa, sente-se otimista. Não ignora que mais tarde receberá o conforto da palavra do *desconhecido*. Olha a bruma estelar na face noturna e pensa:

– "Onde estarão elas, as criaturas que me conhecem o drama íntimo e me amparam, indiretamente, com tanta discrição e generosidade?"

Contempla a via pública por onde roda qual sombra na sombra, a *Dormeuse*, a bela viatura de viagem noturna que seguirá pelos caminhos distantes da planície, em direção de Quillan e Toulouse.

AS DESPEDIDAS

VISITAM as Lajarrige o solar, despedindo-se antes do regresso a Paris. Mme. Lajarrige vem experimentando fortes crises de asma, cuja violência desafia todos os cuidados e possibilidades de Florian.

E enquanto os mais velhos se enternecem com gentilezas e lembranças, os jovens descem à rua para o adeus mais íntimo em pracinha adjacente. Recolhe um algibebe as peças expostas e, nas ruas, raras caleças, carriolas e churriões seguem arrastadamente. O banco deserto, entre o alaranjado do jorro de luz de uma lanterna e as sombras azuis de árvores amarradas ao solo por lianas, convida-os ao idílio. Orientam-se na direção dele.

Constance deixa-se conduzir imersa no indescritível da felicidade que lhe dimana do olhar, mais brilhante, mais denso. Um homem passeia rente, fazendo molinete com a bengala. Apesar do rumor à volta, os dois sentem-se à vontade, envoltos no deleite juvenil de uma solidão interior a dois. Adquire o diálogo caráter pessoal.

– Constance... Uma atração e uma esperança imensa nos reúnem... Já o notaste? – Renet pergunta num cicio, tentando ocultar a voz que lhe sai insegura.

Move a moça os trêmulos lábios de mínio e abre-se-lhe a medo:

– Sim, Renet... Pergunto a mim mesma muitas vezes... Uma atração e uma esperança tão grandes, como se explicam se nos conhecemos há tão pouco?!

– Sim! Como?... A menos que, em outros tempos, outras vidas, já nos tenhamos encontrado, já nos tenhamos amado.

Dos olhos dela fogem para ele o que têm de mais terno e sussurra:

– Sim... querido...

Ele apoia o braço nervoso no frio braço do banco, subitamente absorto. Ela se interroga cismarenta e pálida. Depois Renet diz em tom cálido:

– Assim explicariam os espíritos o que sentimos... um para com o outro, não achas?

Constance assente emocionada.

– Sabes agora que eu te amo muito. Assim me amas, Constance?

– Sim, Renet, sim! Nunca amei e nem nunca amarei a ninguém senão a ti.

Constance é convincente, pura, sincera. Pela primeira vez, menina e moça, entrega-se ao amor, assaltada por emoções que até então desconhecera. Suas palavras fazem o coração do namorado inflar de orgulho e alegria. Depois disso, expor os seus sonhos e aspirações diante da mulher que ama lhe parece a entrada de um mundo diferente... Sente-se de alma leve qual se volitasse entre flores e estrelas... É grato a ela sem saber por que, parece que só agora apreende a vida, o mundo, a felicidade...

– Escreverás? – diz ele, em voz ansiosa.

– Sim.

– Todos os dias?

– Sim, todos os dias! Cartas, porém, demoram a chegar... mas sentirás a cada instante os meus pensamentos a volitarem em derredor de ti!

– E o mesmo tu sentirás! Prometo-te pensar em ti a cada instante, a cada vez que respirar!

Ele, arrebatado, toma-lhe a destra, retira-lhe as luvas, beija-lhe as pequeninas unhas em amêndoa. Depois, não mais se falam. Pressionam-se as mãos, em recíprocos afagos, aspiram o capitoso ar da noite, olham o difuso brilho das estrelas.

Caminham os minutos. Constance, mãos trêmulas nas dele, escuta o tanger isócrono dos sinos, e as pancadas parecem-lhe musicais e promissoras. Erguem-se os dois em profundo mutismo, e tornam à casa, felizes, mas torturados pela ideia da distância que lhes antecipa o adeus.

– Espero-te – diz Renet, baixinho, à despedida. – Sim, espera-me! Eu voltarei...

UMA SUSPEITA

SURGE, por fim, a manhã em que Rossellane, após a extorsão costumeira, deixa a sala particular do médico, quando, à porta do consultório, detém-se um landô.

É o dia do natalício de Florian, e Monique, que não o vira sair pela manhã, chega para uma surpresa festiva.

Cruza com a altiva jovem, em que lhe mostra as costas com deliberado desdém, endereçando-lhe um desses singularíssimos olhares que, de mulher para mulher, falam mais do que mil palavras.

O desafio desse olhar, o luxo vulgar da desconhecida e a felinidade de seus ademanes ferem-lhe a atenção.

Mme. Barrasquié ganha em passos, um tanto quanto tardos, os poucos degraus que dão acesso ao consultório e, apreensiva, esbarra, inadvertidamente, nas pernas de um inválido.

Ela se desculpa e, entrando inopinadamente na peça, contrafeita, vê que o esposo estaca, qual se o houvesse apanhado em falta, confuso e incapaz de resguardar o embaraço de que se vê possuído. Esse espanto, esse ar de ladrão achado de mão no cofre, sugere ao espírito da esposa que algo de inconfessável acaba de se passar.

Penosamente surpreendida, Monique nem consegue arremedar um sorriso amarelo. De súbito sente-se agoniada.

E sem conseguir recompor-se e disfarçar, ei-lo que mais se condena, rubro do mento aos cabelos, a custo gaguejando as palavras:

– Tu aqui? A que vieste a esta hora?...

Ela percebe de imediato a gravidade do momento e retrai-se na secura dos monossílabos.

Essa alma sensível, à maneira de jardim desprotegido, pela primeira vez se abre – com o desconforto do incidente – à desconfiança. E, com a desconfiança, irrompe, devastadora, a praga do ciúme.

Longamente trabalhado pelos pensamentos de culpa, o marido faz-se menino trêmulo, colhido em erro pela professora a quem ama, em cuja face a reprovação cresce na medida em que se lhe expandem, no rosto, os sinais do choque sofrido. A muda censura da companheira atinge-o qual martelada. Num átimo, compreende-se acusado por falta de que é inocente. Monique, que vivera providencialmente arredada dos seus segredos de pai clandestino, decerto que lhe analisa o susto na posição de esposa e supõe-se afrontada por vulgar rival, embora bela e jovem.

Florian tem ímpetos de rojar-se aos pés da companheira, delatar-se, chorar, suplicar-lhe perdão pelas leviandades de quase vinte anos antes e desoprimir-se. Entretanto, tudo isso lhe é impossível. A algidez do suor empasta-lhe a fronte, a língua esmorece-lhe e só com visível dificuldade sustenta o corpo de pé para não cair.

Enquanto isso, o olhar de Monique satura-se de suspeitas, pontilha-se de interrogações. Pequeno músculo começa a crispar-lhe numa das pálpebras. Investiga o ambiente ainda saturado do perfume forte da desconhecida, quer confirmar-se no próprio julgamento e, de alma quebrada, passa a dialogar consigo mesma.

– "Por que tamanha perturbação no ânimo de Florian, que não me esperava a presença? Que jovem será essa que parecia tão íntima ao consultório? Não estará, aqui, a chave do enigma que, de longo tempo, tortura-me? Haverá relação entre um fato e outro? Estará agindo incorretamente? As suas mãos estão trêmulas! E desde quando está Florian triste sem motivo aparente! Esposo mudado! A casa alterada, as noites de mágoa em que lhe ouço os passos nervosos! Essas esquivanças e rabujices não significarão tédio, aflição por se livrar de mim, de modo a entregar-se ao amor de outra? Não posso estar enganada, aqui está a chave do enigma! É por isso que mudou tanto de uns tempos para cá. Sua alma sempre aberta a mim, agora está fechada! Não fala, constrange-se à minha frente, parece até que se envergonha de mim! Esta jovem... esta jovem, quem será?"

Monique remata a reflexão:

– "A consciência o acusa!"

E sente-se esmagada, diante da ideia de que Florian possa dividir carinho e dedicação entre ela e outra... Com a morte na alma, interpela o marido com os olhos. Sempre o julgara uma criatura superior, o esposo perfeito. O súbito aniquilamento da alegria que viera buscar num dia de aniversário fá-la inerme e estarrecida. Julga-se humilhada. Lágrimas alvoroçadas se lhe represam nos olhos. É-lhe preciso recorrer a todas as reservas de valor moral para não destruir, num minuto, a veneração e a respeitabilidade de uma vida inteira... O diálogo que viera entabular, que trouxera morno de ternura, um sopro em que se apercebe o frio da descrença, faz gelar. Outro assunto ocupa-lhe a mente. Pela expressão do rosto nota-se que chega ao limiar desse novo tema, porém, não sabe como convertê-lo em palavras.

Ainda assim, Monique não deseja discussões e, por isso, faz retirada instantânea, como alguém que se afasta para se socorrer depois de imprevista agressão, deixando o esposo entregue ao novo suplicio...

Ai dele, aqui se acostumara a medicar a dor alheia, sem nunca pensar que também aqui desfaleceria sob o peso de terríveis padecimentos, sem mãos que o amparem.

Pende-lhe a cabeça atormentada sobre o peito que as lágrimas sufocam. Leu no rosto da esposa a suspeição, a censura, e acicata-se-lhe a alma. Vê-se entre o malho e a bigorna, avalia o preço com que lhe cabe ressarcir as culpas do passado, ao câmbio das ações mal-interpretadas, dos juízos injustos, do repúdio e do desprezo.

– "Deus de Bondade!" – grita por dentro. – "Moni, minha Moni vai fazer pedra de escândalo com Rossellane! Ter ciúmes de minha própria filha, de minha filha cujo silêncio vivo comprando a peso de ouro! Irrisão! Absurdo! Irônico absurdo!..."

Aflito, no deserto a que se sente atirado, busca refúgio nas lembranças de Bílnia e como que lhe ouve a voz suave:

– "Confiai, confiai! Tudo quanto urdis na Terra ecoa na Espiritualidade: a abóbada do firmamento é a maior cúpula de ressonância de vossas aspirações e de vossas alegrias, de vossos prantos e de vossos ais!"

A VIDA ÍNTIMA DE MUITOS CASAIS

ADEUS do verão, anúncios de outono! O tambor do primeiro aguaceiro rufa violentamente nos telhados. As ruínas da Cité se metalizam brilhantes. O tráfego no canal se faz tardo. As cameleiras, os rododendros, os *boules-de-neige* empapados de umidade perdem as primeiras folhas.

Monique, pelas vidraças lacrimosas, olha o seu velho *rosier-jacqueminot* que se encurva pensativo entre as bátegas da chuva. Entre ela e o marido, a estranha situação: a desconfiança alentando a dúvida, a dúvida aninhando o ciúme. No rastro da prevenção, observa o esposo com a atenção cautelosa de uma pega. Bem dissera Molière: – *La curiosité naît de la jalousie*; ela, que jamais se interessara por mexericos provincianos, tem a cabeça agora ardendo em curiosidade, multiplicando as indagações clássicas: por que outra? quem é ela? que faz? de onde veio?

A senhora Barrasquié traz consigo a tristeza da paisagem chuvosa. O esposo acaba de sair após haverem trocado observações impessoais, a propósito da exploração do Canal, cujas ações, menos as que estavam em mãos de particulares, uma ordenança, há algum tempo, fizera retornar às mãos da família Caraman. Depois do entendimento rápido, caíra o silêncio longo demais entre os dois, silêncio que os pingos dágua pareciam reticenciar amargamente lá fora...

As circunstâncias complicam-se para Florian. Ele julga preferível o ciúme da esposa ao desgosto que lhe acarretaria o conhecimento da paternidade inconfessável de que se inculpa, e a mente se lhe confunde entre a dor dos ajuizamentos temerários e as vergastas do remorso, em refletindo na esposa. Por outro lado, aspiraria a tratar Rossellane com ternura paternal, entretanto, a cada dia, torna-se mais ríspido em relação a ela, que se agiganta em desfaçatez. O cérebro se lhe concentra em torno do nó que o passado arremessa frente aos seus passos, à feição de brasa monolítica. Sente-se emaranhado nas peias indeslindáveis da intriga e compara-se a alguém que expira, gradativamente, num cárcere incendiado, sem qualquer socorro à vista.

Monique contempla as agulhas da chuva que bordam o céu crepuscular, remoendo os ciúmes. "Ela", sempre "ela", a "jovem do gabinete" se lhe tornara ideia fixa. Recorda a entrevista que mantivera com Aline, atendente na clínica do esposo, a moça simples de Herminis, tempos atrás curada por Florian e que fora moldada às exigências do serviço, tornando-se extremamente afeiçoada ao casal.

– Aline, que menina vem a ser essa? –perguntara, curvando a cabeça no espaldar da poltrona, ao modo do cordeiro que espera pacientemente o golpe da morte, sem se defender.

O rosto da interpelada, a que algumas sardas discretas emprestavam encanto singular, cobrira-se de púrpura. Retirara a capelina, subitamente encalorada.

Semelhante mal-estar não lhe deixara dúvidas. A serviçal modesta certamente vivia cheia de um nojo que o respeito lhe ordenava reprimir. Não precisaria se manifestar em palavras. Aquela face naturalmente ruborizada de vergonha era uma confissão eloquente demais.

Mas Aline não negara conhecer as visitas constantes da jovem misteriosa que, realmente, não podia identificar. Monique se inteirara da curta biografia verbal. A moça chegava, trancava-se com o doutor, falava em cicios e, às vezes, dava a ideia de que se ria, à socapa.

– Sei que se chama Rossellane e que não é da cidade. Vive só, mas frequenta festas e viaja sempre com luxo e dispendiosamente. É petulante... Conversa comigo com autoridade e se não obedeço, faz-se insolente... Não quer saber se temos enfermos por socorrer... E de cada vez que noto o senhor doutor em dificuldade para atendê-la, não obstante suas reclamações e pressa, é um Deus-nos-acuda! Necessito permanecer muito controlada na obrigação para não me comprometer em gritarias desnecessárias... Madame, não queira saber!

E, inconscientemente, de frase em frase, a enfermeira consolidara-lhe no espírito a convicção da própria infelicidade, do infortúnio da mulher que se sabe moralmente retalhada pela traição conjugal.

– E as visitas são ligeiras?

– Para um homem de tempo curto, como acontece com doutor Florian, demora-se aqui até demais... E isso é de semana em semana... E se o doutor atrasa em recebê-la, ai de nós!

– E que diz Florian de tudo isso? Não renova instruções? Não se irrita? – inquirira ainda, toda olhos e toda ouvidos, sem querer perder uma sílaba da resposta.

– Madame compreende... Se o doutor Florian nunca se refere a segredos e questões dos doentes que o procuram, decerto que, reservado quanto é, não comentaria os problemas dessa moça esquisita que não nos trata com polidez e nem mostra simpatia pelos doentes... Não é portadora de nenhuma enfermidade do corpo que eu saiba e também não é uma necessitada, pois sempre vem a esta casa de sofrimento, em coche vistoso, ostentando uma pompa que eu nunca vi nas senhoras mais ricas, no ensejo de simples consultas médicas.

Deitara para Monique um olhar cheio de finura, caracteristicamente feminino e que a fizera indagar:

– E tu... tu ficas no consultório quando ele a atende?

Aline balançara a cabeça, negando com energia:

– Oh! Não, não... se ela entra na sala, imediatamente o doutor Florian me recomenda sair...

De tal entendimento, voltara esmagada. Monique passa em revista as suas lembranças, convoca episódios esquecidos, encadeando ideias dispersas. Recorda-se de como, ciente desses dados comprometedores, nesse mesmo dia se comunicara com Florian:

– Querido, não suporto mais! Preciso falar-te... uma confissão que me pesa! Seria insincera se calasse... Dize-me quem é a moça que te visita semanalmente no consultório? Já sei que não é doente! Quem é? Filha de algum amigo que te recorre à proteção? Alguma parenta bastarda que te desconheço em família? Quem é afinal? Dize, explica-me!... Posso ser tola, mas tenho direito a sentir os ciúmes que me perturbam. Ela é tão jovem, poderia ser tua filha!

Florian, desorientado, gaguejara desculpas. No esforço de fingir, o suor de comoção lhe encharcara as têmporas. Supusera ouvir-lhe o coração a bater de encontro às costelas. Inventara pormenores em torno de suposta moléstia em Rossellane, que interpretara por doente mental, contudo, desajeitado ao mentir no improviso da surpresa, erguera-se de repelão, andara de um móvel a outro, tamborilara os dedos, exibindo o agravante de um nervosismo que não soubera evitar.

– Que infantilidade, Monique! Tanta curiosidade por nada! Uma simples cliente!

Diante dessas palavras, denotando irritação, de vez que a nomeia, habitualmente, pela afetuosa abreviatura de Moni, sugerira com o objetivo de reconquistarem a paz:

– Então, peço-te! Entrega o caso a outro colega!

– Mas, Monique, não posso. Esta é uma responsabilidade minha, intransferível!

– Por quê? Por que intransferível? Quando adoeces, ou viajas, encarregas os colegas de teus pacientes. Não seria esta a primeira vez. Que mosca te picou?... Podes confiá-la a Fluchieu. Não dizes que se trata de uma enferma de nervos? Fluchieu especializou-se em Viena exatamente nisso. Tu mesmo o reconheces mais apto do que tu para essa diagnose e esse tratamento. Ao contrário do que dizes, parece-me que tens todos os motivos para a transferência.

– Não, não posso, não posso escorraçá-la!

– Não peço que a escorraces, simplesmente que a mandes a outro médico, ao teu amigo Fluchieu!

Florian encerrara a conversa com brusquidão:

– Ela reside em Coursan, vive muitos problemas, impossível negar-lhe o meu auxílio. Peço-te que não tornes ao assunto, mesmo porque eu não teria mais nada a dizer.

Monique relembra a rispidez com que se interrompera, ausentando-se às súbitas, zangado e incapaz de perceber que lhe falara em voz áspera, impondo-lhe à sensibilidade as consequências de uma agressão.

CIÚME CONTRA CIÚME

Ondula a chuva entre as escamas das ardósias, toca um pizicato nas vidraças, desce em cordas d'água dos beirais, escoacha em gargarejos pelas bocas-de-lobo sobre o pátio. Na lareira, as labaredas dançam à maneira de pétalas ao vento. Florian também medita e recompõe outra cena, de poucos dias antes...

Exausto, chegara à casa mais cedo, após nova entrevista com a extorsionária. Encontrara Monique, desta vez, diante das gavetas abertas do *bonheur-du- our*, lendo o que supõe ser cartas. Ela se levantara precipitada, rubra, recolhera os documentos entre as mãos trêmulas e trancara-os com a pequena chave que recolhera ao decote.

A rápida cena subvertera a corrente interior dos seus pensamentos. Desequilibrado, entre os espinhos da dúvida e os acúleos do remorso, as torturas do ciúme lhe haviam tempestuado, também a ele, o espírito em desesperação. Otelo a seu modo, entregara-se a ímpetos de insânia.

– "Monique julga-me infiel. Julga-me por si. Atribui-me o que faz, é isso!"

Varara dias e dias macambúzio. E, na véspera, caíra de um salto sobre o móvel que rangera, esparramando caixas de obreias e plumas, fazendo espatifar no tapete primorosas faianças de Delft.

– Então é isso! Apanhei-te! – gritara. – Entrega-me as cartas!

Num impulso de reação natural, Monique tentara ocultá-las, defendendo-as às costas. Ele, entretanto, arrebatara-lhe as laudas e, apesar dos esforços da esposa perplexa por reavê-las, tinha podido empalmá-las com segurança.

Em pânico, o rosto da senhora fizera-se cor de cinabre.

Com ares de triunfo, ele abrira apressadamente os invólucros, murmurando frases desconexas, antecipando disparatadas ameaças.

– Leiamos o trovador de madame!... Justificam-se, assim, os teus ciúmes: julgas-me pelas medidas que tens!

Apertara entre as mãos as folhas de papel adamascado, entremeadas de ramilhetes secos. Desdobrara-as, precipitadamente, e fora de encontro à caligrafia da esposa em linhas certas, as letras de talhe simples, os títulos em ronde e, em alguns trechos, caracteres convulsos. A princípio, tivera dificuldades em ler o documentário ornado com aparato afetivo, não só porque no anseio de apreender a significação final das frases, saltava expressões, como também porque lágrimas antigas haviam enodoado grupos de palavras, tornando-as obscuras ou ilegíveis.

Monique, reequilibrando-se mentalmente, conquanto chorasse, fixava-o com indisfarçável censura.

A avidez do olhar dele devorara a primeira página, descerrando delicado repositório de confidência, retalhadas de sentida emoção. Ruborescendo-se de pejo a cada período, revoltara-se de início, espantando-se, por fim, com a estranha confissão que o jornal íntimo desvendava:

"Que valem as minhas reminiscências de que não participas? Que são todas as mortificações, todas as desventuras, em face de nosso amor, dessa felicidade indizível? Quais dois ponteiros de relógio, nossos corações se encontram hora a hora, dia a dia... Mas, longe de ti, meu Florian, sinto que a hora parece compor-se de mil minutos, que o dia parece entretecido por mil horas..."

Continha a página seguinte estrofes femininas que lia e relia emocionado, reajustando impressões:

ASPIRAÇÃO

Versos ao meu Florian.
Quer o astro – ninho em fulgor –
O espaço claro e perfeito.
Quer o rio dar-se ao leito,
A estrela quer a amplidão...
O dia quer esplendor,
Pede a noite a luz da Lua,
E eu aspiro a ser mais sua,
Amor do meu coração!...
No mundo, há festa de cores...
Fulgem, no céu, almos lares...
Sirius... Vega... Lira... Antares...
No jardins do Além se vê...
Mas, entre as pompas e as flores
Que brilham na etérea estrada,
Ditosa e maravilhada,
Só vejo um sol que é você!...
Grandeza... púrpura... glória...
Fausto... beleza... renome...
Ah! Tudo a vida consome
No tempo renovador,
Mas a cinza merencórea
Que a tudo alaga e nivela,
Ressurge, sempre mais bela,

A chama de meu amor!...
Desde a celeste nascente
Em que o espírito se espalma,
Em tudo, herói de minh'alma,
É você meu par divino...
– "Amá-lo infinitamente" –,
É o bem que aos seus pés deponho;
– "Segui-lo" – é todo o meu sonho;
– "Pertencer-lhe" – é o meu destino!

As cartas estavam perfumadas, pétalas de rosa, em tons esmaecidos, mesclavam-se às laudas de sinete aposto, com tarjas douradas. A escrita cursiva, que ele admira tanto, coloria o papel de fora a fora. Em tinta nova, cor de violeta, a elegância das linhas continuava, lucilando em cada frase amorosa um transbordamento impossível de conter, no estilo feminino simples na forma, dramático no conteúdo.

Correra os olhos de página em página, colhendo ao acaso apontamentos sentidos quais estes:

"Dize-me, meu Florian, o que fiz para sofrer essa rival? Quero corrigir-me, penitenciar-me! Dize-me! Dá-me um só ensejo de reabilitação, ajuda-me! Tudo farei para reaver-te a confiança!"

Vira, melancólico, contra o fundo móvel das chamas que lhe projetavam revérberos na face, em palidez agônica, as letras redigindo, coesas, as declarações, os mimos poéticos, as frases torturadas, desfeitas em rastros cor de ouro aos borrões das lágrimas, exprimindo o calvário da companheira que ansiara transferir ao silêncio do papel o seu longo martírio.

O esposo rememora os sucessos do dia anterior, entre envergonhado e abatido. Lembra-se com pesar do ridículo a que se precipitara, prejulgando a companheira de conduta ilibada... Aquelas cartas todas, os versos estruturados em fidelidade, semelhando cânticos de carinho, haviam sido consagrados a ele pela esposa apaixonada, a erigir-lhe um pedestal luminescente no coração, como se fosse herói ou santo. As páginas rescendentes de amor e de aflição constituíam o retrato mais vivo de sua Moni – da Moni que arrancara a própria alma, através da confissão escrita, para estendê-la, humilde, aos seus pés.

Readquire o sentimento com que finalizara a leitura do afetuoso documentário. As folhas, tintas de letras, haviam-lhe marcado os dedos. Chorara também sobre aqueles rastros de pranto. Caracteres e linhas se tinham baralhado ante sua vista. O peito como que se lhe rebentara à calidez do influxo das lágrimas. Suas faces requeimaram-se de vergonha e contrição e, por último, o silêncio da sala estilhaçara-se aos seus soluços.

Indizível enternecimento apoderara-se dele e, cingindo a esposa também vencida, colara-lhe à face os lábios ardentes, beijando-a sofregamente, misturando júbilo e sofrimento. Rogara-lhe o perdão, recolhendo a cabeça torturada em seu regaço, ajoelhando-se aos seus pés, proclamando-se um verme ante a sua pureza, em meio ao arrebatamento das expressões. E, assim, haviam chorado os dois, abraçados, em larga efusão de alegria, desafogando as almas constringidas nos liames da prova.

Com as reuniões de intercâmbio espiritual temporariamente suspensas pela ausência da Sra. Lajarrige e de sua filha, vê-se Florian privado das consolações que haure nas palavras benevolentes dos benfeitores invisíveis.

Sente-se solitário e profundamente triste... Verifica que as labaredas se lhe embaçam a visão e percebe que chora.

Imóvel, rente à janela, o rosto de Monique assemelha-se à vidraça que grossos fios líquidos vão lavando: ela chora igualmente.

E lá fora, a cidade, no luto recente do dia morto, fita as montanhas distantes, a Oeste, por onde fugiu a luz. E o céu, por sua vez, chora compridas lágrimas na face álgida da noite.

OS VIAJANTES

À BOLEIA, uma voz clara canta com tristeza os versos da romance *Fleuve du Tage*:

> *Jours de tendresse*
> *Comme un beau songe on fui;*
> *Jours de tristesse,*
> *De chagrin et d'ennui,*
> *Loin de ma douce amie*
> *Dèsormais, de ma vie,*
> *Vont pour toujours*
> *Hélas! Flétrir le cours...*

Pela estrada ondulante, a *dame blanche,* diligência de dois compartimentos, roda na direção de Paris. Muito para trás ficaram os campos do Aude. O canto do postilhão embala os viajantes. Monique, no chapeuzinho de viagem em felpa de seda roxa, adormeceu.

Barrasquié divide olhares entre ela e a paisagem, que os aguaceiros da semana anterior reverdeceram em exuberâncias de brotos, nos quais ramos são pêndulos marcando o compasso morno do vento. À margem do caminho, espessas raízes sobressaem entre fetos e lariços, quais pernas retorcidas, disformes pedestais das árvores.

Propusera Florian à esposa uma viagem de recreio, análoga às que haviam feito nos primeiros tempos de suas núpcias. A renovação de ambientes e a mudança de ares lhes seriam favoráveis à cicatrização das chagas íntimas.

Monique, imaginando que o caso do esposo pudesse concomitantemente configurar-se num problema de *surmenage* e considerando a hipótese da ausência auxiliar o seu querido Florian a esquecer a tempestuosa ligação, aceitara o convite.

Escolheram Paris, onde lhes será possível abraçar amigos e rever as Lajarrige, além da possibilidade de se reentreterem nos sítios da antiga lua de mel. Traçaram planos, prelibando passeios no Bosque de Bolonha e espetáculos, principalmente os teatros e a ópera. Enquanto a esposa inventariara relações, Florian traçara o propósito de retornar à Escola de Medicina em que se diplomara. Tem fome de conferências, aulas e conversações que lhe atualizem obrigações e conhecimentos. Pretende visitar um colega, o grande Larrey, de quem é apaixonado admirador. O casal se propõe a dissipar no burburinho da metrópole, as névoas e as amofinações da vida na província. Sobretudo, ambos aspiram a apagar, em definitivo, os sinais daquelas últimas semanas de pesadelos.

Dois dias de marcha no rumo da Capital. Os Barrasquié seguem a sós. Junho avança, e a Renet não fora possível acompanhá-los, embora o desejasse, atarefado que se encontra a dirigir, em começos de estação, os trabalhos de limpeza das vinhas. A monda pede velar.

Nas últimas horas da viagem, próximos às barreiras de Paris, os excursionistas conversam, não obstante a fadiga. Reajustam impressões dos sítios que atravessam e deliberam quanto à chegada. Contam hospedar-se com velhos parentes de Barrasquié à Rue Royale, gente carinhosa junto de quem esperam descansar quatro ou mais semanas. Familiares e amigos que lhes usufruem, de longe em longe, o acolhimento em Carcassone, decerto que lhes farão esquecer rixas e mágoas. Marido e mulher se entregam esperançosamente às ideias de refazimento e reaproximação.

Monique comenta pormenores da paisagem, antecipa as surpresas que os esperam, as novidades do *Faubourg Saint Honoré*, entretanto Florian sente os olhos pesados, sempre mais pesados, e adormece escutando, mais e mais distantes, os versos que o postilhão vai cantando:

Rocher, bois de la rive,
Echo, nymphe plaintive,
Adieu! Je vais
Vous quitter pour jamais..

O veículo avança vagaroso; os cavalos, em trote frouxo, lerdeiam sonolentos.

O RETORNO DOS BELOS DIAS

A MESMA diligência traz os Barrasquié de volta a Carcassone.

A breve mudança lhes refizera a alegria. A Sra. Lajarrige e a filha, cuja convivência em Paris lhes enriquecera de paz a confiança, acompanham-nos ao regresso. Aquele reencontro lhes assegurara pleno êxito ao passeio. A Sra. Coralie restabelecera-se. Na casa da Rue du Bac, onde as Lajarrige se hospedavam, já as reuniões de contatos espirituais, num círculo de estudiosos e amigos, haviam sido reiniciadas. Os fenômenos e as revelações, permeados de consolos e ensinos, traziam o grupo em clima de felicidade. Monique e Florian, como era de esperar, banharam-se em correntes mentais de reconforto e sentiam-se rejuvenescidos.

A esse respeito, quase impossibilitados de manter a fluência da conversação ante o barulho das rodas, entendem-se os viajantes, palestrando a três. A três porque Constance devaneia, entre um cochilo e outro, quando não se distrai à janela, mirando as galhadas onde piam e saltam os serins. A *turlutaine* que Renet lhe dera imita o canto do serim... Os espertos passarinhos e a caixa que lhe fora dada põem-lhe Renet à frente dos olhos da imaginação. Mas não são os serins apenas que fazem Constance pensar no jovem Barrasquié. Ela o tem sempre na memória.

– "Terá recebido minha carta derradeira?" – reflete embevecida.

As pupilas fagulham-lhe o *quê* imponderável do amor, a transparecer-lhe entre recordações e sonhos. Cintilam-lhe os pensamentos no olhar com tanta intensidade, que a bela criança parece entretecer para o amado a auréola dos santos. Veste-o com as suaves cores dos seus devaneios inocentes e, com isso, o porte do jovem se lhe engrandece ante o próprio conceito pessoal.

Constance sabe que o médico e a esposa apoiam a ideia do casamento e, naquele instante, supõe ouvir de novo a palavra do almejado sogro, ao dizer, dias antes, a Mme. Lajarrige:

– Quem nos dera vê-lo casado! Nós nos orgulharíamos de Constance!

Realmente, os hábitos provincianos, sem acontecimentos extraordinários, sem atividades intensas e sem novidades que avancem para além da rotina, induzem a juventude ao matrimônio mais cedo. Constance entende tudo isso e, mais que isso, analisara suficientemente a atitude preparatória dos Barrasquié, providenciando reformas no *manoir*, onde o filho, em breve, estará com residência definitiva.

Ansiosa pelo reencontro, o olhar da moça revela saudade e impaciência. Constance sente o crepitar de vida nova nas artérias. Renet ocupa-lhe o maior quinhão do espaço mental. Os momentos passados junto dele lhe haviam sido os melhores da existência, festas para a sua alma. A modulação de sua voz quente, o modo como inclina a cabeça ao sorrir, o contato de sua mão protetora, o luzir de seus olhos por entre os cílios fartos, seus gestos povoam-lhe a alma com mundos de amor.

Aos gritos guturais hip! hip! do condutor, a diligência mais e mais se aproxima de Carcassone, e ela se reanima conjeturando quanto aos passeios a que se entregará em companhia do eleito; prevê a próxima estação, o outono que chegará, vestindo as vinhas em montões de ouro velho, as peregrinações através dos campos, entre as árvores desnudas silhuetadas contra a luz do luar, as longas excursões de barco sobre a água arrepiada, bordejando o Aude, acariciados pela ramaria dos salgueiros a se erguerem nos braços fluidos do vento, formando turbilhões...

E seus cabelos soltos, em bucles doirados, a lhe envolverem os traços ameigados pelo amor, fingirão os laços com que Renet, instintivamente, aprisiona-lhe o coração.

A PROPÓSITO DE UMA DECEPÇÃO

FAZ-SE pesado silêncio em torno à mesa de intercâmbio com os espíritos. Muitas semanas passaram-se desde que os viajantes se reacomodaram à intimidade doméstica. Chegada a noite em que o agrupamento deve retomar as entrevistas com as inteligências invisíveis, Constance, espontaneamente, confia-se às funções de intermediária.

Na penumbra crepuscular da sala, Renet observa que a moça, vagarosamente, transfigura-se. Tem os lábios evanescidos, arfa-lhe o peito, sua fronte perla-se de suor, as mãos lhe tremem. Franze a face cansada e seus nervos se contraem tensos.

Mas o transe continua. Sua respiração enuncia-se penosa e, de repente, inflexões desconhecidas vibram-lhe na rouquidão da voz, dando a perceber que se trata de manifestação de tom marcadamente masculino. Seguida de gestos abruptos, dor muito antiga vai falar pelos lábios de Constance.

Fatigadamente, de sua garganta escapam gemidos. O espírito infeliz, através da jovem, assemelha-se à lagarta ascosa sobre a rosa de pétalas cetíneas, nuvem de sombra eclipsando a luz da estrela.

O comunicante entreabre-lhe e entrecerra-lhe os olhos, qual se mirasse, com surpresa e atenção, a sala pacificada em meias luzes. As palavras incisivas que articula trazem a Renet, incipiente em socorro às entidades atormentadas, impertinente mal-estar. Habituara-se ao reconforto das manifestações de Bílnia e retrai-se, receoso. Através da rudeza das expressões, discorre o hóspede invisível, marcando as vírgulas e os pontos com timbre imponente.

– Ai de nós, ai de nós! Oculta-se a dor na estrutura do corpo humano, ronda-lhe a superfície, por fim, atinge-a. Pique-se a carne do homem, seja onde for, e abre-se ferida por onde borbulha o sangue e nasce a dor. O corpo do espírito já não é assim. A dor moral, no entanto, é muito mais severa. .. Leve toque de remorso e a nossa carruagem espiritual sofre indescritíveis aflições como se expelíssemos lava comburente! Ressurja em nós, fora do coche material, a mínima lembrança de males que tenhamos causado aos outros e a nossa memória se transforma, de imediato, em carrasco de nós mesmos, recapitulando não apenas os pormenores dos atos deploráveis que praticamos, mas também as consequências das faltas de que nos inculpamos, qual se estivéssemos encadeados por espelhos e correntes intangíveis, aos padecimentos e às lagrimas de nossas vítimas! Ai de nós, meus irmãos! Ai de nós, os que tombamos no crime! Orai por nós, os encarcerados nas prisões de si próprios! Vossa prece, em nosso favor, é semelhante ao lume que a caridade leva aos caminheiros da vida, transviados nas trevas!

O manifestante engasga-se. A face de Constance, transformada em máscara de tragédia, encharca-se agora de suor e pranto.

Renet, assombrado, não consegue disfarçar o desencanto que se apodera dele e suspira aborrecido. Constance rola-lhe do trono afetivo. Reporta-se mentalmente à leitura de contos fantásticos. A meiga criatura a quem se afeiçoava por sua noiva, aparece-lhe, às súbitas, corruptível, bruxa sujeita a asquerosas metamorfoses que ele não aceita e não pode compreender. Não, não a desposará, pensa desalentado. Carregando superstições e preconceitos de que ainda não conseguira se libertar, repele inesperadamente o carinho que consagra à jovem, como se o fenômeno em curso se lhe erigisse em ducha fria sobre a chama do amor.

Penosamente surpreendido, o moço Barrasquié anseia largar aquela casa, esquecer Constance, partir.

"SANCTA SIMPLICITAS"

CONSTANCE chora, a sós no quarto. Dias e dias haviam transcorrido, sem que Renet voltasse a vê-la. Sobre a arca de couro de alças em arco, descerra o livro em capa cor de vinho e lê, aqui e ali, nas páginas de linhas azuis, as pinceladas do seu sentimento, em estilo poético, na ingenuidade dos exclamativos:

"Maio, 3 – Brilha a aurora do amor em minha vida. Parece-me que de há muito tempo me apronto para amá-lo. É curioso que eu tenha vivido estes dezoito anos tão somente para descobri-lo. Creio tenha sido necessária semelhante preparação. E foi tudo tão espontâneo, tão natural quando nos vimos! Olvidei tudo aquilo que nos precedeu o encontro sublime, tudo se esfumou para que ele me dominasse o coração.

Junto dele, meu Deus, sinto-me arremessada para fora do mundo, tudo nele é arrebatador... Ele sempre! nele, o meu destino!

Maio, 8 – Caminhei pelo *manoir*, durante a manhã. Sinto que minha alma está, a cada dia, mais presa à dele pela inteligência, pela ternura, hora a hora! Alegre menino às vezes; velhinho sensato, raramente; homem adorável, quase sempre...

Quantas revelações de gostos comuns entre nós! Quantas rememorações de infância que se afinam! A presença dele, por mais longa, é um encanto sempre novo, a imprimir adocicado sabor ao ar que respiro! Maravilhoso afeto, que faz brotar em mim prodigiosa multidão de sensações de embevecimento... Algo se lhe irradia do ser em minha direção a envolver-me em fascínio, exercendo domínios, espargindo estímulos à felicidade, produzindo novas aspirações!...

Hoje, imitando o pequeno besouro embriagado de perfume, que colhi nos estames da rosa que ele me deu, os verdelhões esfuziantes que ouvi bêbados pelo suco do parreiral e as mariposas que vejo em torno às velas, ébrias de claridade, trago o meu coração tonto de amor por ele...

Como anela minha alma viver banhada na luz de seu olhar, purificada na essência de suas palavras, confessar-lhe, lágrima a lágrima, o que sente!

Maio, 20 – Visitamos o solar Barrasquié mais uma vez. Percorremos as cavalariças. Ele nos trouxe de volta. Nele, as palavras, os gestos, os sorrisos atraem-me, encarceram-me... Não sei como lhe guardo na memória todas as palavras, tão logo as pronuncie... até as mais fugazes! Retenho vivas todas as minudências de nossas mais simples saudações, desde a primeira noite em que a vida nos entregou ao devotamento mútuo... Rendo-me, em espírito, a essa suavíssima intimação: amar e ser amada!

Jamais pensei haver tanta poesia em contemplar uma paisagem, em realizar jornada ligeira, a relembrar fatos de apenas momentos antes ou a prelibar venturas que serão realidades tão só daqui a muitos, muitos anos!

Toquei páginas geniais dos poetas da música, só para ele, em casa. Como se enternece, ante as baladas mais singelas! Cheguei a improvisar! Vejo-me inspirada se os olhos dele buscam os meus! Já temos, nós dois, uma composição somente nossa, a "nossa" fuga... E até hoje não disse ainda se me ama e... será preciso dizer?

Creio, sim, que todos retornamos à Terra, muitas vezes! Somos predestinados a viver numerosas existências entrelaçados, quem sabe todas as existências futuras?!

Julho, 18 – Nossos entendimentos são frequentes. Vivo a felicidade, pois até Mamãe parece distante da "senhora" asma. Faço presentemente um curso particular, estudando as modulações da voz dele. Há magnetismo enternecedor nas sílabas que lhe nascem dos lábios, com escalas de beleza intraduzível... Relembro as aulas de música. Quase chorei de alegria quando ele, o meu Sonho, chamou-me por duas vezes seguidamente. Até meu nome é mais vivo, e mais belo em sua inflexão... Quando me dirige a palavra, tem o verbo muito mais amorável, muito mais doce. Que maneira especial de pronunciar a palavra *querida*!

Meu Deus! Meu Deus! O rosto amado não me sai da visão. Como o conheço bem! Todas as expressões, as nuanças, os mínimos sinais!

Julho, 22 – Estou feliz, feliz, profundamente feliz! Trago a aurora em minha alma. Nem me lembro de haver sofrido algum dia. Apaguei ansiedades e contratempos. Tenho a ventura no coração, como o céu tem o sol. Agora sim! É preciso esparzir a alegria, ampliar afeição e socorro para com os filhos da penúria... Serão eles tão ditosos quanto eu, quanto nós!

Percebi-lhe o tremor da voz no jardim. Sinto que não demora a se declarar. Ah! junto dele, o tempo jamais amontoa resíduos de cansaço. Será que ele percebe a extensão do meu amor? Será justo explicar à Mamãe o que me vai no espírito? Talvez sim, talvez não...

Tenho ímpetos de preencher toda esta página com um nome só... Renet... Renet... Renet...

Setembro, 2 – Não nos encontramos. Será que Mamãe me notou as olheiras arroxeadas? Não sinto vontade de escrever, não tenho hoje disposição para isso...

Ah! Renet! Querido Renet, que tumulto de dor em minha alma! Entretanto, poderias desfazê-lo com tão pouco! Bastaria um olhar..."

Constance leva o lenço às pálpebras molhadas, após reler as linhas derradeiras de seus apontamentos, as primeiras do diário de amor que se mostram emendadas, patenteando a dificuldade com que foram escritas. Depois, vira a folha e traça com visível emotividade, qual se o pensamento tartamudeasse, hesitante:

Setembro, 5 – Hoje, como os espíritos o fazem sempre, Bílnia me deu outra frase para o memorando: "Hei de ser boa, humilde e confiante!" Raciocínio lúcido, percebe a mudança da conduta de Renet, que se transferira do clima primaveril da paixão à atmosfera hibernal da indiferença. Ignorando a que atribuir modificação assim súbita, põe-se a orar, rogando aos amigos invisíveis para que lhe aclarem o entendimento.

– "Agora, se os nossos olhos se cruzam casualmente, noto como os dele se esquivam! Deus de Bondade, que terá ocorrido, sem que eu o saiba?"

E na grandeza espiritual inata que lhe marca as tendências, julga ter ferido o rapaz, conquanto não consiga saber como, por que, onde ou quando.

Apesar de tudo, traz o coração algemado a ele e inquire-se a cada instante:

– "Uma outra jovem terá surgido entre nós?"

Levanta-se e vagueia nervosamente pelo quarto, contrastando-se-lhe a tristeza com a alegria do aposento forrado de papel em flores e riscas azuis.

Sente calor e descerra a janela.

Por dentro da moldura de carvalho da parede, como que embevecido, o homem vestido à moda antiga parece contemplar a paisagem pela janela aberta. Ela fixa o olhar enternecido no retrato e fala-lhe:

– Meu pai, não lutarei! Amor é amor, nunca objeto de rivalidade! Confiarei em Jesus e terei o senhor por meu apoio. Se Renet escolher uma outra será porque a ama. Confiarei em Jesus! Se o merecer, Jesus há de trazê-lo de volta...

Nos sentimentos puros de que se anima, empenha-se a buscar felicidade para o ser amado, antes de qualquer vantagem para si mesma. Os suaves traços femininos surgem-lhe espiritualizados aos primeiros reveses emocionais, numa síntese irresistível de beleza e decisão.

Assentando-se à escrivaninha, cerra os olhos cismativos e engolfa-se na prece. E, nos clarões do pensamento voltado para o Cristo, fluidos imponderáveis adejam-lhe em derredor.

O diálogo íntimo com as Forças Superiores, entrecortado por lances de afeto e de inocentes queixumes temperados de submissão, baseia-se na tônica de que, com Jesus, o amor jamais perde a esperança, *Omnia vincit Amor.*

EM QUE SE VÊ O EFEITO DE UM BELO SORRISO

NORMALIZARA-SE o ritmo da vida no Solar Barrasquié. Florian retornara à clínica, a defrontar-se com trabalho intenso. Correm semanas...

Após muito tempo de agonia moral, sente o médico que se lhe afrouxa a coroa de espinhos das atribulações. Chega a zombar de si mesmo, reconhecendo comicidade lastimável no seu estado de espírito anterior, na morbidez em que se quebrara. Admira-se da passividade com que viera a sofrer aquilo que, no íntimo, classifica por tragicomédia. Por que tantos meses de insulamento e incompreensão, se poderia explicar-se, desanuviando, para sempre, o caminho?

Decididamente, regressara de Paris, à maneira de outro homem. Cérebro arejado, coração livre, reajustara-se com Moni, recompusera-se. Recusaria emaranhar-se em complicações. Seguiria doravante existência a fora, disposto a preservar-se contra todo aborrecimento e tensão.

Nisso, porém, portadora das exigências habituais, surge Rossellane no gabinete.

Mais uma vez, o clínico lhe degusta o fel das ironias, entretanto, espírito desopresso, dispõe de bastante coragem para arrostar com qualquer entrevista e, rememorando os conselhos últimos das entidades espirituais, resiste galhardamente aos escárnios ouvidos.

– "Já estou farto! É demais! Basta! Que estoure o escândalo! Não posso viver assim, não suporto isso mais!" – pondera, firme em suas novas convicções.

E conquanto almeje argumentar com serenidade, sofreia os impulsos de entendimento e trata a visitante com desprezo absoluto, dando-lhe a entender que pretende encerrar toda espécie de complacência, quaisquer que sejam os resultados.

Como se esta visita deva ser a gota que faltava para transbordar a taça, fixa nela os olhos frios:

– É necessário te compenetres de que tudo terminou. Exigências, ameaças, zombarias, extorsões, tudo, tudo é passado! Não sei onde consegui forças para te suportar durante tanto tempo. Nunca mais me apareças! Chega! Se insistires, a polícia te ensinará o lugar que mais te convenha. Aconselho-te a que cuides da própria vida. Afinal de contas, menina, por que não arranjas trabalho digno ou não te casas? De um ou de outro modo, desaparece... De outra forma, mais cedo ou mais tarde, não te livrarás da prisão!

Barrasquié ergue-se para forçar Rossellane a retirar-se, conduzindo-a até à porta.

Surpresa com a resposta inesperada, ela mede o interlocutor entre surpreendida e afrontosa. O sangue meridional ferve-lhe nas veias, cerra os dentes, fixa no rosto a máscara da revolta e sai a derramar insultos e pragas, que o médico ouve impassivelmente.

– Propões que me case? – remata atrevidamente, à saída. – Ah, senhor meu pai, pois que excelente ideia! E provável que muito em breve tenhas notícias a respeito. Não perderás por esperar! Minha mão te será pedida em condições que te será difícil esquecer! As coisas não ficarão assim! Voltarei... para o enxoval, o dote, a boda. E não te esqueças de que foi tua a ideia!

Transpõe intempestivamente a porta de saída e ri-se nervosa, a mente a trabalhar com celeridade.

Justamente aí, ao retirar-se, quase tropeça com o rapaz que vem na direção oposta. Defrontam-se, mudos. Sorrindo, o recém-chegado desculpa-se pela precipitação do passo e descobre a cabeça.

É Renet, trazendo ao pai velho trabalhador, um acidentado do *manoir*.

Os dois jovens fitam-se com interesse. Rossellane investiga-o agudamente. Adianta-se, porém, torna a cabeça para contemplá-lo. Envolvendo-o num olhar de labareda sobe ao cabriolé, assentando-se com estudada e lânguida postura.

Renet segue-lhe os movimentos, embasbacado pela fulgurante e magnética personalidade. Ela se detém a encará-lo, em meio-sorriso no rosto mate, até que o veículo se ponha em marcha. Então, se lhe completa nos lábios o sorriso intencionado. Abre a sombrinha enfeitada de fitas, deixa que o bonito braço, calçado de mitenes pretas, penda molemente sobre a portinhola.

Sob indescritível fascínio, Renet a acompanha, ansiosamente, até que o carro desaparece na esquina.

Intrigada, Rossellane indaga ao cocheiro quanto à identidade do desconhecido e vem a inteirar-se de que se trata do filho único do médico Barrasquié.

– Ah! É este, então!

Um plano audaz desponta-lhe no espírito. Como que possuída por sombrias forças, reúne estranhas sugestões qual se o gênio da vingança lhe ocupasse a acústica do pensamento.

Por momentos, Rossellane ensimesma-se, põe-se depois a trautear distraidamente uma canção de rua, em jargão audeano. O cabriolé segue a trote largo, o cavalo agitando a cauda intonsa. Pingalins chicoteiam os ares e os ouvidos dos tranquilos transeuntes. A moça estende o olhar abstrato para o imenso colar de nuvens que se parte em pérolas de chuva enviezada, nos extremos da baixada longínqua, assemelhando-se a cortina de franjas violáceas entre os nimbos e o vale, ocultando o Sol. Há flocos pejados de água, como vagalhões de trevas no vasto mar dos céus. Entre eles rebolam coriscos em êxtases de fogo, transfigurando-se, de momento a momento, em ramalhetes de luz a despetalarem-se meteoricamente. Nas bandas do levante, a face do sem-fim desabotoa o sorriso do arco-íris, mas nem mesmo o espetáculo apoteótico da natureza consegue roubar a jovem à funda meditação em que mergulha.

A APARIÇÃO

SINOS domingueiros repicam na manhã. Constance volta para casa, a passo vivo. Quase alegre na tristeza que habitualmente lhe vela o semblante, chega dos bairros de penúria, junto ao rio, onde o enregelado vento outoniço dobra os caniços desolados e assovia nos desvãos dos humildes tugúrios. As últimas andorinhas já partiram, as folhas dos plátanos dançam no ar a sarabanda castanho-avermelhada da estação. Em breve, os azevinhos oferecerão seus frutos cor de sangue.

Na rua vibram notas que a brisa desmancha distraída entre os galhos desnudos, ao mesmo tempo que arranca, buliçosa, um cacho loiro do coque que a mocinha oculta sob a *écharpe* carmesim. Constance gosta do frio aroma que dança pelo ar e que tanto lembra as brincadeiras nas praças de sua infância, na Picardia, ou as caminhadas a pé, rumo ao Conservatório, em sua adolescência, em Paris, o cheiro ardido da fumaça trescalando das fogueirinhas que, rua acima, devoram as pirâmides de folhas cor de cobre.

Penetra o recinto doméstico e, sentindo-se a sós, desembaraça-se da sacola em que levara víveres e cobertas, do amplo mantô, e se recolhe ao quarto. Senta-se, fatigada e, sobre a cômoda, vê a pequena caixa de música, a *turlutaine*, presente de Renet.

Entre a névoa das lágrimas que lhe embaça as pálpebras geladas, inesperada visão sensibiliza-lhe as retinas espirituais. Os móveis e as paredes se diluem, surge-lhe Bílnia à frente, vestida de luz, num apogeu de seráfica amenidade.

A aparição dulcíssima é luz de faísca sideral a empolgar-lhe os olhos, flagrante nas brumas do Insondável, flama que lhe amplia a vista no consolo da surpresa. Nada lhe diz a emissária, mas a expressão cariciosa vale por mil palavras de confiança não moduladas na materialidade da garganta. A suave figura extingue-se a pouco e pouco, a espuma das vestes se desfaz, os cabelos se esvaem qual dourada névoa, o lume dos ternos olhos se apaga e a parede empapelada volta a ser visível.

Constance fixa, imóvel, a mesma direção, tentando reter ainda algo, um resquício ao menos da querida entidade, mas somente tem, agora, ante os olhos deslumbrados, a paisagem alpina na moldura dourada suspensa na ardósia.

No ambiente resta, entretanto, um discreto olor como se Bílnia desaparecesse num santiâmen, exalando o próprio espírito em perfume.

As lágrimas descem-lhe, furtivas, lentas, gêmeas e mancham, aos pares, o vestido azul. A confiança lhe rebrilha na alma. Sob o impacto emocional, compara os sonhos, os seus arroubos de afeição juvenil, a ideais altíssimos como os Alpes, na tela em frente, gelados pelas neves constantes, mas pertinho do céu.

UMA PRIMEIRA CENA DE ALTA COMÉDIA FEMININA

ROSSELLANE, como que incidentalmente, galopa pelo caminho que, deixando a estrada real, conduz ao *manoir* dos Barrasquié.

Afoitamente, segue só. Regressando da Inglaterra, após os desastres da Revolução, os emigrados trazem à França o gosto pelo esporte hípico. Pautando pela moda, o traje de montaria usa cotim de fraldas amplas, cintura apertada no colete cor de girafa e botinhas de couro irlandês que a faz arrebatadora. Enfeita o chapeuzinho de copa com um véu flutuante e *aigrettes* azul-relâmpago. Traem-lhe, porém, as inclinações vulgares, o anel de camafeu sobre a luva direita de pele de gamo e a pulseira de pedrarias que lhe algema o punho esquerdo. No fundo, Rossellane ornamenta as joias, sem que as joias a ornamentem; no viço transparente da mocidade, parece uma flor ocultando no âmago os vermes enojantes de pensamentos inconfessáveis.

Prepara-se a fim de inspirar o amor e estuda poses suscetíveis de atrair e enternecer. Dotada de impetuosa imaginação, com insuperável maquiavelismo feminino, não se contenta com o papel de extorsionária e arquiteta ardiloso projeto que desenvolverá junto ao jovem Barrasquié. Tentará a requesta amorosa, alentada por sua *entourage* espiritual que não prima por manifestações nem limpas, nem tranquilas.

No dia do encontro imprevisto, à porta do consultório, nascera-lhe o novo interesse. Argus de saia, com senso agudo de espiã, não se inteirara apenas do nome de Renet, mas empenhou-se a colher todas as minúcias possíveis, que se lhe referiam à pessoa e ao modo de viver e de ser. Elabora friamente o roteiro escuso que adotará, assimilando os propósitos aviltantes das inteligências intangíveis que lhe assessoram as atitudes. Aliás, desde muito, não escondia de si mesma o anseio de promover outros caminhos de acesso à fortuna do médico. Já não mais lhe satisfaziam os quinhões semanais determinados. Queria mais joias, mais luxo, mais evidência e nada disso granjearia sem ouro.

Não! A riqueza de Barrasquié não lhe escapará à avidez das mãos. Aperfeiçoará os processos de garrotear o coração paternal para que a bolsa extravase. Saberá fincar-lhe o espinho da aflição em lugar certo. Renet servir-lhe-á de pretexto. Manejá-lo-á sem comiseração. Nessa disposição de espírito, multiplica passeios em derredor das vinhas do *manoir* Majorca, onde sabe que o verá. Guarda a intuição de que não lhe será difícil prendê-lo e espera abordá-lo, como se atendesse ao acaso.

Nos limites da propriedade, circungira o olhar pejado de astúcia, no amplo caramanchel defendido por pedras musgosas, imitando a cautela do batedor que fiscaliza e reconhece o terreno. Acompanha as carretas cheias de tonéis, vislumbra a courela tomada pelos vinhedos pampíneos, entressemeados indiscriminadamente de *sedum*, a escalonarem vertentes em linhas que parecem sem fim. Mais afastados, erguem-se o chalé, os lagares, a casa do *futaille* e da estufagem, principais construções do estabelecimento, além de uma faisoaria abandonada. Coleando sobre as ondulações do terreno, muros resguardam as divisões quais longos braços de pedra.

Grande número de mulheres e crianças – apanhadores e carregadores – terminam as últimas vindimas do outono, ao compasso de cânticos regionais em coros expressivos, ecoando vozes pelos recôncavos. Camponeses de camisas coladas às costas pela transpiração, debaixo de amplos chapéus, colhem as bagas túmidas de açúcar, pendentes em cachos de ametistas, como guirlandas. Repletam cestos e deixam para trás rastros de parreirais vindimados. Alguns se detêm para admirá-la de passagem.

Espantalho vivo, hercúleo trabalhador, lembrando armadura forjada em músculos, retira o boné de viseira redonda, expondo a fronte lavada de sol, enxaguada a suor, e saúda a amazona. Refranze a boca de recorte violento num sorriso e volta a mover os braços tatuados pelos raios que borboleteiam sobre as parras.

Rossellane finge não perceber o cumprimento e, ao longe, alcança com o olhar, nas divisórias das quintas, extensos pedregais que se avolumam entre giestas.

Desde a entrada, sentira o excitante trescalar das uvas sazonadas, ofuscando-lhe o perfume de estoraque. Observa os alambiques, as grandes máquinas de embebedar, sob o caramanchão, almudes abarrotados de bebidas, gigos, lavadouros e balseiros respingados de sumo. Conclui facilmente que a propriedade se desenvolve ainda por dezenas de arpentes recobertos de vides.

Com os cabelos alvoroçados pelo vento, fita as alimárias no carreiro. Distingue Renet num ponto afastado. Terrivelmente bela, seus olhos cintilam quais diamantes acesos na mais alegre das expressões, no mais envolvente olhar de que é capaz.

Contorna obstáculos, avança e aborda o jovem proprietário, que se surpreende, encantado ao vê-la.

Voz melíflua, ela enfeita a palavra com meiguice na sua vivacidade experimentada:

– Não necessitas de mais uma vindimadora?

O moço retraído sorri. Responde com frases banais, salta a doma e se aproxima para travar com a moça, no cenário pagão de pâmpanos e parras, um colóquio de juventude a juventude.

Ela desce da montaria, ele acolhe-a, feliz.

Rememorando o primeiro encontro, escusa-se a recém-chegada, expondo a intenção de improvisar remédio caseiro para a enxaqueca materna e, por isso, declara-se à procura de urtiga, que sabe existir nas imediações.

Em breve, a conversa se desenvolve. Renet expande o olhar pelo vinhedo, colhe um cacho de pérolas arroxeadas que oferece à amazona. E, supondo encontrar nela uma vestal conquistada pelas pompas da natureza, cai sob a eloquência daqueles olhares e modos e põe-se a balouçar entre os dedos, mecanicamente, o relógio tauxiado de prata.

Rossellane elogia a extensão dos vinhais, em messes pujantes, e Renet explica, movendo o braço circularmente:

– Dessas cinco jeiras ressuma o melhor vinho de todo o Aude, espumantes brancos melhores que os de Limoux, aveludados superiores aos de Minervois. Papai afirma que o nosso *muscat* bate o de Frontignan e que o nosso *bouquet* não se compara aos de Banyuls. E, graças a Deus, há três anos não nos visita a saraiva, e ninguém encontra aqui uma só cepa queimada!

Fixa-o a moça, lábios florindo sorrisos novos.

As grinaldas verdes dos engaços e bacelos tocam-lhe os cabelos. Para captar a atenção do rapaz, empenhara-se, dias antes, a conhecer os assuntos alusivos à colheita e mostra-se entendida em comentários, qual se fosse, desde muito, traquejada viticultora.

– Pelo que vejo, atingirão agora nove bordalesas por jeira. Acerto?

– Colheremos mais de dez barris em cada uma! Não temos plantação apenas com mergulhões, fazemos escavações e enxertos.

Prossegue o diálogo. Renet apanha outro cacho cilíndrico de frutos estaladiços, em amarelo-âmbar e convida-a a visitar a nascente que valoriza o *manoir*, perto, por sinal, do sítio em que vicejam as plantas que ela procura.

Renteiam com os parreirais de experiência, onde o jovem espera frutos sem grainhas e em que, de longe em longe, desponta uma flor estrelada. As folhas quinquelobadas, na maturidade do outono, parecem mãos abertas recolhendo o calor do Sol.

O cenário favorece as intenções da formosa aventureira. A fonte gorgolejante, em grandes golfadas, jorra de rochas que os dentes do tempo roeram e desfia-se, serpeando entre arbustos amarelados. Galhos pendentes de chorões infiltram-se nas águas, lembrando braços lavando as mãos. O Sol dardeja a prumo de um céu baço que anuncia já os primeiros cinzentos hibernais. Na campina rendilhada de outeiros ancinhados, aquém dos horizontes, movem-se fieiras gesticulantes de roupa branca. Entre as árvores penteadas de brisa que muram a trilha, galinhas cacarejam, conduzindo ninhadas. Os dois caminham, pisoteando as próprias sombras apequenadas. Esbelta, nas botinhas de verniz, a exibir atitudes de ardilosa elegância, Rossellane mantém, com a mão enluvada, a cauda ampla do traje.

As bordas da nascente, entre apontamentos em torno da cultura e do clima, o moço entrega, delicadamente rebuçada em ramos, a urtiga que a visitante pretextava buscar. Construindo impressões que de futuro a beneficiem, a jovem despede-se, graciosa. Com uma das botas incita o cavalo e, ao fragor de impiedosas chicotadas, impele-o ao galope, não sem antes atirar, atrevidamente ao jovem, um beijo com as pontas dos dedos.

Na curva do caminho, com um feixe de pâmpanos colhidos na carreira, acena ainda, como que a enfeitiçá-lo, articulando gestos de impertinência feminina e de zombaria dissimulada. Renet, boquiaberto ante a corrida desabalada, ouve-lhe a fanfarra estridente das gargalhadas que prelibam, sem que ele possa imaginar, a vitória entrevista.

Desde o momento em que se avistara com a jovem, no gabinete do pai, não a esquecera, apreciando-lhe os assomos de audácia. Adivinha-lhe as intenções e compreende que se dispusera a vir assim sozinha, sob a desculpa de obter socorro medicinal, tão só para revê-lo, lisonjeá-lo, a estabelecer pontos de contato afetivo e isso lhe exacerba a imaginação juvenil e lhe exalta as emoções de rapaz.

Rossellane, a seu turno, sente-se triunfar. Pruridos de orgulho e influxos de satisfação lhe aquecem a alma. Decide-se a envolver Renet como as gavinhas nos pâmpanos, em suas mãos. Crê agora que não lhe será difícil a empresa.

— Há de me amar! Será meu! O pássaro não me escapará!

Ela exulta, monologando na certeza da conquista e, dando palmadinhas no pescoço do cavalo:

— Hei de lhe colocar o freio para governá-lo como faço com você, meu *Bourgeois*!

ESPERANÇAS DE MOÇA CASADOURA

DESDOBRA-SE o dia, sob lufadas de gelo. As primeiras neves – diminutas migalhas de pão – polvilham as montanhas distantes. Constance olha os reposteiros roxos das lonjuras, na direção em que o *manoir* Majorca se encontra. Vira Renet algumas vezes e, em cada uma delas, tentara despertar a atenção do eleito para os problemas fundamentais da vida e da morte. A ternura por ele é tamanha que, apenas ao lembrá-lo, anelaria dobrar-se de joelhos, tocada de comoções iguais às que experimenta, nos momentos de prece, ante os instrutores do Mundo dos Espíritos.

No íntimo, anela confessar-se a ele, convencida de que se Renet a ouvir, mesmo por um minuto que seja, saberá alinhavar palavras para o reter, para o reaver. Reprime os ímpetos de proclamar-lhe o amor que lhe grita nas fibras da alma pelo silêncio a que ele se impõe, silêncio polido, regelado silêncio.

Qual sol da manhã, secando o orvalho, o sorriso dele tem o dom de lhe apagar as lágrimas. Ah! Como desejaria revê-lo, monopolizar-lhe tempo, coração e vida! Mas, de que modo? Ainda assim, longe de explicar a si própria a razão de tanta esperança, conta epilogar o romance com venturoso remate.

Em oração, os olhos fatigados se lhe fazem mais compassivos através do pranto e resigna-se a amar Renet unicamente pelo espírito, à distância. Desse modo, ninguém a perturbará, e nem ele necessitará incomodar-se pela verdade. Reflete, reflete, entretanto, o coração lhe assoma à cabeça. Esgarçam-se raciocínios sob a carga dos sentimentos, e o afeto apaixonado vence, doudejante... Promessas, renúncias, filosofias! Tudo inútil! Impossível arredar de vez, o bem-amado. Sente-se nele, com ele! Vê-se empolgada por emotividade inédita, sonha, chora, mas contém-se, por fim, a refazer-se:

– "Quem sabe? Talvez me exceda! Talvez não seja ele o companheiro do meu destino! Provavelmente acabou reconhecendo que não me ama. Não tem culpa por isso. Mas eu, eu o amo e não tenho culpa também..."

Compraz-se com lembranças e peregrina, solitária, pelos sítios onde caminhava com Renet ou canta em acento dorido, qual se um pássaro machucado lhe gorjeasse pela gaiola da boca.

Nessa devoção onipresente em sua vida, tem tudo e tudo lhe falta! Reconhece que não mais habita os pensamentos dele.

ONDE SE DEMONSTRA QUE O AMOR SE ESCONDE DIFICILMENTE

NA MANHÃ seguinte, Renet chega inesperadamente do campo, penetra a sala em que Monique com Mme. e Mlle. Lajarrige discreteiam sobre livros. O bastidor solta-se das mãos de Constance e rola pelo tapete. Todo o corpo se lhe afigura seguir o compasso agitado do coração a desfalecer.

Desde muito, o moço pressente no tremor da palavra dela, no crepitar daqueles olhos, que parecem querer fundir-se nos dele, a força de um sentimento que se não apagou e que não ousa revelar-se em palavras de censura, medo, tristeza, dúvida ou amor enfim! Constance disfarça mal a sede de retorno ao entendimento das semanas passadas, contudo, ele receia agora, acovardado, a pureza e o carinho daquelas pupilas ingênuas e procura evitá-la.

Se ombreia com ela, de escantilhão, mal se atreve a fitá-la, temendo consequências, pois lhe deve uma explicação que não sabe dar e nem se reconhece disposto a isso.

CONFRONTO DE DOIS RETRATOS

RENET conta os minutos que o separam do reencontro com Rossellane. Muitas vezes já estiveram reunidos em demorado *tête-à-tête*, modelos vivos de cenas de amor, arrebatados personagens de romance de arrabalde.

A jovem petulante não hesita vir à quinta, quando lhe apraz; mostra-se sempre mais habilitada em experiência e conhecimento sobre viticultura, abordando ousadamente as questões mais árduas com arrojo inexcedível, desembaraço de autoridade. O enamorado descobre nela um tipo diverso de Constance; aparência, hábitos, maneiras e ideias em tudo contrastantes com os da loura Lajarrige. O moço compara-as involuntariamente. Constance é serena, espontânea, concentrada no idealismo superior, ao passo que a outra é temperamental, calculista, materialmente fascinante. Mlle. Lajarrige é simples, fala com moderação e suavidade. Rossellane, quase sempre declamatória e volúvel, faz-se caprichosa e pedante.

Numa cidade como Carcassone, porém, onde a vida social não oferece maiores atrações e onde os seus parcos lazeres de moço tornam-lhe a existência insípida, Rossellane surge à guisa de novidade, criando múltiplos pontos de interesse. Ao lado da fulminante beleza da jovem, Renet nunca vira temperamento de maior fascínio, meiguice mais aliciante, inteligência mais aguçada. Dominado, extasia-se todo ante o seu ar de parisiense, sua liberdade de ação, sua independência de pontos de vista, apologizando artistas, discutindo literatura, descrevendo viagens e paragens que ele nem sequer imagina.

Ainda assim observa que, se Constance parece, não raro, misteriosa, Rossellane, por sua vez, habitualmente se mostra enigmática, qual se escondesse com cautela um segredo no momento em que se sente a ponto de desvendá-lo. Nesses instantes retrai-se, o semblante se lhe altera, seu olhar se anuvia. Tais paralelos dançam-lhe no cérebro, atormentam-lhe a alma. De um lado, a grandeza de espírito, a graça, a simplicidade, a pureza, a poesia; do outro, a paixão violenta, o carinho absorvente, a elegância exibicionista, o coquetismo, a dominação.

Vez em vez, assalta-lhe a lembrança os olhos de Constance, aqueles olhos de mar, com o azul do mar, a profundidade do mar e, mais recentemente, com duas furtivas gotas de mar prestes a se derramarem por sua causa. Então, ideias persistentes atravessam-lhe o cérebro:

– "Existe nela qualquer coisa que obriga ao respeito e mais do que ao respeito, à admiração. Bondade, talvez? Realmente, Constance é uma criatura excepcional, tão bela, tão digna..." – afirma como que defendendo-a contra um adversário invisível.

Nesses momentos vacila, inquirindo a si mesmo se está procedendo corretamente para com a jovem Lajarrige, se pode confiar no amor de Rossellane, se convém ouvir a experiência materna com respeito às hesitações que o assaltam.

Compadece-se de Constance e conclui em desafogo:

– "Mas, a pensar com franqueza, não cheguei a assumir qualquer compromisso... Logo, não me pode julgar um desonesto... Além disso, ela é fina, distinta, formosa... Conseguirá um excelente partido..."

Suas dúvidas, porém, como chegam, vão-se, e prefere acariciar na imaginação a figura de Rossellane, mentalizando a ouvir-lhe da boca cor-de-rosa o cicio das palavras melosas e melodiosas.

Enquanto isso, com manhas de fera e manobras de ladra, a intrusa aperfeiçoa investidas, mobilizando todos os recursos de sua estratégia feminina na demanda amorosa. Dificilmente um rapaz é visado com tanta mira e exatidão.

Ora faz concessões, ora inventa negaças, descobre-se e esconde-se, com alternativas de franqueza e subterfúgios, ameiga-se e encoleriza-se e, sobretudo, consulta o espelho incessantemente, enfeitando-se e decotando-se com apuros de vaidade e desenvoltura.

A sinistra conspiração das sombras amplia o campo de influência no cérebro da embaixatriz de perigosas maltas de obsessores, alcançando o jovem invigilante. Assediada por espíritos malevolentes, Rossellane, por sua vez, assedia Renet. O coração, naquele corpo delicado de borboleta, parece bloco de pedra dos que se amontoam nas muralhas da Cité. Maltrata a verdade, não obstante a aparente candura. Inteligente no olhar, suave nos gestos, nas atitudes demoradamente calculadas sabe forrar todas as armas da astúcia em artifícios de mel.

Consegue com habilidade responder aos apelos do amado, qual se os pensamentos velados dele achassem nela cabal interpretação, em matéria de excitamento. Converte-se-lhe em demônio lindo, embriaga-o de sorrisos, insensibilizando-lhe a consciência. Gasta semanas e semanas a enredá-lo, intriga e maquina, mascarando, com ardis geniais, os propósitos escusos, à feição de dardos ocultos no espartilho, que ela mantém com todos os ilhoses apertados, admiravelmente penteada, vestida, calçada, adornada.

Consumada comediante, a sedutora Helena de Carcassone imagina mil estratagemas de envolvimento emocional, arrulha confidências a mesclá-las de pérfidas carícias, fechando as teias em torno do jovem Barrasquié. Qual se fosse a mais cândida das filhas-família, leva os redobramentos de amabilidade, as doçuras de tratamento e os refinamentos de afabilidade aos requintes mais extremos, atirando a isca, pródiga de promessas veladas, encantadora de concessões, maravilhosa de reticências.

Daqueles lábios que ele considera liriais, apenas ouve a música do amor. Desinibida, o seu domínio interpretativo vai da ingenuidade à afetação. Enverga os vestidos que o agradam, adocica o timbre da voz que o reanima e reveste de atrativos os seus modos, ao natural, contundentes. Para ele, a moça estouvada surge envolta numa auréola de santa; enquanto isso, ela, reconhecendo a extensão da própria conquista, aprimora a ciência dos ademanes e repete, a cada passo, os meios-sorrisos e os gestos gráceis, poetizando as coisas à maneira de criatura seráfica, semeando flores etéreas. Armando sempre novos laços, chora em lágrimas curtas ou gorjeia-lhe jubilosas puerilidades. Renet só não observa a cega obediência com que se lhe rende aos caprichos. Não se recorda de que, ainda na antevéspera, ouvia dela comentários banais ante relíquias e monumentos históricos, e das ocasiões em que haviam permutado inócuas frases-feitas, não obstante a condição evidente de namorados. Agora, controlado em plenitude de cativeiro afetivo, pergunta-lhe tão logo o cabriolé dispare de chofre:

– Aonde queres que te leve?

E ela a sussurrar-lhe flebilmente, voz de menina, gestos lassos, acomodando na fronte a mecha indócil:

– Cerro os olhos e me recomendo ao teu coração!

O plaque-plaque das ferraduras contra o calçamento de pedras encobre o idílio obsessivo quase sempre travado rosto a rosto, mãos nas mãos. Sob a rigidez dos músculos de Renet, está a humildade do homem tímido ante a jovem que ralha, violenta, por atrasos eventuais.

Rossellane atingira o alvo muito mais depressa do que esperava, por avanços e progressos garantidos, e aguardava o instante da vitória final. Na bonomia característica das cidades interioranas, o apaixonado não exercita a razão em seus arroubos e, de pouco em pouco, transfere-se da posição de senhor à subserviência do escravo. Embriagado pela voz da sereia, enleado nas voltas de seus cabelos, vive com ela e para ela, entre os vinhedos ou em loucas romarias pelos arredores. Deserta do convívio social e permanece invisível até mesmo para os amigos Edme e Pioch – este, filho do presidente da Sociedade de Agricultura do Aude – seus mais íntimos companheiros de mocidade, esquecendo as rodas provincianas, os divertimentos da idade, bailes, ágapes domingueiros e hábitos preferidos.

Antegozando o momento em que exporá ao médico as novas intimações, Rossellane ri-se, orgulhosa.

Renet já pode fazer de olhos fechados o trajeto que conduz à casa de Margot onde, frequentemente, saboreia ceias caprichadas, merengue, chocolate e bolo folhado quadriculado, sem suspeitar de que a residência, nas imediações da Ponte Velha, embora simples, dividida por um corredor que vai do pátio ao jardim, está mobiliada com riqueza, possui cocheira e cavalariça, cavalos para sela e cabriolé, tudo à custa da bolsa de seu próprio pai.

Na alameda pontilhada a pedregulhos cinzentos, fronteiriça à casa, vem o moço palestrar com Rossellane. Encosta-se a um algeroz desnudo, põe-se a quebrar, num gesto maquinal, os galhos mirrados de uma saxífraga. Os olhos distraídos correm o muro rendilhado de heras e adernos a deter a invasão do mato em expansões bravias. O vigamento esculpido, a porta de carvalho, as duas janelas de vidros estanhados, o castanheiro pingando o castanho das folhas sobre as telhas onde outras folhas dão-se as mãos, o tronco povoado de agáricos, tudo já lhe é sobejamente conhecido.

RENET SEGURO NA ARMADILHA

Se o jovem Barrasquié cisma em dúvida, Rossellane, ante o silêncio que considera perigoso e que não pode devassar, põe-se a falar discursivamente, entre cintilâncias de olhares e languidezes de sorrisos, atraindo a atenção do enamorado absorto. E, como sempre, estende a trama de encantadores enredos, através dos coleios felinos de sua coqueteria, a enlaçá-lo de vez. Estivera em várias oportunidades na Sala Pleyel, em Paris. Adora Mozart e o jovem Liszt. Interpreta por verdadeiros poemas trechos de Hérold e Weber. Depois, de cruzinha ardilosa entre os dedos, convida-o aos ofícios da Igreja de que se mostra devota, como se acalentasse entranhada índole monástica, muito embora cause estranheza a predileção que demonstra pela *messe musquée*, a derradeira missa do domingo assistida pela alta roda. Mesmo nisso, exibe extremos de perfeição teatral em expansão de ternura e afirmativas preconcebidas. Noutras ocasiões, planeja divertimentos ao longo do Aude ou através dos campos já varridos pelos ventos frios, subindo azinhagas a pé, nos sítios familiares à infância dele, pois sabe que isso lhe exalta a alma de amante apaixonado da Natureza. Em seguida, trauteia canções de amor como *Aval, dins la prado,* a sua predileta. Perambulam os dois pelos bosques vizinhos, jantam em estalagens distantes, realizam piqueniques com provisões preparadas por Margot, extasiam-se, juntos, ante o pôr do sol, voltando ao anoitecer, ou efetuam passeios a cavalo nas manhãs favoráveis.

A moça procura, enfim, por todos os modos imagináveis, insinuar-se na afeição e nos hábitos da vítima, desnudando-lhe o íntimo e, através dos pequenos incidentes de cada dia, lutando por fortificar os sentimentos dele, desfazendo a imagem da jovem Lajarrige de cuja existência, repticiamente, já se informara, desde o princípio. Pela mesma razão, aborda o problema da sobrevivência do espírito com galhofa e pilhéria. Fala de bruxaria e loucura. Chasqueia, inventando histórias de crianças endemoninhadas e envenena o ânimo do rapaz, contra as faculdades psíquicas de Constance, sem se referir naturalmente a ela. Aniquila os ideais de beneficência que lhe nascem na alma, sugerindo-lhe sonhos de riqueza e destaque social no futuro, para o que se confessa necessitada dele, à maneira da árvore que não prescinde de apoio.

E Renet, positivamente fascinado, julga-se tão querido, que mesmo exteriormente se faz outro homem. Narcisa-se a toques de verniz, faz-se cabide da moda com todas as minúcias do dandismo de um filho do século, já que, agora, imagina-se indispensável à existência da amada. Quem lhe observa atentamente o rosto bronzeado de sol suspeita de que se serve de pó de arroz. Usa calças parisienses dos melhores tecidos, casacas de casimira de Elbeuf, camisas resplendentes enfeitadas com botões de rubi, coletes de piquê, gravatas de veludo enfunadas, sapatos lustrados ou bonitas botas com borlas. Exteriorizando confiança excessiva em si próprio, mostra-se fátuo e artificial. O jovem rude e jovial, afeito ao Sol, à chuva, ao vento, que cabeceava de sono logo após o jantar e se erguia antes das primeiras luzes, cede lugar ao homem lerdo, que se deita e levanta à hora tardia. Mais amadurecido na aparência, crê-se chamado pelo destino para construir a felicidade de sua eleita e repete convicto:

– "Minha vida é útil à vida dela! Não nos podemos separar! O que seria dela sem mim?"

Apesar de tudo, ignora as ironias que lhe espreitam as emoções.

A ESPADA DE DÂMOCLES

SENHORA do coração de Renet, Rossellane volta ao consultório, onde penetra intempestivamente, a passo de marcha triunfal.

Florian, crente de que alcançara sucesso em definitivo sobre as pretensões da atrevida moça, recebe-a com frieza, diligenciando afastá-la de imediato.

Dois meses se passavam sem que a jovem extorsionária lhe aparecesse.

– Rogo-vos, senhora, que vos retireis! – pede-lhe, empregando tratamento cerimonioso, guardando ainda o intuito de acatar os princípios de cortesia, empertigando-se solene, qual se comporta em ouvindo consulente de respeito.

Rossellane, que entrara desabrida, tem alteares de ombros e vai direta ao assunto, em tom desafiante:

– Não venhas com problemas, senhor meu pai. Mesmo porque, hoje, apareço em busca de uma soma digna... Como nunca me deste! Atenta bem: lembra-te do conselho? Tu me persuadiste a casar e procurei atender-te. Estou resolvida ao matrimônio. Tudo depende agora de ti... depende da quantia que me deres... Tu decidirás...

– Decidirei o quê? – aparteia o médico, igualmente sem disposição para medidas protelatórias.

– Tu decidirás... – repete, vendo que esta palavra o irrita – se me casarei ou não com o teu querido filho, o meu caro irmão Renet. Não sabes ainda, mas fica sabendo: Renet está apaixonadíssimo por mim, já nos teríamos casado se assim eu quisesse. Mas ainda não quis. Tu decidirás...

A comunicação, como que longamente preparada em fel e fogo, qual derradeiro cartucho, fulmina o clínico, que empalidece quase a ponto de desmaiar. Na agonia de um condenado que escuta a sentença de morte, julga, no fragor pânico de um terremoto, ver ruir o mundo que construíra com suor e lágrimas. Ouve-lhe a queda, assiste-lhe à derrocada. Toda proteção, toda garantia, tudo quanto lhe parecia indestrutível esboroara-se-lhe em torno.

Sob o choque, seus receios e sustos, superficialmente esquecidos, se lhe retornam ao espírito em pavorosa recidiva. Não pode acreditar no que ouve. Recorda-se de que a esposa, desde algum tempo, aborrece-se com o desinteresse do filho à frente de Constance, "como se houvesse" – afirmara Monique – "encontrado um outro afeto por nós ignorado."

Rossellane abandona-se, graciosa, sobre a poltrona, retira um pé do seu estojo de pelica, acaricia molemente a face com o *manchon* de raposa prateada, reprimindo a satisfação que lhe causa o atordoado silêncio do médico. Os olhos cintilam-lhe quais duas chamas na lâmpada de sombra da cabeça onde um gorro estilo militar segura-lhe a massa da cabeleira. Irônica, ar imperiosamente dominador, como se infligisse ao interlocutor uma estocada mortal, pespega de chofre a intimação:

– Desata os cordões de tua bolsa, *M'sieur l'avare!* Desabotoa esses bolsos! Posso ser pedida em casamento a qualquer hora...

A verruma incandescente de seu olhar de basilisco imobiliza o médico, que a escuta pontificar:

– A filha do Sr. Florian Barrasquié, como, aliás, ela já disse muitas e muitas vezes ao papá, não tem vocação para trabalhos forçados. Não sou eu quem vai sair daqui para ser grisete ou *vaudevilliste* e morar num cochicholo! Entrarei na posse da fortuna e da posição que sempre me pertenceram! Viverei com o dinheiro e o prestígio de meu pai! Isto é, com o teu dinheiro e o teu prestígio... Não me quiseste como filha, veremos se me aceitas como nora... Tu decidirás.

Quanto a mim, confesso-te que não me agrada ficar para pentear Santa Catarina!

As sentenças, ilustradas por gestos escarninhos, insuflam em Barrasquié impulsos violentos de reação. Um turbilhão alucinado de expressões insultuosas domina-lhe a mente, aflitas por explodirem pela boca, contudo, os contatos com os espíritos e o trato incessante com os doentes na clínica ensinaram-lhe a sofreá-las. Cerra os lábios de modo a que não lhe escape qualquer frase capaz de lhe denunciar a repulsa, encara decididamente a jovem e lhe devolve o olhar frio. Quando, porém, ensaia balbuciar ligeira ponderação, ela, impassível, igual à atriz convicta de que a deixa é sua, cassa-lhe de pronto a palavra, num golpe de misericórdia:

– Cautela com o que vais dizer! Fica sabendo, o peixe está fisgado! Será inútil quanto fizeres! Tenho Renet nas mãos! Eu o domo e domino! Não serão as tuas palavras ou as de tua mulher que torcerão suas ideias! Doutor, ando farta de esmolas! Recuso o brilho das promessas. Quero dinheiro bom e limpo! Dinheiro, muito dinheiro. Se não concordares, então é o momento de visitar a *mairie* e iniciar o processo!

Florian não mais consegue fixar o clarão inquieto e inquietante daqueles olhos que chispam fulgurações de um tigre, patenteando a decisão de uma vontade granítica. Apoia na mão a cabeça que Rossellane agrisalhara e, daí por diante, abatido, deixa-a falar livremente, sem a mínima disposição de contradizê-la.

Erguendo-se, mãos na cintura, qual ânfora de asas duplas, a jovem se derrama em expressões que semelham essências envenenadas. Passeia de um lado para outro. Enfurecida, parece crescer em tamanho, estremece na volúpia da crueldade. Por fim, despede-se, deliciando-se com o seu triunfo:

– Agora, o meu *mot de la fin:* amanhã, o dinheiro! Amanhã, amanhã cedo! E deves obedecer-me militarmente, se não quiseres...

Ameaça o médico com o indicador em riste, qual se estivesse disciplinando uma criança estouvada e sai batendo estrepitosamente a porta atrás de si. Logo após, no entanto, reabre-a e, em voz melíflua, com deleitoso vagar, digna de um *pince-sans-rire,* como se aditasse um pormenor sem consequência em assunto absolutamente passivo:

– Oh! Perdoa-me, senhor! Ia-me esquecendo de estipular a soma... Furtemo-nos aos enganos! Digamos...

Aproxima-se irreverente, alisa-lhe o ombro como se limpasse o pó, evidenciando familiaridade folgazã, e segreda-lhe a importância desejada, careteando gravidade picaresca que faz a face do médico acinzentar. Em seguida, afasta-se de novo, largando mais esta espada de Dâmocles suspensa sobre a sua consciência. E avança empertigada, trauteando uma canção qualquer que o segundo estrondo da porta interrompe.

Passa por Aline atônita, sem lhe dirigir sequer um olhar e ganha a rua.

Na calçada, velhinha de humílima condição, carantonhando sob os trapos da touca, estende-lhe a mirrada concha da mão. Tiritante de frio, desnuda o braço aberto em feridas e tossica alguma coisa em tom implorante que Rossellane não se digna de escutar. Arrimada ao bordão nodoso, a anciã acompanha-lhe os movimentos sem se alterar. Rossellane deixa para trás uma esteira de perfume, mas, indiferente à onda fragrante, qual um cadáver ambulante, a mendiga dirige-se ao consultório.

Ali, as tintas rubras das ameaças e injúrias que lhe haviam sido lançadas em rosto estão vivas na face do clínico. Tem a fisionomia amarrotada de sofrimento e as orelhas em brasa. Sobre a mesa treme um barômetro oval que lhe responde ao tremor das mãos. Verruma de aço parece romper-lhe o crânio, ânsias de vômito crescem-lhe pela garganta. Mais uma vez arrasado! Terrível decepção apodera-se dele, e a cólera lhe invade o cérebro desgovernado, contraindo-lhe as feições.

– "Deus meu, serei sempre um escravo do passado? Morro, e ela se compraz em assistir ao meu próprio desastre. Sigo de dor em dor impelido pelo seu instinto ambicioso! Isso é um trabalho de Sísifo! Até aonde irá essa tirania? Ela confia em sua astúcia, em sua força. O remorso é mais que um pensamento! Que fazer? Que fazer?" – Florian pensa em recorrer à força: – "Se fosse homem, eu me bateria com ela! Só um duelo seria solução!..."

O ataque da ira, porém, se desvanece. A mente se lhe imerge em profundo cismar. Suas angústias sobrepõem-se ao ódio. No dédalo de aflições, seu temperamento timorato se rende submisso à nova imposição, e ele se pergunta como levantará os fundos líquidos necessários. Sabe agora, que se defrontará com dupla provação. O acréscimo é Renet, trabalhado por ela.

Aline assoma discretamente à porta, e Florian Barrasquié empertiga-se. O médico esconde o homem, o cidadão disfarça o pai.

– Sim! – diz ele à assistente.

Vai tentar, outra vez, esquecer os próprios males, empenhando-se no socorro aos males, talvez maiores, daqueles que o procuram.

CENA DOMÉSTICA

DECIDE-SE Florian a uma entrevista com Renet. Receando pesar-se na balança da opinião pública, depusera em mãos de Rossellane, na manhã posterior ao encontro último, a vultosa importância por ela indicada. Surripiando o dinheiro, prometera a moça acabar com o incestuoso romance, contudo, antes mesmo que partisse, repetira os esgares habituais em que – ele o notara – alardeava o seu triunfo. Dando de ombros, dissera-lhe com displicência estudada, entre muchochos e sorrisos diogênicos:

– Meu caro pai, como vês, não te é difícil comprar tua tranquilidade! Teus prejuízos não têm ido além de um retalho de fortuna. Pensando bem, eu não tenho a mínima vantagem em anexar o "Barrasquié" ao meu nome... Pelo contrário, isso me ultrajaria... Sois todos infiéis, perjuros, pusilânimes e tolos!

Nos dias subsequentes, Florian não anotara qualquer alteração de monta na atmosfera moral do filho e, em razão disso, delibera falar-lhe. Pondera consigo mesmo sobre o passado. Rememora o tempo de ligação com Carla, examina as consequências do logro emotivo em que se enredara, madureza a dentro, e resolve convidar o filho à reflexão, sacudindo-lhe os brios.

Vê-se, no entanto, ilhado num labirinto, indagando-se como revelar a Renet o seu próprio drama de homem correto a pagar constantemente e tão caro o erro de alguns dias. Ademais, de que modo induzi-lo à separação, sem lhe dizer a verdade sobre a origem de Rossellane? Em sã consciência, não pode acusar a jovem perante o rapaz que se acha muito distante de supô-lo em sua intimidade e, por outro lado, jamais confessará ao sucessor a fraqueza de que fora acometido, quatro lustros antes. Mesmo assim, encoraja-se e dispõe-se a defendê-lo, dissuadi-lo...

Cai a tarde, enquanto o jovem, chegado a casa, espera o jantar para se acolher, em seguida, à companhia de Rossellane. Entretém-se a escovar os cabelos, quando escuta, no corredor, as conhecidas passadas do genitor que, impetuosamente, descerra a porta e inquire, enunciando rispidez rara nele:

– Meu filho, vais sair esta noite?

A frase é pronunciada com tal acento de agressividade, que o moço empalidece em sobressalto. Não é a primeira vez que isso acontece. Florian se faz solene em quaisquer lances difíceis. Apesar disso, Renet responde calmo, tanto quanto lhe permite o ânimo espantadiço:

– Vou, sim, meu pai. Desejarias alguma coisa?

– Aonde vais?

– Dar uma volta, como de hábito. Nada de especial.

Florian, entretanto, não desiste. A ansiedade transparece-lhe das perguntas e apela dolorosamente, achegando-se mais:

– Meu filho, volta-te para Constance, moça de boa índole, qualidades morais a toda prova, encanto de juventude sem frivolidades, religião firmada em fundas convicções. Sabe que ela não se desgosta de tua companhia. Tua mãe e eu, contudo, notamos que te pões indiferente, que te afastas... Que se passa, meu filho?

Há violento impacto de força, de olhar para olhar. Medem-se ambos. Renet reconhece que jamais vira o rosto paterno com expressão assim tão súplice e desagradável. E Florian, consternado, adivinha-lhe na face a paixão obstinada.

– Estou, meu pai, interessado noutra moça. Não julgues seja mera fantasia. Sinto-me seriamente inclinado ao compromisso, na certeza de que a tua compreensão me apoiará...

No silêncio que surge, estabelece-se, entre pai e filho, súbito clima de desconforto. Faz-se o ar irrespirável como se o tempo estivesse para mudar. Acentua-se o mútuo constrangimento, a crescente tensão. O frio mortal que envolve os dois opositores parece comunicar-se até mesmo às paredes e aos móveis do aposento.

Austero, o pai insiste, e Renet, habitualmente jovial, mostra-se irritadiço. Jamais se evidenciara assim rebelde e, por isso, a apreensão do médico desborda.

Discutem, estomagados. Ouvindo a altercação, Monique se aproxima, impõe silêncio ao filho com um gesto de mão e, registrando estados de ânimo tão díspares, sugere em forma de apelo:

– Ouçamos o que nos dizem os amigos espirituais esta noite. Aceitas, meu filho?

– Está bem – aquiesce Renet, glacial, dando-lhes as costas.

Um pouco mais tarde, Palome serve o jantar no silêncio de três inapetentes comensais.

TRÊS SATÉLITES EM ÓRBITAS DISTINTAS

À NOITE, Bílnia se apresenta, através de Constance e, de modo a que apenas Renet lhe possa compreender, aconselha-o para que se liberte da paixão desvairada a que se enleia. No íntimo, porém, conquanto silencie, ele atribui o conselho ao ciúme da jovem medianeira. Qualifica de embuste o esforço feito em seu favor. Terminada a reunião, Constance tenta lhe falar afetuosamente, contudo, Renet, uma vez mais, afasta-se, evitando-a com acinte.

Em resultado, horas depois, chora a jovem no silêncio do quarto, rogando aos espíritos lhe apontem o melhor caminho a seguir.

Daí por diante, os diálogos de Monique com Renet são veementes, no entanto, inábeis. Qualquer entendimento fracassa de início. Aqueles três corações, dantes pulsando num ritmo só, jazem agora largamente distantes, embora presos aos compromissos de um teto só. Renet não consegue atinar com as frágeis razões expostas em casa e tendentes a separá-lo da escolhida; Monique, visivelmente agastada com as atitudes do filho, sente, ao mesmo tempo, recrudescer a desconfiança diante do esposo, outra vez mergulhado em despesas alucinantes e misteriosas, supondo francamente esteja ele ainda às voltas com a enigmática visitante do consultório. Em meio a isso, Florian, conturbado, deixa-se esvair em azedume e desânimo, à maneira de réu que se faz indefensável por si próprio, voluntariamente trancafiado na cela da consciência.

Os três, sem que o percebam, passam a gravitar mentalmente em órbitas distintas, em torno de Rossellane. Renet diz-lhe, em pensamento, muitas vezes ao dia: "Ninguém nos separará!" Florian repete a cada oportunidade que sua imagem lhe visita a memória: "Não roubarás meu filho!" E Monique, recordando-a na feição de aventureira com quem renteara, de leve, tão somente uma vez, roga-lhe, transtornada em desespero: "Estranha mulher, não arrebates meu marido, tem pena de mim!"

E, através de conversas e indagações, buscando uma luz para clarear as desavenças entre pai e filho, a Sra. Barrasquié vem a saber, pouco a pouco, que a menina, pivô de seus ciúmes, é a mesma que namora o rapaz. Aumentam-lhe os receios, mas evita revelar a Renet a verdade chocante, porque não encontra vantagem nisso. Quanto ao esposo, reconhece-o tão mais enfermo, que nem aborda com ele o assunto constrangedor.

Mas, espírito amorável, sem habilidade para fingir, Monique se perturba, e todos o percebem.

EM QUE O NÓ SE APERTA

NOS DERRADEIROS limites da resistência, Barrasquié não consegue reprimir a repulsa diante de Rossellane ao vê-la de retorno ao gabinete. O cinismo da jovem deixa-o fora de si e expulsa-a, furiosamente, quando ela lhe mostra a língua em atitude desaforada. Em seguida, proíbe a Aline recebê-la dali por diante.

– É débil mental, mulher inconveniente!

Anseia Florian por um desfecho. Sente-se arrasado. Das duas coisas, uma: aceitará a escolha do filho e se desinteressará dele ou agirá energicamente contra o jovem. No auge da exacerbação emotiva, chama Renet a explicações, ali mesmo, no consultório.

– Filho, necessito falar-te.

– Outra vez? De que se trata agora?

– Renet, rogo que não mais procures a moça que te vem fazendo irresponsável. Trata-se de doente mental...

Nisso, porém, falham-lhe as energias. Tem a sensação desconfortável de fracasso, acredita-se inabilitado ao trato do assunto, admite que está em caminho errado, que não argumenta como deveria argumentar, que não tem a firmeza, a autoridade necessária... Cai-lhe o verbo em compulsório intervalo. Percebe-se acusado em causa própria. Desistiria da atitude a que se propunha se, nesse instante, não revisse Rossellane, com os olhos da imaginação, a gritar-lhe, sarcástica: – "Sois todos infiéis, perjuros, pusilânimes e tolos..."

Algo refeito, acrescenta menos intempestivo:

– Peço aceitares os meus conselhos e as exortações dos espíritos. Age com prudência. Casamento é passo sério. Ignoras ainda, e muito, do que diz respeito à família dela, não lhe conheces a verdadeira situação. Volta para Constance, meu filho, torna à companheira ideal, à criatura que te serve. .. Constance é boa...

Florian vai prosseguir, mas Renet lhe interrompe a palavra, trocadilhando com ironia:

– Ah! Sim! "A constância é a base das virtudes!" Impossível, meu pai! Não tenho e nada quero ter de comum com a Lajarrige. Constance não passa de uma impostora! Como é que o senhor e mamãe podem crer nas tolices que ela inventa? O senhor, um médico de competência e renome!? Pai, desperta! Se alguém, aqui, está louco e cego, positivamente não sou eu...

O médico estremece, grita apoiando-se à escrivaninha:

– Sim, estás louco, raciocina! Tua namorada é uma doente mental, e tu te desequilibras também.

Desarvorado, Florian deixa-se cair sobre a poltrona. Renet aproxima-se arrebatado, rubro, precípite.

– Pai, como podes afirmar que Rossellane é louca? Há quanto tempo a conheces? De onde? Já a examinaste? Tu a comparas com a Lajarrige. Esta sim é uma insana! Não és capaz de lhe diagnosticar as manias religiosas, as visões, as mensagens do Além?

– Renet... – tartamudeia o genitor, desnorteado.

Mas o filho, refratário agora a conselhos, dá mostras do veneno que lhe fora instilado e continua em tom selvagem:

– Basta, meu pai! Basta! Basta! Não compreendes? Há muito tempo desconfio de Constance. Tudo quanto faz é manobra para nos explorar. Ela e a mãe são paupérrimas, desejam posição e dinheiro... Engodam a ti e a minha mãe, mas enganam-se comigo. Não me deixarei levar! É por demais evidente! Incrível que não percebas!

– Não perceba o quê? – pergunta o médico, em franco desalento, convencido de que todas as suas palavras haviam sido inúteis.

O filho encara-o com rudeza.

– Não percebas os arranjos para um casamento de conveniência. Mas é inútil o que faças ou que venhas a fazer! Nada de casamento arranjado e, acima de tudo, arranjado com quem! Seguirei as minhas inclinações. Sou um homem. Sei o que quero. Escolherei o que entender. Prezo a minha liberdade, não abro mão dela nem por ti, nem por minha mãe ou por quem quer que seja!

Supondo que o pai intentará novos argumentos, cerceando-lhe as ações, sai desabaladamente, cérebro crescido ao fermento da revolta, a face lívida de rancor.

Florian, transido de espanto, vê que o filho, acariciado desde o berço, tem naquela hora para com ele a mesma insolência de Rossellane, estrondando portas e agredindo-lhe os ouvidos.

Afasta-se o rapaz, alimentando a teimosia dos temperamentos obstinados. Dias antes, não se acreditava tão profundamente vinculado à parceira de seus arroubos juvenis, no entanto, a oposição dos pais contra ela, estimulara nele o temperamento obcecado, conferindo ao caso o sabor e a atração da cousa proibida. Indiscutivelmente, devota-se ao genitor com afetuoso respeito – reflete entre abatido e insubmisso – e lamenta haver-se excedido nos desmandos de modos e linguagem para com ele, mas nunca lhe concederia governá-lo em assuntos do coração.

DE MAL A PIOR

NA RETAGUARDA, o pouco que restava da fortaleza moral de Florian esvai-se aos golpes verbais do filho. Jaz na poltrona do consultório, qual se fosse um cadáver.

– "Será que criamos Renet por moldes errados? Ele jamais permitirá que decidamos o seu casamento conforme o costume francês... nem o fará por intermediários... Temos de lhe dar a livre escolha... mas com essa menina, não! Não é possível!"

O passado prossegue a insultá-lo – o passado indesarraizável, o passado de que sempre quis fugir e que se lhe torna mais e mais presente. Soluços que não soube prever nem sabe, agora, sufocar, constringem-lhe a garganta. Expressões de angústia desnaturam-lhe as linhas do rosto. Sente-se detestado pelo destino. De que lhe valera abominar o pretérito, acumular consideração e fortuna, pensando no futuro desse filho que o despreza? Para que a existência, se é um condenado à tortura moral, sem apelação? Nos escaninhos da consciência, acusa-se de débitos morais que supõe insolvíveis e, na vida de relação, vê-se relegado a incessantes resgates que, nesse instante, somados à rebelião do rapaz, parecem-lhe um martírio sem fim.

No dia subsequente, atravessa as horas prostrado em cadeira repousante, à feição de réu algemado por si mesmo ao tronco da punição. Experimentando tédio infinito de tudo, encaramuja-se no tormento moral. Lembra clientes que estiveram em situações extremamente críticas e julga não encontrar caso paralelo ao seu em toda a sua carreira médica. Pensamento mórbido, examina soluções que outros escolheriam em lance igual do destino: a confissão do erro, cuja ideia não suporta; fugir como um solitário da Tebaida, embarcar para o Brasil, abandonar a atividade profissional, o que resultaria num exílio mortal para Monique e ele, um contrassenso ante as suas convicções; ou a deserção da existência, que considera um ato de insânia e nem lhe merece a mínima detença. Todavia, reflete na morte como sendo, para ele, a via ideal de paz e libertação.

Pressentindo a tragédia a rondar-lhe os passos como tocaia nas sombras, assim voluntariamente internado em dolorosa apatia, ninguém logra arrebatá-lo à melancolia e ao desalento. Veia túmida serpenteia-lhe pela fronte, dói-lhe a cabeça de contínuo, agita-se-lhe o coração em batidas rápidas, com indisfarçável mal-estar, como se crivado por dores espiraladas. O trabalho não lhe desafoga a tensão do corpo, nem lhe emancipa o espírito. Julga trazer às costas um fardo de pedras, defrontado pelo mais perigoso dos desafetos – ele mesmo –, ultrajado no íntimo por temores e libelos da consciência de que não sabe se desvencilhar. Seus olhos aflitos procuram coisas que outros olhos não veem, talvez a solução entressonhada do enigma que ele próprio exagera. Em certo instante, aproxima-se do peitoril. Uma vizinha aparece na janela defronte e crava nele a atenção. "Teria falado em voz alta?" – indaga-se, aterrado. Volta ao interior da casa, reconhecendo-se fronteiriço à loucura.

Sobrevém o crepúsculo, e a noite chega, atravessada de ventos, alfinetada de estrelas. Acendem-se as luzes. Levanta-se, a passos de sonâmbulo, vai à janela próxima, ouve sem ouvir a récita em coro dos grilos que enxameiam no jardim, registrando aqui e além, soluços estrangulados que ouvidos alheios não escutam. E envolto no vento a zunir, alta madrugada, em torno da casa, tem a ideia de que ele lhe escarnece dos infortúnios, mal sabendo que se encontra rodeado de gargalhadas zombeteiras, não de vento, mas das próprias legiões de espíritos obsessores que o assediam. Apavora-se. Comprime a cabeça entre as mãos e guarda a nebulosa impressão de um pesadelo real. Ouriçam-lhe os cabelos, tem medo, medo difuso, medo quase pânico, igual àquele que sentira, lembra-se ainda, ao visitar o Aude, corrente acima, nas ásperas gargantas cortadas entre as penhas, nas proximidades de Axat. Ali, a natureza tiritava com suores frios, como que revestida em pétalas de gelo e bagas de chuva, e ele sofrera súbita vertigem, compreendendo-se portador de ignorada lesão cardíaca.

Imaginação sobreexcitada põe-se a arquitetar, pela centésima vez, episódios repentinos de ousadia, acasos felizes que possam reabilitá-lo e observa-se pela imaginação abordando Monique, comunicando-lhe a falta do pretérito e os apuros do presente, tolerando argumentos e olhares de muda reprovação, tanto da esposa, quanto de amigos. Mas logo regressa à condição de silente pecador e derrotado moral.

Na alcova agasalhante, acende velas, sempre mais velas, exigindo os candelabros de muitos braços para afugentar a penumbra que lhe surge à mente por espantalho acusador, acoitante de fantasmas hostis. A cada vez que Monique se aproxima, imagina que lhe vem trazer a notícia do segredo descoberto, do escândalo público que anseia evitar a qualquer preço. Na expressão mesma da cabeça coifada de veludo e emoldurada na parede – formosa efígie materna – acredita surpreender censuras sem palavras.

Fustigado pelo sofrimento que engendra e amimalha, lembra um alienado em tremenda luta por resguardar os derradeiros laivos de raciocínio.

– "Dois decênios de esforço em vão para organizar a existência e adquirir respeitabilidade profissional! Tudo inútil, tudo inútil!"

Interiorizado, misantropo, em sua elevada estatura apresenta-se vergado. Não ouve o rouxinol que modula serenatas dentro da noite, mas sintoniza a coruja que pia no arvoredo a caçar arganazes.

E assim prosseguem os dias de Florian Barrasquié, as noites, das quais, emerge cada vez mais fatigado. Não tornara a entrevistar-se com Renet. Sabe, porém, que continua na convivência de Rossellane e a certeza disso sangra-lhe a alma. A todo instante, lastima-se em dolorosa fixação de ideias:

– "Tudo e todos contra mim! Na filha, tenho o anjo das trevas, na esposa, um juiz implacável cujo ciúme não posso justificar e, no filho, agora um inimigo prestes a consorciar-se, por culpa minha, com a própria irmã! Deus, Deus, tende piedade de mim!"

Lágrimas de chumbo escorrem-lhe na face enquanto inquire em prece inarticulada:

– "Foi tão grande o erro meu, Senhor? Tão grande o prejuízo infligido que a obrigação de pagá-lo seja assim, na conta de um por mil! Oh! Que fiz! Que fiz! Quais deveres transgredi? Quais delitos cometi? Senhor, até quando deverei padecer? Tantos homens conheço responsáveis por filhos fora do lar sem que o peso da culpa lhes estraçalhe a existência! Por que, Senhor, devo mascarar-me a cada momento, dissimular a verdade e aguentar as consequências terríveis da covardia que amordaça? Que fiz para que a vida me sele os lábios com os freios do medo? De que outros desvios me acusas para que eu seja exterminado, pouco a pouco, pela santa crueldade de minha esposa, pela ingênua crueldade de meu filho e pela crueldade infernal de minha filha? Senhor! Senhor! Que fazer por libertar-me e alcançar-te a misericórdia?"

Se antes procurava Florian os amigos para refazer-se, em espírito, nas palestras demoradas especialmente com Mathivon, o boticário que o serve, desde muito tempo, ou com Plendoux, o tabelião, agora não mais se anima a isso. Como nos clímax de pesadelos, prende-se a labirinto de saída inencontrável, sente ânsias de correr, mas permanece imóvel, busca resposta que se faz inaudível, ao mesmo tempo que emudece ao fardo da consciência, qual peso esmagador... Suspeita de cumplicidade as próprias paredes, desconfia do silêncio. Tique nervoso lhe arrepela o nariz, instante a instante. Nem mesmo no passado, quando servira, na guerra, à infantaria, em meio a balas, canhoneios, carretas e nuvens de pólvora, sofrera tanta angústia. E toca com o dedo, lembrando-se, o ombro esquerdo onde existe, sepultado, um balaço de inimigos.

Envelhece com brusquidão e, mirando-se ao espelho, de perto, de longe, de frente, de viés, confessa terrificado:

– "Céus! Transformo-me na caricatura de mim mesmo... Embora respirando, não vivo mais..."

Na clínica, onde invariavelmente primava pelo autorrespeito, tem o serviço atabalhoado em marchas e contramarchas, avanços e recuos. Dá ordens e contraordens. Resolve, titubeia, volta atrás. Muda de ideia vinte vezes em quatro horas. Já não encontra disposição para a leitura saboreada de um bom livro, nem lê jornais. Julga a comida insulsa, detesta o vinho, resmunga contra as roupas; o leito em que deveria refazer-se fatiga-o mais.

Por fim, já não se medica, recorre aos conselhos e prescrições de Fluchieu.

E por remate ao calvário imanifesto, supõe-se agora na iminência do escárnio social, ante as farpas do achincalhe em torno de seu nome, o repúdio de Moni, a ironia de Renet, o afastamento dos clientes, a zombaria da vizinhança. Não se vê com forças para sobrestar a adversidade e, sem cúmplices de seus pensamentos secretos, entrega-se a irremediáveis sensações de abandono.

– "Erguem uma reação geral contra mim. Por toda parte, barreiras! Por toda parte, incompreensão! A quem confiar meus desesperos? Entre o céu e a terra ninguém que se apiade, que se interesse por mim! Não aliciei um só aliado que me ampare no infortúnio! Estou rodeado de tantos e estou só! Só! Num deserto! Num deserto!"

O ponto crucial da questão, a convicção de que o filho vive apaixonado pela irmã, sem que ele, o pai, resolva-se a denunciar-se, é um braseiro de apreensões a queimar-lhe as entranhas:

– "Que complicações são essas do destino? Inacreditável, que dois irmãos separados pelo nascimento e criados em cidades distantes, cresçam estranhos um do outro para depois se encontrarem na situação em que os vejo! E isso, essa coisa monstruosa haveria de suceder exatamente comigo! Ah! Rossellane! Tu o sabes, tu o sabes... Destrói-me, mas por que haverás de te destruir e a teu irmão? Não, não me posso calar! Lutarei contra essa filha assassina! Nós nos aniquilaremos um ao outro, é preciso salvar Renet!"

Ele que guardava, no cerne da formação moral, arrependimento e remorso ante a paternidade clandestina, estremece agora frente às possibilidades do incesto:

– "Se tal acontecer, serei também passível dos crimes da alienação e do silêncio. Mas como dizer a Renet: "Não podes fazê-lo, meu filho! Irias desposar tua própria irmã!" Como? Sou um covarde! Um covarde!"

Em seus dias subjetivamente vividos com intensidade, embora em trágica vadiagem exterior, deixa os seus alegretes transformados em cemitérios das roseiras. Sempre de chinelos vermelhos e roupão entreaberto, já não se barbeia todos os dias; cresce-lhe a barba hirsuta, seus cabelos ignoram os cuidados do pente. Pela manhã, anda cambaleante e estaca sem motivo com a opressão dos raciocínios a tirar-lhe a consciência dos movimentos. Expondo nos olhos os círculos violáceos da vigília, exibe fisionomia macerada, qual se estivesse em regime de flagelação permanente.

Começa a tragar fortes amendoadas para dormir, mas apenas cochila dentro da noite recheada de pesadelos. Lembra Rossellane, reouvindo-lhe as palavras de reflexão em reflexão.

Mme. Lajarrige e a filha estão de novo ausentes. A Sra. Coralie, perseguida de asma, viajara como sempre, buscando ares novos, levando Constance. E sem o consolo das reuniões de intercâmbio espiritual, Florian Barrasquié, um quase-cadáver, como que aguardando solução ignorada, vê cada dia lhe decorrer com lentidão de mês. Acossado numa espera sem esperança, irresoluto, assemelha-se à planta que fenece, mirrada pela ausência de Sol.

CATÁSTROFES DE AMOR NA PROVÍNCIA

ROSSELLANE gira pelo quarto, ao modo de animal encantoado. Com a ponta dos dedos nervosos, torce a ponta do lenço que lhe sofre, em frufru irritante, o desencadear da ira. Florian, ausente do consultório, não se lhe faz acessível, e os luíses escasseiam. Recusa-se, contudo, a diminuir exigências. Aguça-se-lhe a fome de ostentação e urde plano diferente que lhe satisfaça a sede de ouro.

Aproximando-se o momento em que Renet, por hábito, chega de visita, recompõe-se, apaga o febril das faces em fogo, ensopando-se em compressas de *Eau d'ange*, refaz o penteado que entrança puxado para trás no estilo *chinoise*, a infundir-lhe um exótico de indefinível encanto. Convencida de que o enamorado partilhará o jantar, escolhe o vestido mais luxuoso, de finura aracnoidiana, e enfeita a fronte com o *belle Ferronière*, a cadeia usada em torno da cabeça com pendente de pérola, que ele próprio lhe ofertara, encomendado a Paris.

Admite que deve assumir novos rumos, conversar resolutamente, expor argumentos irretorquíveis para alcançar a vitória que pretende, enquanto Florian não exponha a verdade ao filho. Pensa e decide-se.

Junto ao apaixonado, lastima o isolamento da província, queixa-se de tristeza, maldiz o tédio que não consegue evitar, deplora os dias de juventude inutilmente gastos na vida interiorana e, por fim, mencionando a incompreensão dos pais dele, propõe-lhe um plano de fuga. Desfia promessas, ante a ingenuidade do companheiro e aquece a palavra em sopros líricos, a enlaçá-lo em ondas de graça estonteante, acabando por incentivá-lo a renovar-se em Paris.

Nessa noite, verbo e beleza lhe fluem da personalidade com mais veemência. O clarão do castiçal, habilmente disposto, acentua-lhe a estudada aflição na face e lhe abrilhanta os cabelos, qual se fosse cândida menina que a dor convertesse em anjo, através de caprichoso jogo de luz.

Desempenhando com superioridade magistral as cenas de angústia, multiplica as tiradas sedutoras, exaltando a imaginação do jovem vinhateiro, a fasciná-lo sem pestanejar:

– Paris, Renet! Tão somente Paris é ninho que nos acolha, cenário digno de nosso amor! Apenas lá será possível a plenitude de nosso amor, que o ranço da província em breve envenenará... Não posso mais! Não aqui, Renet! Não mais Carcassone! Limpemos dos pés a poeira deste lugar! Somos jovens! A vida é nossa! Nossa única oportunidade é Paris!

– Mas partir assim será fugir... – sussurra ele, indeciso.

– Sim, meu Renet! Fugir! Fugir para viver! Aceitar o desafio à felicidade. Ficar será morrer. Partamos. Que importa se não compreenderem! A mocidade é nossa, a vida é nossa. Não mais Carcassone, Paris!

Alvitra que na Capital não será difícil ao amado granjear emprego rendoso, servindo-se das relações e do nome paterno. Até consegui-lo, garantirão a subsistência com economias em mão.

Por fim, apoiando-se ao braço dele e ensaiando uma das mais belas atitudes de seu repertório mímico, exclama, convincente, irresistível:

– Tomaremos um barco qualquer até o Garonne e alcançaremos Toulouse. De Toulouse a Paris, por diligência, é um passo simples. Ninguém nos seguirá, esteja certo. A liberdade é bem que se conquista! Estaremos a sós com o nosso amor. Partamos, Renet! Atende-me... – E, com deliciosa ingenuidade, intentando afrouxar-lhe a resistência: – Dizes que me amas! O destino aparece traçado... Posso contar contigo?

O rapaz vacila e rompe a passear desassossegadamente pelo quarto, da poltrona à mesa, da janela à porta cerrada, olhos baixos, mudo, qual se não entendesse o que ouvira. Entretanto, pouco a pouco, perde os sinais de temor que lhe ensombrecem o rosto e passa a considerar que Paris realmente sempre o atraíra.

Ainda assim, pondera num bruxuleio de sensatez:

– É preciso pensar bem...

– Por quê?

– Por meus pais, querida! Não será fácil deixá-los. Meu pai, sobretudo, abate-se dia a dia. Não me parece bem.

– Oh! Renet! Renet! Regressando casados e senhores de condição respeitável, estarão conosco e nos concederão sua bênção! Partamos, querido, para a nossa tranquilidade, para a nossa alegria! Não hesitemos diante de nosso amor! Um amor como o nosso não pode vegetar como os amores comuns, ainda mais aqui em Carcassone! Um carvalho vigoroso não cresce num vaso!

Tanto encorajamento lhe dissipa os receios, ele se empolga. Magnetizado, cede. Oh! Sim! É preciso partir, dilatar os horizontes. De inopino, a vida, quase rural no Sul, se lhe afigura intolerável; o solar desponta-lhe da imaginação, antiquado e triste; o *manoir,* uma prisão sem grades; as vindimas, uma ocupação humilhante; seus companheiros, pessoas aborrecidas e insossas. Como pudera tolerar por tanto tempo? Rossellane tem razão, é preciso embarcar para a grande aventura da mocidade, do amor. Premente necessidade de mudança assoberba-o e, patenteando súbita resolução, rende-se:

– Pois bem, partiremos. Tudo decidido! E quanto mais cedo, melhor!

A interlocutora enlaça-o com ternura felina, seus olhos falam por clarões, entre os cílios espessos, esfuziando uma alegria que não lhe causa estranheza.

– Partiremos! Sim, quanto mais cedo, melhor! Hoje, então! Hoje mesmo! – reforça em jubiloso delírio, arrebatadamente. – E conosco apenas minha mãe! Consentes?

Renet não encontra meios de se furtar.

– Como não? Se desejas...

– Sim, sim... Ela é muito só!

– Bem, é necessário prepararmo-nos. Nada de atraso. Mudança combinada, mudança feita... Regresso à casa apenas para recolher o indispensável. Venho buscar-te aqui?

– Não.

– Mas e a bagagem?

– É pequena. Minha mãe e eu podemos aguardar-te no *Éperon,* aquela estalagem do porto. Conheces?

– Sim.

– Então, vamos às providências imediatas. Não há tempo a perder. Mas tem cuidado, uma imprudência pôrte-á à margem... Saiamos como quem se entrega a um passeio noturno...

— Sim, meu amor, estarei lá. Vou aprestar-me sem que ninguém o perceba. Fica tranquila...

Rossellane beija-o, alvoroçada, e o jovem Barrasquié despede-se rápido. Saltando para o cabriolé, dirige-se a casa onde recolherá valores, roupas e documentos.

ATÉ ONDE LEVA A PAIXÃO!

RENET, cauteloso, entra no solar. Percorrera longos trechos de rua, aquilatando as consequências da resolução, pelas últimas reservas de prudência. Em casa, retrai-se, furtivamente recolhe-se ao canto escuro do saguão.

— "Duro golpe para minha mãe" – pondera, ensimesmado. – "Além de tudo, com meu pai doente... Tudo isso é nuvem sobre a nossa felicidade familiar, mas o que posso fazer? Mais cedo ou mais tarde teria de partir. Tenho de viver a minha vida, sou homem. Eles já tiveram o seu quinhão, toca-me a vez."

Lembra as histórias que ouvira acerca da morte trágica do tio Jules, os apontamentos familiares sobre a enfermidade materna antes que ele próprio viesse ao berço, põe-se a meditar na moléstia obscura de que vê o genitor acometido e analisa o quanto o seu afastamento do lar abalará, de novo, o edifício doméstico.

Semelhantes considerações, contudo, não lhe modificam a decisão:

— "Tenho dinheiro que basta para todo um ano... Trabalho aparecerá. Tenho instrução, sou jovem, forte, de boa aparência. Meus pais se aproximam do ocaso. Não podemos misturar experiências, a noite que se aproxima para eles, o dia que nasce para mim. Não posso me iludir, adiar... Província é relógio atrasado. Quero ser feliz, viver! Para isso, o único remédio é partir... Assim tem sido, desde que o mundo é mundo. Meus filhos farão o mesmo. É preciso compreender!"

Nessa disposição, levanta-se do recanto em que se refugiara a fim de pensar e diligencia atingir, sorrateiramente, o quarto.

Avançando em silêncio, ouve vozes na saleta contígua. Detém-se e escuta. É uma reunião de intercâmbio espiritual que se pratica. Isso quer dizer que as Lajarrige já voltaram. Decerto, informadas relativamente à precária saúde de seu pai, não haviam esperado que a estação findasse. Renet pode distingui-las na penumbra da sala, vestidas ainda com seus trajes de viagem. Logicamente a visita se remata pela reunião de consulta aos espíritos, prática que ele passara a detestar.

Estacado na sombra, nota as profundas alterações por que passa Constance. A menina Lajarrige parece outra pessoa, macilenta, dramática. Como de outras vezes, fremem-lhe os lábios e uma voz exótica se faz ouvir por eles:

— Sim, meus amigos, é possível elaborar verdadeiro tratado de geografia espiritual, relacionando todos os acidentes conhecidos na geografia física da Terra e inumeráveis realidades outras. As almas em sofrimento se domiciliam nas mais diversas paragens, até mesmo copiando os vermes na intimidade da crosta planetária ou imitando os peixes extravagantes, na profundeza abissal. Quais os corpos que se desmancham no subsolo, há espíritos que enlanguescem, abatidos por longo tempo, sob os pés da humanidade, ao modo de cadáveres vivos ou fósseis aparentemente imortais. Nas trevas das águas oceânicas, há mentes-monstros e almas-animais de estarrecer o observador mais sereno. Outros muitos, que partiram em túmulos de fogo, ateados por eles próprios, quais aqueles de crime e arrependimento, sentem-se arder durante decênios; outros ainda, que se atiraram ao sepulcro das vagas, escutam o rebramar das ondas enfuriadas pelos vendavais do remorso. Existem espíritos enfermos profanadores de almas, usurpadores de emoções, vândalos do pensamento. As ações do mal geram e alimentam essas formas estranhas.

Exceção de Florian, que repousa em aposento próximo, silencia o grupo concentrado, quando Renet, descoberto pelo carinho materno, se vê compelido a entrar na sala às pontas dos pés, assentando-se, por fim, ao lado de Monique. Reconfortada por essa presença imprevista, a senhora retém a mão do filho entre as suas. A contragosto, o jovem escuta o espírito nas decorrências do assunto:

– Quem não se prepara ante a Vida Espiritual recebe, de surpresa, amarga frustração, todavia, os que o fazem se rejubilam com a felicidade. Aos espíritos conscientes de sua eternidade, a vida humana é o inverno transitório, e a morte, a primavera ridente. Os homens incautos, porém, os que vivem apenas para fruir ilusoriamente os prazeres materiais, à distância do amor fraterno, esses como que edificam a própria casa no inverno polar, na superfície gelada do oceano da vida. Mais tarde, quando outros se alegram em novos haustos de paz e esperança, surpreendidos, veem-na ruir, ao sol da primavera, derrocando-lhes todos os esforços...

Sobrevém um lapso de silêncio e, ao prosseguir na grave preleção, a entidade imprime rumo diferente à mensagem, qual se voltasse agora para o jovem recém-vindo:

– Tenhamos paciência e serenidade em todas as circunstâncias, meus amigos. Nunca tumultuar atitudes, nem apressar decisões. Momentos sombrios surgem nos quais será preciso recorrermos à luz da prece. Esperemos em Deus, na convicção de que ninguém está só. Examinemos as diretrizes que abraçamos, analisemos ideias e emoções. Somos vistos e seguidos de uma vida mais elevada por espíritos melhores e mais sábios; se podemos iludir temporariamente aos homens, jamais enganaremos a Providência Divina.

Renet recusa a autenticidade da manifestação. Intimamente, impacienta-se, anseia afastar-se, não deseja nem mesmo considerar, de ligeiro, as palavras ouvidas. Encasula-se em negatividade sumária.

Encerrada a reunião, Constance volve à consciência normal, e as senhoras cercam o rapaz na tentativa de travar com ele uma palestra amistosa. O moço Barrasquié sente lavar-lhe o rosto a carícia do olhar da menina enternecida.

Monique intenta colher-lhe as impressões dos ensinamentos havidos e nem de longe adivinha a cena que se lhe seguirá às perguntas afetuosas. Visivelmente excitado, com profundo aborrecimento pelo contratempo que o retém, Renet explode aos gritos, sem o mínimo respeito à condição do pai doente. Não hesita em atribuir aos interesses pessoais de Constance as comunicações que ele julga inventadas. Fala alto, atropeladamente, acusa, lastima-se, e um estupor de reprovação e de assombro constrange a sala.

Ao libelo desconcertante, coberta de pejo e de mágoa, Constance, qual uma corça assustada na fuga, alberga-se em distanciado recanto, entre soluços incontroláveis. Médium inconsciente no transe, ignora o que se dispusera o espírito a explanar por sua boca... O acontecimento se lhe avulta tão intolerável quanto incompreensível.

Como pode Renet acalentar a injustiça de juízos assim temerários? Com que direito a espezinha, associando ingratidão à calúnia?

Constance chora sofregamente. Está ferida em sua dignidade pessoal, revoltada pelo rumo que tomam os acontecimentos. Renet desprezara-a, elegera outra para as alegrias do coração e, como se não bastasse, agora, apedreja-lhe o caráter, não vacila confiná-la entre embusteiros e malfeitores. Entretanto... ama-o ainda! Assim, com a grandeza moral apenas perceptível nos seres de eleição, conquanto desolada, busca motivos para desculpá-lo, a monologar generosamente, convocando todos os sentimentos femininos ao tribunal de uma lógica sublimada, a fim de pacificar o raciocínio:

– Não posso culpá-lo sem lhe conhecer os motivos íntimos! Fala baseado em suas razões que, decerto, parecem-lhe corretas. Além disso, é evidente que se encontra infeliz. Uma flor não pode ser condenada porque a lagarta lhe desmancha a beleza!

A ingênua conclusão tipifica-lhe a pureza. Nesses momentos de humilhação e vergonha, em que seu ideal de mulher inclina-se à revolta contra os espíritos que a situam na prova, vence, entretanto, pela integridade moral. É preciso resignar-se, manter-se firme. Ama e amará a Renet, mas não titubeará em seu respeito e consideração pelos Amigos Espirituais, a quem deve extremado devotamento. Prefere sofrer descrédito e abandono, mesmo por parte daquele a quem se consagra com inexcedível ternura, a trair sua fé, sua certeza no Mundo Espiritual.

Ainda que tudo conspire contra si, nas tramas do mal, saberá esperar por Renet numa vida maior, onde o afeto não seja ilaqueado por mentiras e ilusões! Permanecerá leal àqueles instrutores que lhe dispensam carinho paternal, acompanhando-lhe os dias, clareando-lhe a alma e que, decerto, saberão orientá-la nas trilhas do dever.

Chocada, Monique repreende o filho, temperando delicadeza e censura. Não pretende exculpá-lo. Chama-o a brios, declara desconhecê-lo. Na reação nobre, tem os olhos vermelhos de lágrimas que não chegam a cair.

O moço irritado silencia. Inesperadamente, contudo, e embora glacial, beija a face materna e se retira. No rosto de Monique pinta-se a incompreensão e a surpresa!

UM MÉDICO SEM MEDICAÇÃO

Monique reúne-se às amigas, escusando-se pela ocorrência, para a qual não encontra justificativa, quando Palome, enfermeira-sentinela a cuja guarda permanecera Florian, irrompe na sala, amarrotando nas mãos o avental rendado:

– Senhora, depressa, *M'sieur* está mal!

Enquanto Renet, saindo por uma das portas laterais, dirige-se à estrebaria onde deixara o cabriolé, as quatro mulheres, atarantadas, correm ao pavimento superior.

Florian, que há muitos dias se demora em patético mutismo, atravessa uma crise nervosa.

Trêmulas, cercam o leito onde o enfermo tresvaira, dialogando com o invisível:

– Não faças isso, filha! Não faças! Rossellane, não faças isso! Sabe-me ferido de morte! Rossellane, não faças isso!

Sibilando as expressões, alinha conceitos desconexos entre frases truncadas e palavras partidas, aparentemente absurdas.

Em pânico, Monique se inteiriça. Momentaneamente destituída de iniciativa, não lhe ocorre convocar a presença do filho, o que passa também despercebido às companheiras. Assim, menos de cem passos além, amuado, Renet ignora que Florian capitulara em seu leito de Procusto e apresta-se a partir.

Arremessado ao vórtice da tormenta moral inexprimível, Barrasquié perdera, por fim, os últimos resquícios da resistência. Sucumbe ao delírio, a única válvula de escape que lhe vaza os pavores obscuros. E suas angústias recônditas, sofreadas por tanto tempo, transbordam nas exclamações borbulhantes como as águas violentas de uma represa que se esbarronda com fragor. Olhos esgazeados, implora, soluça, gesticula, interroga o vazio...

Implacável exaustor às culpas e ideias obsidiantes, nuvem de loucura senhoreia-lhe o cérebro, vasculhando a concha acústica da consciência, pondo à mostra a face oculta de sua vida. Seus olhos prostrados, de tempo em tempo, fulguram agrandados de terror para se aquietarem quando ele, doloridamente, esmola compaixão entre ânsias e náuseas.

Sob as vistas de Monique, abúlica, Mme. Lajarrige acomoda-lhe, sob as cobertas, as mãos errantes que tateiam o ar num bailado de alucinação, exaltado na veemência de incongruente discurso, no qual, vez por outra, espanca a própria cabeça. A amiga generosa procura sossegá-lo com exortações consoladoras, chama-o, identifica-se, pedindo para que retorne ao controle emocional, todavia, sua imaginação jaz consumida pela febre, e apenas responde, semi-inconsciente, entrecortando frases bizarras ou triturando monossílabos inexplicáveis. Fixado ao sentimento de culpa, segue a pedir:

– Detém-te! Minha filha, detém-te! Dize que te vais deter! Não me atormentes mais! Tem piedade! Custa caro demais a lição! Devolve-me o camafeu! Devolve-me o camafeu!

Debatendo-se, ao modo de quem amontoa somas em notas, pilhas em moedas, refere-se a doenças, relaciona enfermos, cita medicamentos, descortinando tumultuariamente o caos que lhe vai na alma. Suas pupilas hirtas, ora surgem como dois pontos em combustão no rosto incendido, ora esmorecem enevoadas, em gaza. Ensaia soluços e, por rápidos momentos, parece refugiar-se em prece, as cordas vocais modulando-lhe notas discordantes de uma nênia de suspiros e gemidos.

Depois, provocando as lágrimas das senhoras que o assistem, clama e roga socorro qual se invisível carrasco o torturasse; cerra os dentes em trismo e as feições quase se lhe cadaverizam, para, logo em seguida, voltar a entrebater os maxilares em convulsivo tremor, mergulhando a fronte no travesseiro, na ânsia inútil de ocultar-se aos seus fantasmas.

Monique deixara-se cair numa cadeira junto do leito e, com as lágrimas a lavar-lhe o rosto pálido, não desfita o companheiro, muda, esmagada de dor, conquanto as desoladoras interrogações que lhe flagelam a alma. Cada frase de Florian, espinho sonoro, agride-lhe os tímpanos, antes de se lhe cravarem no mais sensível do espírito.

Palome, esquecida de sua compostura e rigidez, deita soluços no lenço. Constance, ainda de rosto úmido, crispa entre os dedos o pequeno chapéu castor com que chegara, lutando contra a queda em nova crise de pranto. Apenas Mme. Lajarrige encontra energias para alentar o enfermo.

Perplexas, tórax opressos, ouvidos atentos, as quatro mulheres escutam a confissão que o delírio divulga, tartamudeante, através da voz esfalfada. Ressurge o passado, a verdade aparece... Um encontro, as relações afetivas com certa mulher que a morte arrebatara, a chegada de uma pequenina ao mesmo tempo que a esposa lhe dera um sucessor, o reaparecimento dessa filha, os preconceitos, o medo da proscrição social. Monique chora, entre revoltada e oprimida, sedenta de informes, minudências que a dignidade do sofrimento não lhe permite agora esquadrinhar.

NO QUAL ROSSELLANE É PRESA NA SUA PRÓPRIA REDE

DA CASA junto à ponte, Rossellane, acompanhada de Margot e volumosa bagagem, alcança o albergue onde esperará por Renet.

Pensamento em brasa, aguarda em frenesi a vinda do rapaz que se atrasa inexplicavelmente. O rosto lhe expõe emoções incontidas, secretas atividades.

No aposento discreto em que se amontoam as malas, passa a estranhar-se. Qualquer coisa no íntimo que a incomoda... Não é a mesma. Rossellane examina-se. Na atmosfera de seus arroubos encontra um sentimento novo que, vagamente, talvez possa categorizar por simples compaixão. De modo inexplicável, apiada-se por Renet... Aqui, encontra-se certamente a diferença... Nesse sentimento inoportuno... Ou oportuno? Pela primeira vez, interroga-se quanto ao motivo que a impele assim, loucamente, à aventura. Renet é leal, ela se rende à pureza de suas intenções e de seu devotamento. Fascinara-o. Vezes e vezes, tivera nos seus os olhos dele, cristalinos, nobres, impregnados de confiança. Seria justo arrebatar-lhe esse maravilhoso voto de confiança na vida e nas pessoas, desviar-lhe a mocidade heroicamente inocente da trilha do dever para o torvelinho de paixões inconfessáveis?

Confusa em sua perplexidade, Rossellane descobre no subterrâneo do ser um desorientador manancial de carinho que ignora possuir, deserto ressequido em que se vê, repentinamente, uma fonte. Apanha-se chorando. A iludível verdade é esta: ama Renet! Sim, ama o moço afetuoso e simples e reconhece-se indigna dele. Até ali, supusera dominar, fantasiar, entretanto, descobre-se prisioneira por vínculos emocionais inesperados. E isso dói antes de dar prazer! Não será ele um pássaro enredado à peçonha da serpente? Oh! Sim! Contudo, como deseja agora ser também ave capaz do mesmo voo, a fim de volitarem juntos em direção da felicidade! Com mão cruel e firme desnuda-se, e não encontra absolvição no foro da consciência. Rememora as visitas ao gabinete de Florian e vê-se, pelas lentes implacáveis da realidade, fria, contundente, de extorsão a extorsão. Apenas desejosa de bens materiais, ela começa agora a ver o reverso dessa medalha: está, espiritualmente, a sós!

Da janela cinzenta, pelos vidros sujos de um caixilho chumbado, distingue a esteira do canal, em cuja superfície lavada de luar, a tênues sopros de vento, dançam névoas esgarças e refletem-se proas adormecidas.

– Assim... amo! Ternura, remorso, uma dolorida alegria, isto é o amor!

Aperta a hesitante destra contra o peito, a tatear o coração que pulsa em nível ignorado e constata a limpidez da afeição que lhe comanda os impulsos. É um afeto natural, tão disposto a um suave arrebatamento, que desmente a si própria. Ela se desconhece e se confunde. Vê-se disparatada diante de si mesma, nunca se imaginara, na dura liça da vida, capaz de enternecimentos semelhantes. Rapidamente, dirige um olhar panorâmico sobre as circunstâncias atuais, examina as relações de pai e filho, volta-se em retrospecto sobre as ações dos meses últimos, inventaria aspirações e sonhos em perspectiva de malogro, concluindo, desesperada, que é tarde demais para refazer o caminho. Está presa nas voltas do laço preparado por si própria, dominada pelo mecanismo que pessoalmente engenhou. Da emotividade, transfere-se ao desespero. Onda crescente de desalento leva-lhe em turbilhão os anseios. Aterrorizada, aperta o rosto contra a fria superfície de vidro e chora, soluçando sem lágrimas.

Espíritos desditosos, sombras dementadas, emitindo induções entontecedoras, revoluteiam-lhe em derredor. Jamais se vergara aos desafios do destino. Superava-os a todos, entretanto, treme agora às lufadas gélidas da desesperança, temendo abandono e solidão. Não possui qualquer réstia de fé, não dispõe ao menos de um esboço de roteiro moral que lhe conduza os passos ou lhe assegure resistência. Crescera, supondo-se infensa às emoções nobres. Sempre se situara a mil léguas da paixão. Arraigada nessa convicção, simplesmente encenara as manifestações todas de imaginário carinho junto ao moço vinhateiro, no entanto, com a marcha dos dias, sem que o percebesse, os sentimentos se lhe gravitaram para alturas que jamais atingira na existência. Degrau a degrau, progredira através de caminhos ignorados e interiores até este momento fulminante e espontâneo diante de si mesma. Impotente e vencida, não tem nem mesmo para se apoiar as cáuticas lanças com que se escorava. Fenecera-lhe a arrogância e, para seu maior castigo, sobreviera-lhe ainda a inopinada revelação desse amor que a transtorna e à frente do qual sabe que é inútil fugir.

Já não é mais a mesma! Habituada a se impor como centro universal, vê-se intimada a dobrar-se por uma força irresistível que a atrai para fora da órbita de si própria! Desejaria livrar-se dessa inegável afeição, mas está inexoravelmente cativa. Entrando na existência de Renet, com sua presença cada dia mais atuante, mais próxima, os problemas dele agora se tornaram os seus, empolga-se por eles, sofre-os! Sente-se desconfortada, Renet atrasa-se... Percebe com desapontamento que tais emoções não são fingidas ou exageradas, mas honestas.

Não mais deseja enganar o jovem Barrasquié. Se sempre se sentia feliz em seus erros, agora se sente errada em sua felicidade. Anseia vê-lo outra vez, defrontá-lo às claras, confessar-se para lhe suplicar perdão. Laivos da prepotência que se extingue ameaçam sufocar-lhe a humildade nascente, mas não o conseguem. Renet fulgura-lhe no íntimo de si, qual pérola entre as escuras valvas da concha, anjo nascituro no regaço maternal.

A CONFISSÃO

NA CÂMARA do Solar, segue o enfermo em convulsões. Estremecem no leito antigo as colunetas de caneluras, refletindo-lhe os delírios. No dossel, os panejamentos franjados tremulam em arrepios de damasco e apenas o vestido de Constance, em pálido rosa, balsamiza o crepúsculo do aposento. As cortinas descidas vedam a noite azul que os ventos da Corbiera filtram, mas na antecâmara, a claridade do luar seteia os vitrais sem parti-los, sugerindo preces e sonhos prisioneiros entre as paredes de percal.

De início, Monique recusara-se a admitir o sentido evidente das frases febris do esposo. Repetidas, porém, aquelas afirmações lhe percutiram na sensibilidade. O drama do remorso, no companheiro, jaz à mostra. Indaga-se, agoniadamente:

– "Uma filha!? Era então uma filha! Mas a mãe, quem é a mãe?"

Ideias contraditórias lhe turbilhonam na cabeça, Monique rola desacordada aos pés do leito. As Lajarrige amparam-na.

– Tarda o médico! Tens certeza de que o foram chamar, Palome? – diz, aflita, a senhora Lajarrige.

– Sim, madame! Andrès saiu a correr.

– A quem chamaram?

– Ao doutor Fluchieu, velho amigo de *M'sieur.*

Do leito, num sussurro, chega-lhes a voz de Florian:

— Renet! Atende a teu pai, meu filho! Não recalcitres, não recalcitres!

A essa evocação, Palome, esbaforida, desce as escadas a correr.

Cruza com Andrès e o médico Fluchieu, parisiense de Biévre, há muitos anos radicado na cidade. Fluchieu poreja suor, apressurado que se encontra, apoiando-se à bengala de marfim; os calções ondulam em torno das pernas magras como se estivessem sob a ação de um pé de vento.

Saúda com gravidade as senhoras, colhe um frasco de éter na valise profissional e obriga Mme. Barrasquié a aspirá-lo. Divide cuidados entre ela e o doente, administrando tisanas e calmantes. Transcorrem minutos, as densas sobrancelhas de Fluchieu, ligadas sobre a fronte escampa, retorcem-se de preocupação; sob as bolsas dos olhos, as vigílias de longos anos lhe traçam no rosto a geografia da experiência. Discreto, Andrès alimenta o fogo na lareira, aviva as chamas com o fole e sai, nas pontas dos pés. Palome abafa as luzes na antecâmara. As Lajarrige silenciam em prece.

No leito, prossegue o delírio febrilento de Florian. Ora mais calmo, ora mais exaltado, repete os nomes de Rossellane, de Moni, Renet, de enfermos da clínica ou de remédios que se habituara a aplicar, configurando o círculo vicioso em que a vida mental se lhe confina.

Dorme sono de instantes, para despertar mais agitado, proferindo a desconexa litania com rouquidão na voz.

Na lareira da alcova, resguardada pelo quebra-fogo carmesim, assoviam troncos de figueira a se pulverizarem em faúlhas fulvas. No relógio de petit-bronze dourado, pastores sorriem indiferentes, imobilizados no movimento do *saute-mouton,* efetuando pregões do tempo no jogo de saltar em que a forja os surpreendera.

Duas horas de aflitiva expectação. A crise diminui de intensidade. Florian se acomoda, ressonando. Um sopro intermitente renasce-lhe instante a instante dos lábios evanescidos, anéis grisalhos colam-se-lhe à fronte e à face, suarentas. Sobre o canapé em que foi recolhida, pacificada pelos medicamentos, Monique igualmente adormeceu.

Constance e sua mãe, em prece fervorosa, rogam o auxílio espiritual indispensável, imersas em meditação compulsória, irmanadas ambas na incerteza da espera.

FUGITIVO EM DÚVIDA

RENET estala o chicote no governo do cabriolé, em plena rua. Em seu derredor, a noite de Carcassone pontua-se de pequenas luzes tremeluzentes: estrelas no firmamento, lanternas nas ruas, pirilampos nas sebes...

Separando-se do grupo, rapidamente demandara o aposento que lhe cabia, à curta distância, sem outro propósito que não fosse reencontrar Rossellane, cego de paixão, entontecido de ansiedade.

Afoitamente, aprontara a bagagem, revirando gavetas, vasculhando cômodas, descerrando armários. Valendo-se das escadas vazias, momentos antes de Palome, esgueirara-se, carregando pertences e valores emalados, conciliando a prudência com a impaciência. No cérebro, um só pensamento: decidir o futuro e comandar o próprio destino.

Coração palpitante, transpusera uma das portas da fachada lateral e cruzara o jardim, alcançando a estrebaria deserta onde o esperava, aparelhado, o veículo de que o pai, semanas antes, ainda se utilizava nas lides profissionais.

Nesse ponto afastado da vida doméstica, seria agora difícil que alguém o alcançasse, retardando-lhe a fuga.

– "Será de todo inútil prorrogar! Se não for nesta noite, será na próxima. Nem todas as gerações dos Barrasquié serão dadas a Carcassone. O meu não é o destino de meu pai! Nem o de minha mãe..." – E como se tentasse convencer a si mesmo: – "Renunciarei à família, aos amigos, aos vinhedos, aos meus vinhedos que são, talvez, a *cabeça* do Aude! No mundo tudo é assim: modificação! A Paris, pois! Lá estarei com ela. Juntos, esqueceremos; juntos, será fácil esquecer..."

Manobrara destra, silenciosamente, e saíra para a rua.

Rossellane mencionara um albergue, o *Éperon,* junto ao embarcadouro do canal, e a primeira barcaça disponível, na direção do Garonne, lhes servirá.

O cavalo *percheron,* almofaçado de flancos e reluzente de pelos, galopa vergastado. A terra, sob o manto do céu noturno, parece imersa em veludos azuis, mas o luar põe toques de prata aqui e além. Sobre ardósias e tufos de vegetais, desdobra o vento sul as ventarolas dos fetos.

No caminho que margeia o Canal dos Dois Mares, recolhe as rédeas, detendo o cabriolé à porta da estalagem. Observa, entre as janelas ogivadas, na parede esquecida pela broxa do pintor, quatro algarismos emparelhados, 1768, e, suspensa em correntes enferrujadas, a placa junto ao dintel que se sobrepõe à espora com acúleo, exibindo letras brancas e vermelhas, alternadas:

L'Éperon a Broche

De fachada aparentemente devoluta, a casa é o local indicado. Renet apeia-se e, mal põe o pé ao solo, de súbito, sente-se invadido de estranha força que lhe apaga o ânimo e lhe desfibra a coragem.

– "Será que estou esquecendo alguma coisa?"

Tem a impressão de que uma inteligência invisível lhe desarma os impulsos. Não mais o crédito absoluto em si próprio. Hesita, receia, possuído de advertências inexplicáveis. Angustiado, contrafeito, apanha a bagagem com pesados gestos e começa a refletir:

– "Afinal, mais não faço que fugir, desertar. E fugir de quem? Ser um desertor por quê? Não será mais justo esperar sem exageros de aventura? Vivo a dizer que sou um homem! Um homem impõe o que quer... Não posso me deixar conduzir tão cegamente assim... É preciso impor a razão aos sentimentos. Rossellane age pelos sentimentos, eu... eu aceito apenas... Se ela estiver em erro, para que estou servindo eu?"

Ambíguo estado de espírito cresce-lhe entre a cabeça e o coração, quando empurra a porta e entra, a dúvida entra com ele.

UM CONTRASSENSO VIVO

NESSE ínterim, a sós no quarto da estalagem, Rossellane reconsidera:

– "Confessar-me... Sim! E perdê-lo! Para sempre..."

Ideias antagônicas se lhe entrechocam na mente. Seu olhar traduz espanto e medo. O remorso pinga-lhe intangível num ponto doloroso e único da consciência: entregara-se ao plano com entusiasmos insensatos, sem jamais considerar a possibilidade de uma inversão de sentimentos. Descobrira o amor, de inesperado, e o amor trouxera-lhe lágrimas aos olhos, lágrimas verdadeiras como até então jamais vertera. Chora por si mesma e chora por Renet. Riscas salgadas de dor marcam-lhe o afogueado das faces, traçam tortuosas teias no embaçado da vidraça de guilhotina, imitando, por dentro, o orvalho benfazejo da madrugada que não vem longe. Ambição, violência, astúcia e capricho se lhe fundem no espírito em flama de ternura.

Sem que se prevenisse, impulsionada pelo egoísmo, despencara na angústia do irremediável por suas próprias mãos. E nesse jogo ao mesmo tempo irônico e risonho, o amor por Renet, dantes inclinação imprecisa, tão imprecisa que ela o desprezara, converte-se, de inopinado, em fogo dominador... Desatinada, encarcerara-se a si mesma nas grades da delinquência, e suspira, agora, por felicidade impossível. Tardiamente, verifica que sua memória e imaginação jazem ocupadas por ele e tortura-se como se esse espaço houvesse sido aberto em sua carne viva, em seu próprio coração.

Escoam-se dez minutos, vinte, meia hora... As alucinações da espera se intensificam. Escuta, à porta, se sobem passos masculinos pela escada; inspeciona a vidraça, tentando devassar as trevas em derredor da estalagem. A mente divaga-lhe apreensiva. Seus olhos, em que as sombras se adensam, cintilam úmidos, rolando inquietamente nas órbitas. Através das pupilas, jorra-lhe a noite que traz na alma; momento a momento, cresce-lhe o mal-estar.

Atribulada, revolve guardados e assenta uma caixa sobre a esquecida escalfeta de bordos requeimados que, no aposento, serve de aparador.

Ao subir, pedira vinho e taças. Numa delas lança o pó do diminuto frasco desembaraçado aos guardados. A esse contato, as pálpebras lhe estremecem, reluzem-lhe os olhos, qual se invadidos de leonina crueldade. Mostra, na face febril, sinais de profunda violência interior. Rossellane recua, agora é um contrassenso vivo de despeito e crime. Ainda assim, chora, estranha e impacificada. Ama Renet e sabe-o longe demais do que pode alcançar. Por isso, quer e detesta, bendiz e amaldiçoa. E conclui o seu *odi et amo* murmurando entre dentes, a fulguração do olhar derramando paixão:

— "Inútil a esperança, inútil o carinho... Este amor que me nasce é planta que não pedi... Se a felicidade não me pertence, por que recusar? Oh! Pobre de mim! Ele próprio escavará os caminhos percorridos e cuspirá sobre meu rosto a saliva da condenação! Hoje ou amanhã, ficará sabendo... E não compreenderá. Para que alentar o amor numa farsa? Depois de tudo, um dia, ele partirá de repente... E nunca mais o verei! Se for de alguém, não serei eu esse alguém. Não, não!... Meu ou de ninguém mais! Renet seguirá viagem, embora por estrada diferente..."

NO QUAL SE VÊ A INFLUÊNCIA DE UM HÁBITO FAMILIAR NO DESTINO

RENET empurra a porta e avança até o patamar da escada de madeira carunchada, onde empilha seus volumes.

Carantonhas rubras viram-se curiosas para ele numa algaravia de vozes meridionais, entremeada de guinchos, risos e roncos. Esgotam-se canecões de vinho, pichéis de cidra, *bombonnes de calvados*. A noite propícia faz desfilar, junto à chaminé gigantesca, um batalhão de *dammes jeannes,* generosamente esvaziadas. Fumaças furtivas evolam-se das mesas de nogueira rústica para o teto fuliginoso de onde se dependura a *couronne d'office* sobrecarregada de queijos, morselas, presuntos e réstias de cebola.

Vem do fundo da sala o chiar das panelas, o cheiro penetrante dos temperos. Uma chaleira ronrona; cozinha-se para os hóspedes retardatários e os barqueiros do Canal e do rio, muitos ali dentro com seus gorros típicos à cabeça.

Junto da lareira em que, lambida por chamas escarlates, ferve a sopa gordurosa, Margot se encolhe e espera envolta no verde enorme do xale. O moço cumprimenta-a, e ela, estendendo os lábios, indica-lhe as dependências onde a moça se encontra, no andar de cima.

Renet galga os íngremes degraus de madeira rangente, apoiando-se ao mainel polido por milhares de mãos, anos a fora. Depõe as malas no espaço além do último degrau e segue à procura de Rossellane, acalentando o propósito de lhe esconder, de início, as hesitações que o assoberbam.

A moça descerra a porta ornada de *camaieu* e, ao vê-lo, estremece qual folha de bétula. Esconde, entretanto, a funda agitação que a empolga e abraça-o com risonha preocupação:

– Renet, como tardaste! Aconteceu alguma coisa?

Entram, ela cerra a porta apertando nas mãos, convulsivamente, a maçaneta gasta de contatos manuais.

Informa o rapaz, esforçando-se para ser espontâneo:

– Nada de importância... Visitas em casa. Perdoa-me o atraso. Tu te aborreceste, pois não?

O jovem Barrasquié, todavia, está constrangido. Esse instante longamente esperado não lhe dá o regozijo pelo qual se batera, esquecendo considerações e saltando empecilhos. Fixando a interlocutora que lhe merecera, até então, inultrapassável carinho, afigura-se-lhe que ela perdera o halo de encantamento que o mantinha fascinado. Esfria-se-lhe o ânimo. Surge-lhe Rossellane à maneira de moça comum, cujos modos excessivamente desembaraçados lhes aparecem, agora, por disposições perigosas. Desencanta-se e sua perturbação aumenta. Parece que tão somente distingue nela a sombra da mulher que adorava, alguém a quem amara e que desaparecera, conquanto o seu corpo ainda viva. E, subitamente, ocorre-lhe aos pensamentos quanto poderia estar fazendo, àquela mesma hora, não estivesse ali. Possivelmente junto aos amigos, ou ao aconchego benfazejo de sua casa. Isso, qualquer lugar fora preferível ao aposento do *Éperon* que o constringe e sufoca.

Emudecido, o mal-estar se lhe agrava ao verificar a evidência da perturbação da companheira. Igualmente interessada em ocultar os pensamentos, faz-lhe perguntas ociosas sobre peças de roupa, acessórios, dinheiro e bagagens, alinhando vagas interrogações. Por fim, tornando mais densa a atmosfera de farsa que ela mesma encena, simula arrepios e propõe servir o vinho, a que, minutos antes, já se sentia disposta. Aquecidos, negociarão acomodações em uma das barcaças, entre aquelas que aproveitarão o luar para se soltar.

Os olhos de fogo traem-lhe a alma. Erecta, é uma flor humana transpirando essência letal.

O processo de desencanto, esboçado no espírito de Renet, ganha vulto. Não mais a vacilação e a rebeldia do filho naturalmente brioso; não mais a desconfiança imprecisa... Seu caráter emerge da maré de ilusões em que, transitoriamente, mergulhara.

O jovem torna a ouvir, rememorados, os avisos paternos e indaga-se:

– "Por que tamanha reviravolta nos meus sentimentos? Meu pai terá razão?"

Rossellane empenha-se em conversa ruidosa e riso alvar, no intuito claro do engodo e desvencilha-se dele à busca do vinho, fantasiando votos entusiásticos. Vai ao aparador, volta com as taças cheias, estendendo uma delas ao parceiro distante e melancólico.

Ergue-se o moço e, automaticamente, se dispõe a um hábito consagrado em família, de partilharem os casais da mesma taça, nos momentos de júbilo. Aceita a taça, tenta sorrir e, num esforço supremo de recuperação da tranquilidade, sugere à companheira, embora sem muita convicção:

– Bebamos juntos, na mesma taça. Diz-se que, brindando assim, o amor é como o sangue que nos corre nas veias!

Com a gentileza de quem, desde a infância, habituou-se aos deveres da cortesia, oferece aos lábios da companheira o primeiro gole.

Esta, entretanto, vacila. As narinas fremem-lhe. Jamais esperaria um tal desfecho, uma tal armadilha. Tem ímpetos de rir e de chorar. Como, então, a vida ironiza com ela? Articula uma trágica brincadeira? E ela, o que deve fazer? "Vamos, Rossellane, decide-te!"

Seu rosto empalidece, o problema inesperado esbraseia-lhe o pensamento. "Vamos, Rossellane, decide-te!"

O tempo não para, o moço insiste, renteando-lhe a face:

– Então?

A taça repleta balouça diante dela. E, diante dela, crispa-se, impaciente, o semblante de Renet, sob o espasmo dos músculos, na contração instintiva dos maxilares. A jovem percebe que vive um instante divisório, decisivo, carregado de destino.

Ele, expectante agora, distingue a imagem da taça, em miniatura, brilhando nas pupilas dela, pupilas palpitantes que a aflição parece fazer ainda maiores. Da nuança da surpresa, transfere-se a moça à máscara do horror. A taça tantaliza-lhe a alma. E continua hesitante. Sente-se, intimamente, acuada qual um animal selvagem, lograda, ferida, sob dor impossível de determinar, a cabeça como que envolta numa touca de labaredas. Revolta-se, e o ódio espreme-lhe do tórax ao rosto a aura da insânia em que o mais sombrio sofrimento se revela, como a noite tenebrosa revela a tempestade iminente. Talvez que demorada crise de pranto lhe trouxesse o equilíbrio, no entanto, de olhos enxutos, detém-se ante as lucilações rubras do candelabro, com a desesperação do jogador que perdeu a partida. A sorte está lançada!

Como algo que lhe partisse no recesso do espírito, terror pânico traumatiza-lhe a mente, qual gigante que a imobilizasse sob garras de gelo. No auge da angústia, entretanto, acalenta de súbito a ideia de fugir... Sim, fugir, escapar! Todavia, como se estivesse chumbada ao pavimento, permanece extática de aparvalhamento, a desabalada corrida no cérebro apenas. Fixa Renet, entreolham-se os dois, face a face, pupilas contra pupilas.

Um martelo de fogo percute-lhe a cabeça:

– "Ele percebeu, adivinhou! Ele sabe... ele sabe..."

Abre a boca para negar, recusar, mas a voz lhe morre na garganta, seus lábios se petrificam, suas pálpebras pesam, as linhas de sua fisionomia refletem tonalidades de algas. Tolda-se-lhe o olhar como ao escuro nada da vertigem numa sensação de desmaio, eclipse de consciência em que relâmpagos de amargura ziguezagueiam desnorteados.

Abismo de silêncio entre os dois, silêncio terrível, séculos de gelo, milhões de noites somadas.

De muito longe, de um outro lado da vida, Renet insiste. Ergue a mão para auxiliá-la e toca-lhe à borda da taça os lábios frios. A mão do rapaz, contudo, estremece, recusam-se-lhe os dedos ao gesto e a superfície espumante e carmesim encrespa-se, a gravidade arrebata-lhe a peça de cristal que, em lhe caindo aos pés, com repiques de prata, desfaz-se em sal grosso. Vinho e veneno correm pelo piso. Nesse momento, Rossellane, em voz irreconhecível, deixa escapar a negativa eletrizada da dor:

– Não!!!

Afasta-se às recuadas, ganha espaço, volta-se sobre si mesma e sai desabaladamente em ímpeto de fuga, lançando-se porta a fora.

AONDE OS MAUS CAMINHOS VÃO DAR

ATÔNITO, Renet não pode se opor, de leve, aos rápidos movimentos da fuga louca, inesperada, e nem tampouco assiste quando a jovem tropeça nos volumes da bagagem, deixados momentaneamente junto ao patamar.

Num arco de arremesso, Rossellane projeta-se contra o balaústre caranchoso, leva-o de roldão, a remexer-se no ar, e vai estatelar-se contra o madeiramento do rústico patamar no andar térreo.

A estalagem parece não comportar o volume de seu grito, na cambalhota mortal, e o eco desse grito se enregela no espaço, num instante de terror do qual todos os presentes participam.

Enquanto Renet se precipita porta a fora, os habituais à taverna e hóspedes da noite avançam em onda estuporada.

Cresce o ruído habitual, vozes suplantando vozes, e apenas não se achega ao grupo esbaforido a velha cozinheira, que prossegue rente ao forno, por ser surda.

No círculo em torno da acidentada, surge a curiosidade multiplicando gestos, ampliando todas as pupilas nas faces marcadas de susto.

Margot, balouçando berloques chocalhantes, abre passagem aos repelões e detém-se espantada, mais inerte que a moça, cujo corpo, em contrações, derrama sangue sobre as tábuas. De imediato, entretanto, vence a energia maternal. Ajoelha-se diante da filha, geme, lamenta-se e verte grossas lágrimas que lhe lavam as rugas atufadas de pintura. Pálido de morte, Renet colhe nos braços o corpo da sinistrada. Crânio fraturado, Rossellane lhe confia os derradeiros pensamentos na mensagem do olhar, a embaciar-se.

– Deus a receba em sua paz... – murmura desconhecida voz, ciciando uma prece. – Deus a receba em sua paz...

Aproxima-se a estalajadeira, brandindo os braços enrolados na espuma de rendas das mangas, persigna-se, apoiando-se ao alquilador que trabalha na casa e que, cofiando a barba suja, olhos acesos como tochas, observa Renet da cabeça aos pés, qual se estivesse examinando um espécime raro de cavalo normando.

O moço Barrasquié, vencido o momento em que se petrifica de assombro, mede a extensão da tragédia pela cena do corpo descomposto. Enfita-lhe a congestão da face, metade na sombra, metade na luz dos candeeiros, desata a faixa justa que lhe cinge a cintura, alisa-lhe o penteado desfeito.

A boca sutil se entreabre, e os olhos de gazela agonizante fixam-no com ansiedade. Os lábios de Rossellane movem-se como se quisessem pronunciar alguma frase que o adeus expulsasse do coração, mas petrificam-se, acentuando a triste expressão do queixo hirto.

Renet corresponde ao suplício da mensagem desarticulada, intenta colar o ouvido à boca que anseia expressar-se ainda, respira-lhe o hálito, mas percebe que estranho sopro, no peito frágil, prenuncia o derradeiro sono. As pálpebras da jovem descem docemente para, em seguida, reabrirem-se com ímpeto num supremo espasmo. Sofre

Rossellane agoniado estremeção e relaxa-se por fim, aconchegada a ele.

O moço compreende: o delicado corpo repousa para sempre.

Que ansiara Rossellane dizer nesse último instante? Rogar perdão? Pedir socorro? Jurar amor? Descora-lhe a morte lentamente a flor rósea da mocidade. Ainda assim, Renet busca-lhe a pulsação, empalma-lhe os dedos, contempla-lhe as delgadas veias azuis do dorso da mão despida, cujo calor esmorece. A saia do costume de viagem pontilha-se de respingos cor de vinho, o corselete debruado de passamanarias rompeu-se, desvelando a blusa cor de papoula. O corpo da moça se inteiriça, sua cabeça pende. Seus cabelos de matizes lutulentos soltam-se da redinha apertada e esparramam-se nos ombros, como se tecendo a cortina de veludo escuro que fecha o palco na representação que a morte converte em tragédia ao final do ato derradeiro.

Nos braços de Renet, a jovem inerme parece agora palidamente dormir. Abraçando-a, Renet abraça o irremediável!

Abyssus abyssum invocat... Na velha escadaria, junto aos postes iniciais dos corrimões, o símbolo da reencarnação e da experiência: de muito pouco vale a bênção da mocidade na romagem de menos de vinte anos, pelas vias terrestres, para quem desceu do cimo do aprendizado a que se empenhara, para tudo recomeçar, no primeiro degrau. Compromissos agravados, recomeçar é sempre em piores condições.

Renet apercebe-se rodeado de faces estranhas, apiedadas umas, acusadoras outras. Entre as interpelações que o assaltam, ainda guarda o corpo inanimado de encontro ao peito, depois ergue-se e vai acomodá-lo sobre o leito de ferro em quarto próximo, que a estalajadeira pressurosamente lhe abre. É tudo quanto pode.

Que mais fazer? Que explicações dar? Por momentos, desalentado, sem voz e sem movimento, deixa-se ficar, de pé, aniquilado ante o inapelável que defronta pela vez primeira. Todavia, inesperadamente tomado de nova decisão, apanha as malas e abandona o recinto. Ao descerrar a porta principal, uma lufada de música penetra o saguão que luz vaga ilumina. Mas da retaguarda chegam os gritos desatinados de Margot. Entre os brados de desesperação e os acordes vivazes da melodia, Renet se detém confuso, desafortunado, entre o apelo da vida e o apelo da morte. Todavia, salta ao cabriolé providencial e parte através da noite em brumas, fazendo estalar no ar frio o chicote manejado com nervosismo. Quer afastar-se, afastar-se para poder pensar. Se puder pensar, conseguirá salvar, em regime de urgência, a própria vida, o que lhe resta, Depois, então, ordenará episódios, abarcará seus dias, estabelecerá suas dependências e independências. No momento, um só imperativo se descerra à sua atormentada cabeça: distanciar-se do pesadelo para a vigília, do irreal para o real, do *Éperon a Broche* para o Solar Barrasquié!

Ao sereno, no pátio fronteiriço a uma das casas ribeirinhas, celebram-se bodas. Com clarineta, oboé, flauta, fagote, flajolé, inicia-se a improvisação de danças populares entre gárrulos convidados. É a Mônaco:

A la monaco
L'on chasse
Et l'on déchasse
A la monaco

L 'on danse comme il faut, ouve Renet de passagem pela rua estreita, onde faltam passeios.

Em torno do veículo, semelhando cabeleiras de chamas saltitantes, correm tochas entre motejos ou na repetição do alegre estribilho:

L 'on danse comme il faut...

O moço abre caminho às cegas e atinge o calçamento da cidade. Irrequieto, volta-se de quando em quando como se desconfiando de perseguidores intangíveis. A distância afoga os últimos ruídos da festa esponsalícia. Raras estrelas são coruscações de pupilas espreitando-lhe a passagem das alturas remotas. As patas do cavalo, posto a galope desenfreado, arrancam fagulhas amarelas ao empedrado irregular. Em derredor, o vento sul, turbilhonando ligeiro, da Corbiera longínqua, areja a ramalhada dos plátanos, sibila entre as mesuras dos ciprestes. Solitário morcego, com silêncio no voo, espaneja o espaço com as membranas; escaravelhos fosforescentes e insetos notívagos filigranam a superfície da noite.

Na carreira, Renet vence becos, praças, ruas. Em muitos lugares faz-se música, canta-se, dança-se ou se conversa alto, com ruidosos risos. Tagarelices de festas ondulam nos ares, esgarçam-se ao vento. Assentada em seu sopé, a fortaleza envolve-se em poeira lunar a estagnar-se no impalpável da paisagem antiga, em eternidade de amor que os rouxinóis pressentem, cantando nos pensativos arcos ogivais.

– "Morremos sós! A desolação da morte é incomunicável!" – filosofa Renet. – "A mais dolorosa ocorrência não altera um til das páginas vivas da natureza. Tudo prossegue..."

Na corrida, lanternas públicas passam-lhe em sucessão ante os olhos, por borrões amarelos, as sombras fundas envolvem-no, o vento tatala-lhe as abas da capa de viagem.

Em carrilhões da Cidade Alta, nos campanários, gargantas de bronze solfejam horas compassadamente. Tal se fora estranho ao serviço das rédeas, Renet dirige aturdidamente o cavalo, entra por vielas estranhas, faz curvas desnecessárias, segue ignorando por onde vai, buscando, às tontas, o trajeto de volta à casa paterna.

Galopa o cavalo como se a inquietude do condutor se lhe comunicasse aos movimentos. O luar abre-se mais claro, o vento passeia acordes pelas copas dos olmeiros, acordes que vibram misteriosos no ar, ritmando o silêncio, semelhantes a flabelos de asas, na revoada noturna de mil pássaros em bando.

A VOLTA DO FILHO PRÓDIGO

RENET alcança a rua familiar em que se ergue a mansão. Não poderá dizer quanto tempo decorreu desde que, carregado de bagagens, dirigiu-se à rua do canal. Está febricitante, mas a visão do lar lhe infunde a buscada acalmia. Antegoza o clima doméstico, prefigurando nele um ninho agasalhante que lhe restaure as forças. Tem saudade dos pais, como se não os visse, desde muito. Enternece-se, julga-se devolvido à meninice. Quer reconfortar-se, fitando o olhar paterno para descansar o espírito; anseia atirar-se aos braços de sua mãe.

A tragédia da hospedaria é pesadelo de que precisa desvencilhar-se, tem fome de equilíbrio, sede de paz.

Contempla demoradamente as árvores copadas que emolduram o edifício severo. O plenilúnio, qual hálito benéfico, prateia as ardósias do telhado, veste de gaze as estátuas do jardim, enevoa os balaústres.

Abre cautelosamente o portão de entrada para que não ranja nos gonzos, recolhe o veículo e liberta o animal fatigado.

Penetrando em casa, entretanto, Andrès, aflito, toma-lhe da mão com a intimidade que a dor e a morte costumam permitir e dá-lhe a notícia: o pai agoniza. O jovem empalidece. O sopro gélido da fatalidade volta a fustigar-lhe o rosto.

– Renet... meu filho... – geme Florian, quando o filho aparece-lhe à cabeceira.

E esse tom de ansiedade longamente reprimida, a misturar-se de alegria dolorosa, compele o moço a precipitar-se sobre o leito, em choro convulso, apertando o agonizante em seus braços jovens e fortes. Pai e filho trocam frases curtas, com soluços na voz, possuídos ambos de intensa emoção. Florian tenta, com os magros braços, retribuir o amplexo poderoso. Renet ouve-lhe os sussurros, vigia-lhe ansiosamente as expressões do rosto em lágrimas, porém, não lhe compreende as intenções.

Mme. Lajarrige e a filha, Palome e os servidores cercam Monique que desperta, amparam-na, compartilham-lhe as lágrimas copiosas.

Desfiam-se morosamente as horas, noite a dentro.

Retorna o doutor Fluchieu, já próxima a madrugada. Renet, assentado à beira do leito, guarda nas suas as mãos paternas. O doente, afigurando agora quase um ancião, dorme calmo.

– Esperemos que seu organismo venha a reagir – enuncia o amigo, triturando a barba, semblante vincado pelas rugas da preocupação. – Empregamos todos os recursos ao nosso alcance. Barrasquié encontra-se em absoluta exaustão das forças nervosas. Melhor que eu, o tempo o auxiliará... E preciso esperar...

Suavemente, fazem-se as luzes do amanhecer.

Palome entra e, ao libertar uma abelha que zumbe aprisionada na vidraça, sussurrante carícia de ar perpassa no ambiente.

Florian arqueja, conquanto mais tranquilo. Suor glacial lhe recobre a fronte e escorre através do pescoço sinapizado, umedecendo a colcha que lhe resguarda o *facies* precursor da agonia. De inesperado, porém, volve-lhe a normalidade da consciência. Suas faces se iluminam, abrem-se-lhe os olhos, agora lucificados, qual se quisessem falar de antecipadas saudades, na despedida. Intenta um gesto, dando a perceber que deseja conchegar o filho de encontro ao peito. Os presentes respiram aliviados.

Inclinam-se para ele todas as atenções.

O agonizante reconhece os familiares, o amigo médico, as senhoras da casa, esforça-se por sorrir-lhes, enrugando as faces cavadas, e cumprimenta com leve aceno a cada um. Volta-se para o filho, como a pedir-lhe que se aproxime, e cicia-lhe aos ouvidos frases entrecortadas que os demais não conseguem ouvir:

– Estou feliz... Desejava ver-te... Desejava saber que estás aqui... Agora, estou satisfeito...

Cerra as pálpebras no supremo esforço de se exprimir e prossegue, quase num sopro, a falar:

– Sou médico... sei que morro... Permanece em tua casa, em teu posto. Nada no mundo te faça desertar do dever... Filho, escolhe o que te convém, aqueles que te convêm...

O rapaz gesticula afirmativamente, incapaz de abrir os lábios arrepelados na iminência de choro. Sabe que o pai lhe fala já no limiar de um outro mundo!

A VITÓRIA DO VENCIDO

ELEVAM-SE vozes na fachada da rua. Chega aos aposentos o vozerio de humildes populares. Informada de que o médico venerado atingira os últimos lances da resistência física, a multidão anônima vem chorar o irremediável. Velhos e doentes, viúvas e órfãos agradecidos se reúnem, lá fora, entre preces e lágrimas, em louvor desse que, sem alarde, havia-lhes minorado as aflições e lavado as feridas. O herói prostrado, no entanto, ensaia olhares de indagação, em escutando o alarido, sem nada compreender.

Fluchieu vacila. Talvez que a presença de alguns dos visitantes fizesse bem ao agonizante, mas Palome já desceu a fim de solicitar o silêncio.

Escoam breves minutos em que Monique, quase tão exânime quanto o marido, suaviza-lhe os lábios secos com a ponta umedecida de um guardanapo.

Em torno do leito, as cabeças expectantes quase se tocam.

Em dado momento, de novo ofegante, porejando suor, o enfermo abre desmesuradamente os olhos e fixa-os no rosto de Renet. Agora, no ambiente, tudo se carrega com os tons inequívocos da despedida. Florian respira nos pórticos invisíveis para a grande viagem. Os dedos se lhe agitam convulsos, mas em sua fisionomia fulge a austera beleza dos que aceitam a morte com tranquilidade de consciência. Por fim, um suspiro vago lhe escapa da boca, sua cabeça se abate mais profundamente no travesseiro, seu olhar percuciente se faz baço.

Debalde Fluchieu aplica poções à fronte, sanguessugas ao pescoço e sinapismos com cataplasmas de farinha de mostarda aos pés. O doente não responde aos reagentes febrífugos.

Contudo, de modo inexplicável para os presentes que observam, nas raias da estupefação, Florian reabre os olhos, reanimando-se subitamente. A nebulosidade de seu olhar se funde rápida num clarão que irrompe do mais profundo de si. Estende a destra livre e articula o gesto de um velho amoroso que oferece a mão aos lábios de uma criança querida. Sorri em desafogo como aquele que dissipa saudades e angústias terrivelmente sofridas, e sussurra, recolhendo a mão já fria:

– Sim... sim... Bílnia! Minha Bílnia... Eu vou... eu vou...

Depois, num suspiro prolongado, repousa em definitivo. Compridas lágrimas correm-lhe das olheiras fatigadas, nascendo-lhe das pálpebras desfeitas.

E nenhum músculo de Florian Barrasquié se move mais!

Os entes, que se afinam na mesma emotividade, em torno ao leito mortuário, compreendem a felicidade sublime que a morte soleniza. Bílnia, a filha espiritual, decerto ao lado de outras afeições das Esferas Excelsas, estendia os braços ao médico devotado, ao homem de bem que renovara sentimentos e esperanças, ao toque de suas exortações. Florian, de sensibilidade acrisolada por dilatado martírio, parte na direção de outra vida, onde espera cultivar a plantação da felicidade, sem o adubo da dor.

Fluchieu apalpa-lhe o pulso no braço amolecido e trejeita mímicas labiais, meneando a cabeça. O velho amigo está morto. A confissão em delírio fora-lhe a declaração *in extremis*. Expira, supondo carregar inviolado o segredo de seus dias, no entanto, Monique e os mais íntimos, conquanto mudos e respeitando-lhe os intervalos de lucidez, haviam recolhido a dolorosa revelação.

Renet pudera receber-lhe os suspiros derradeiros na saudação do retorno à chefia familiar, testemunhando-lhe o fim. Comovido, cerra para sempre os olhos paternos, beija-os um depois do outro e cruza-lhe as mãos no peito, essas mãos que o povo amava por duas estrelas de serviço e beneficência.

Pranteia Monique, enlaçada ao corpo inerme.

No fundo pesar de que Fluchieu discretamente partilha, choram os presentes, enquanto, lá fora, lamuriam-se os servidores da casa. Em breve, a pequena multidão, reunida à frente do Solar, chora também.

A manhã tinge, de longe, os horizontes da cordilheira. Há chilreios de passarinhos madrugadores, e o novo dia que começa encontra Mme. Barrasquié nos véus de viúva.

Aproxima-se o rapaz do colo materno. Monique e Renet, num abraço de alma, prendem-se mutuamente. Um mundo de pensamentos independentes, porém, girando em torno de um mesmo objeto, no amplexo de alma para alma. Entreolham-se, cada qual escondendo os segredos com que espera surpreender ao outro: a mãe refletindo na mágoa em que se desalentará o filho ao saber que Rossellane, a namorada, é sua irmã; o filho ponderando o choque de que se confrangerá a sensibilidade materna ao cientificar-se do drama no *Éperon,* em que Rossellane lhe expirara nos braços, no momento mesmo em que se preparavam para a fuga...

O rapaz, no entanto, concentra-se no pai morto. Genuflexo, empolga-se na cavalgada confusa de seus pensamentos. O jovem, pela primeira vez, arrasa-se na tormenta moral. Daria tudo para que esses lábios definitivamente selados se descerrassem por alguns instantes, ainda que apenas por alguns instantes, para o diálogo em que ele, Renet, surgisse como o filho que respeita, acata e obedece. No semblante que a morte enrijecera, inquire às rugas que suplícios da alma haviam profundamente escavado, e afaga as mãos hirtas, lembrando-se ágeis no alívio aos doentes. Sente-se acidentado pelo carro da vida. Horas antes, a morte violenta de Rossellane, à maneira de pancada brutal a detê-lo no caminho. Aqui, a morte serena do homem de bem, que o havia protegido durante a existência inteira, compelindo-a à justiça e à solidão. Mostra-se vencido, figurando-se alguém que perdesse de repente o apoio dos pés em pleno abismo.

— Oh! Papai! Meu pai! — soluça Renet.

Constance aproxima-se timidamente e acaricia-lhe a cabeça atormentada. Renet compreende que semelhante gesto significa o perdão, o retorno, a resposta que a vida lhe dá, como o viajor em deserto de neve quando alcança o abrigo sob o jorro solar! Levanta-se, chorando copiosamente e, num ímpeto de ternura e gratidão, reúne Monique e Constance num abraço estreito e desesperado. Monique beija-o e afasta-se. Abandona o aposento. Florian apenas tem o direito de assistir a essa reconciliação por que tanto sofrera.

Agora, as lágrimas dele chamam as lágrimas dela. Nem Renet nem Constance ouvem ou entendem o que o outro diz, apenas sentem que partilham sofrimentos, que o amor é doce e amargo, que se tinham perdido e se encontram agora, para a vida, sob o testemunho da morte. Tudo o que, até então, subsistia-lhes na alma, de temor ou de incerteza, é varrido de um golpe. Alguns momentos de ternura bastaram para dissipar as trevas da longa incompreensão.

A morte, não raro, distancia uns e aproxima outros. Rossellane se despede, Florian parte, Renet torna ao coração materno e vê-se de regresso à afeição das Lajarrige.

Monique, desolada, conquanto assistida pelo devotamento de Fluchieu, propõe o recurso à prece. Tem sede da oração, sabe que, assim, logrará refazer-se, reconfortar-se.

Enquanto Palome providencia as medidas reclamadas pelo velório, sustentada pelo filho e as amigas, a senhora se retira para discreto aposento do solar.

Mme. Coralie, em rogativa repassada de fervor, exora a assistência espiritual, detendo-se particularmente a suplicar proteção para o amigo que retorna ao Grande Lar.

Minutos após, Constance cai em transe e, logo em seguida, Bílnia apresenta-se. A protetora consola a cada um, carinhosamente, reconforta a senhora e o filho. As expressões se lhe modulam em êxtases de fé. É evidente que também ela partilha os sentimentos da pequenina assembleia:

– A vida atual é sempre o epílogo de dramas de vidas transcursas e o prólogo de outros dramas em existências porvindouras. No recesso de vossas intuições, sois as testemunhas dos séculos mortos, das vidas imemoriais em todos os meridianos do Planeta. Na carne, todos vivem morrendo e todos morrem vivendo. Na ronda do tempo, no bojo das trevas do sofrimento, atravessamos veredas esfogueadas de provações para que venhamos a atingir a luz redentora das auroras imortais. Os espíritos encontram, de vida em vida, suas pátrias volantes, imitando pássaros migradouros a jornadearem de terra em terra, ao redor do Globo. A Misericórdia do Pai é o beneplácito invisível que nos segue as mínimas aspirações, amparando-nos necessidades e ideais. Alcemos o olhar a maiores distâncias, libertando-nos das restrições a que nos confinamos. Milhões de mundos são habitados e dias virão de futuro, nos quais o intercâmbio entre eles ser-nos-á gloriosa rotina. Vivei na condição de homens perecíveis e espíritos eternos. Existe um Poder Imanente que nos sustenta os destinos e nos constrange ao progresso. Vivei e confiai!

Suave melodia, em ondas intermitentes de tons, vibra em eco, modulada por artistas invisíveis, como que entoando, em linguagem desconhecida, orações sonoras que parecem chegar de algures, da câmara mortuária. A mensagem introduz uma pausa na locução pontilhada de melancolia e júbilo, para continuar:

– A estrela, o Sol, a chama e a vela, todos iluminam, consumindo-se para dar. Esta, a nossa rota: dar-se para o engrandecimento da vida, dar-se pela alma e pelo coração. Nas trilhas evolutivas, somente o bem não é provisório. De avatar a avatar, despendemos esforços para compreender e sentir os prodígios do amor puro. No plano terrestre, dos vagidos do berço aos adeuses da morte, criatura alguma vive sem o quinhão de sombra que lhe cabe na conquista da evolução!

E, dirigindo-se especialmente a Renet:

– Irmão querido, constrói o futuro, de ânimo varonil! Muito embora existam flores fanadas e vidas ceifadas, o espírito jamais deperece. Ninguém sepulta as centelhas do Sol. Modifica o roteiro da existência. Bendize a Deus e trabalha, esperando o Amanhã! Renova o *manoir*, ofertando rumos novos aos companheiros que mourejam nas vinhas. Em muitas ocasiões, o vinho será um recupera-dor das energias exaustas, contudo surgirão, no tempo, recursos nutrientes que o substituam com vantagem na ordem dos alimentos, para que não sirva de pasto ao abuso! Deixa o lagar, que há melhores ocupações aguardando o teu concurso... Inicia vida nova! Atende aos infortunados e enfermos que, banidos do convívio social, isolam a si mesmos. Socorre aos irmãos nossos que imploram auxílio de porta em porta, disputando aos cães o pão de cada dia. Medita nos bons exemplos, a mais preciosa herança legada por teu pai! Aproxima-te dos oprimidos e sofredores que ele deixa órfãos!

Prosseguindo, a mensageira volve de novo ao grupo:

– E todos vós reunidos, orai pelo esposo, pelo pai, pelo amigo que acaba de partir, mas não penseis num cadáver! Mentalizai o espírito imperecível que palpitará nos páramos da vida maior! Não relembreis um morto, recordai o companheiro redivivo... E esforçai-vos, irmãos queridos, por dignificar-lhe a memória em atos de bondade, restituindo-lhe em amor aos semelhantes algo dos tesouros de carinho que lhe devemos! Sejamos reconhecidos ao amigo que lucificou o santuário da consciência, aceitando com humildade as duras reparações que a experiência lhe reservou! Louvor àquele que transfigurou os próprios padecimentos em balizas de luz!

Essência de rosas trescala no ambiente, qual ocorre sempre que Bílnia se manifesta, e a reduzida assembleia guarda a impressão de ouvir distante cavatina.

Renet soluça na vizinhança da jovem em transe. A entidade, encerrando os aprazíveis momentos, articula a prece final. Expressões de ternura e sabedoria elevam os circunstantes à serenidade. E ainda mesmo depois que se despede, Bílnia deixa, gravado na memória dos companheiros que lhe ouvem, o seu último cântico, no poema da oração que pronuncia, estacando logo após, como se entrasse em sublime fermata:

– Oh! Mestre de Amor, releva-nos as imperfeições milenares. Senhor, ao clarão de teus ensinos, nenhum de nós desconhece a necessidade do sofrimento! Revelaste-nos que o calvário da redenção é uma subida de jubilosa dor e mostraste-nos que os braços da cruz a que somos jungidos, se suportados com paciência, transformam-se em asas de luz para a eternidade! Fortalece-nos, Senhor, para a estrada da remissão que nos cabe trilhar e dá que estejamos no clima de tua paz e na bênção de teu amor, agora e para sempre!

O CRISTO ESPERA POR TI

– SUPREMO Árbitro! Sustenta-nos a humildade ante os caminhos redentores! Amerceia-te de nós, Coração do Universo, que abranges em tua glória todos os seres da Criação, desde os vermes esquecidos às constelações da Imensidade. Soergue-nos dos Baixios de Lágrimas às Esferas da Alegria Perene! Reconhecemos, Ó Deus de Infinita Misericórdia, que de vida em vida, há miríades de séculos, demandamos o império sobre nós mesmos. E agora, que nova era alvorece para os homens, descerrando-nos, na Terra, o regozijo de teu reino, ensina-nos por Jesus Cristo as tuas leis equânimes! Deixa cair o pólen das ideias renovadoras na gleba de nossas almas, fecunda-nos de amor os ideais de regeneração, e exuma, Pai Excelso, as esperanças que largamos à retaguarda, soterradas no chão dos milênios mortos!

Sentindo o grave entono da voz que passara a ouvir, Charlotte notou que algo de diverso se desenrolava ali... Quem falava já não era a figura da projeção, que terminara, nem era Constance, que orava sob o controle de forças mediúnicas, nos cenários da mansão carcassonense, mas sim, a esplendência de uma entidade espiritual, palpitante de vida à sua frente, a própria Bílnia, aureolada de beleza, no remate da prece:

– Concede-nos, ó Deus de Imensurável Bondade, o dom de ouvir os Instrutores Benevolentes e Sábios a que nos confias, ante a Espiritualidade, para que possamos atender-te aos desígnios junto daqueles que vivem sob a névoa do mundo! Faze que vejamos em tudo apenas o bem que nunca morre. Mostra-nos que o Sol não tem sombras e que, em todos os domínios do Cosmo, há sóis que se acendem e céus que se expandem, infinitos. Torna-nos humildes em nossa pequenez para que nos engrandeçamos, um dia, em teu amor! Desperta-nos as consciências que tantas vezes dormitam na ilusão, quando nos destinas à verdade! Amadurece-nos o anseio de comunhão contigo! Sustenta-nos em teu serviço e afasta de nós as dúvidas à frente do dever! Que o trabalho digno nos alente por aguilhão e caminho, paz e força! Liberta-nos, Pai de Bondade, das sombrias algemas que talhamos para nós mesmos, aprisionados nas trevas! Extingue-nos a vaidade, confunde-nos o orgulho e, se necessário, dá-nos o retorno à armadura de carne a fim de que nos purifiquemos nas arenas da aflição! Acima de tudo, porém, conserva-nos em teus desígnios, que reconhecemos sempre justos. Assim seja!

Tomada de emoção intraduzível, Charlotte quis falar, mas a voz esmorecera-lhe na garganta. Ao influxo da prece, transfigurara-se em beleza indescritível o ambiente. Florescências estelares cintilavam, chovendo em ondas, pétalas saraivavam pérolas de rocio balsâmico, em rendilhados de gotas, enquanto sonorizados pensamentos de amor formavam liras de regozijo e esperança, quais se ajustassem umas às outras, compondo admiráveis caramanchéis. Como flamas voláteis, eflúvios de nardo e cinamomo passeavam no ar...

A jovem visualizou muitos seres enternecidos juntos de si. Alguns pareciam flutuar, tocando-a de leve. Ora azuis de turmalina, ora verdes de esmeralda, ora doirados de ouro, transpiravam revérberos. Voltara a perceber os jardins que a afagavam. Um toque mágico de transcendente primavera fertilizava a paisagem, comunicando graça e brilho a tudo e a todos.

Saiu, porém, da rápida abstração, porquanto, nesse mesmo intante, acercavam-se dela, um a um, vários espíritos como que trajados em vestes liriais a lhe estenderem

afeição por acenos. Ao vê-los, sabia-se instintivamente a revê-los e, assim, dizia-lhes os nomes, com emocionada inflexão:
– Florian!
– Monique!
– Renet!
– Constance!

Qual acontece no término de espetáculo grandioso, desfilavam diante dela protagonistas felizes de uma história de angústia, a lhe endereçarem a compassividade do olhar, em que se mesclavam confiança e renovação.

Em se amainando o calor dos abraços, perguntou, entretanto, com surpresa, exteriorizando as suas simpatias na história viva de que fora ela – ela só – a plateia atenta:
– Rossellane? Onde está Rossellane?

O grupo silenciou em sorrisos. Foi quando Charlotte compreendeu. Rossellane, em verdade, não poderia se apresentar:
Ela fora Rossellane! Rossellane era ela!

Então, Zéfiro, o venerando mentor cuja aparição presenciara no acesso aos jardins, observando-a repentinamente frustrada, materializou-se-lhe ao olhar assustadiço.

Afagou-a ternamente e falou-lhe do passado e do presente com bondade e energia, a prenunciar-lhe as injunções do porvir.

Charlotte ouvia reverente, mas ponderou com manifesta melancolia:
– Eu compreendo! Fui uma filha enjeitada a vingar-se do próprio pai! Contudo, é mister suportar, assim, tanta provação de futuro para resgatar essa dívida?

Esboçando expressivo gesto, o benfeitor considerou, enxugando-lhe as lágrimas:

– Não apenas essa dívida, querida filha! As recordações que acabamos de examinar são principalmente as de Barrasquié, o médico, gravadas logo após o seu regresso para este plano da vida. Na época, não pôde saber que tu não eras realmente sua filha...

– Mas... como assim? Quem seria então?

– Carla, a vidente, possuía serpentes e animais venenosos em casa. A filhinha de Florian desencarnou picada por um lacrau. Algumas semanas depois de seu nascimento, quando Margalide e Bilgorre se aprestavam à retirada, entre os pertences do lar em desordem, um escorpião assaltou a criança, que veio a falecer passadas poucas horas. Essa menina era Bílnia – a mesma criatura a que hoje nos devotamos! Podes agora entender por que motivos profundos se esforçava ela a desempenhar tutelares funções nos trabalhos mediúnicos junto ao lar dos Barrasquié, pela mediunidade de Constance. Abnegada amiga do médico, intentava recorporificar-se no mundo para ajudá-lo e, ainda mesmo por intermédio de Carla, teria sido para ele um apoio moral, não tivesse Florian a provação de viver sem ela...

Zéfiro pausou ligeiramente e avançou:

– Tornemos-nos, contudo, aos fatos. Apossando-se de apreciável fortuna, sem o ônus da criação e educação da pequenina e ainda na condição de herdeiros únicos de Carla Sebastianini, Margalide e Bigorre encetaram nova fase de existência com relativa prosperidade. Deliberaram realizar o velho sonho de granjear um filhinho e tu nasceste dos dois, recebendo o nome de Rossellane. Foi assim, filha minha, que te situaste no lugar da outra... Cresceste de posse da joia com que o médico comprou o silêncio de tua mãe, de mistura com recordações, narrativas e os antigos bilhetes, endereçados a Carla. Além disso, desde criança, te habituaste à suposição de ser a filha de Barrasquié. A desvairada ambição de Margot, interessada em chantagens futuras, punha especial interesse em tal simulação, ainda que frontalmente contra o seu próprio amor maternal.

Charlotte teve, aí, um grito de desespero.

– Oh! Deus! É preciso que eu lhes peça perdão!

– Não te aflijas —acentuou Zéfiro, imperturbável. – Florian Barrasquié te receberá nos braços paternos, muito em breve, pelas lides da Humanidade, quando voltares a renascer.

Próximo, Florian assentiu confirmativamente com a cabeça, em lágrimas de emoção.

A moça intentou reter o pranto e ponderou, engasgada de angústia:

– Sois benfeitores, quando eu sou criminosa... Dizei-me, por Deus, como suportarei a dor que me espera?

– Tudo está previsto. Desempenharás tarefa espiritual de nobilitantes objetivos. Serás médium e te situarás a serviço do Espiritismo...

– E serei capaz de desincumbir-me a contento?

– Ajuda-te e Jesus te ajudará! Em várias existências, as tuas faculdades se enfermaram por emprego infeliz e te desfavoreceram, quando poderiam auxiliar-te. Nós, porém, confiamos em ti. Exercerás a função de intérprete entre os homens e nós! Não terás recompensas no mundo! Vêm daí as surpresas quanto aos projetos de trabalho reencarnatório que te foram apresentados. Aprenderás a utilizar os recursos da prece, sintonizando-te com a Divina Orientação. Caminharás, na carne, sob a bandeira regeneradora dos princípios do Mestre de Nazaré. A mediunidade é apostolado de amor fraterno e pode ser também trilha de redenção pelo sacrifício. De que valeriam as magnificências destes jardins sem a consciência pacificada no dever cumprido? Serás um servidor anônimo do Cristo, junto dos homens! Nomes existem às centenas, coroados de glória no Mundo das Almas, que nunca foram abertos a buril nas pedras dos monumentos terrenos ou inseridos nas páginas de enciclopédias humanas... Esses te inspirarão!

Depois de breve intervalo, acompanhando as próprias reticências, Zéfiro seguiu adiante:

— Entrarás em novo aprendizado, resgatando os débitos contraídos. Já que foste médium de espíritos infelizes, aplicados em conturbar os passos alheios, voltarás, na condição de médium, a cooperar, junto deles, nas tarefas de desobsessão. De infeliz extorsionária encarnada, poderás transferir-te a lugar de evidência entre aquelas criaturas abnegadas que esquecem a si mesmas a benefício dos sofredores, dependendo isso de tua diligência no bem. Se aceitares com sinceridade o ensejo que a Providência te oferece, desfarás a criminosa trama de atitudes censuráveis a que te enleaste nas terras do Languedoc... Para isso, não te apresses a rogar renunciações para as quais não te encontras, por agora, habilitada devidamente e nem supliques vantagens materiais em que talvez te percas de novo. Esquece-te, filha minha, e pede ao Senhor te fortaleça os propósitos de humildade, para que te não desvies da estrada reta!

Fixando mais intensamente os olhos de Charlotte, que se enevoavam de pranto, o luminar aditou, paternal:

— Atravessando, em época recente, os trâmites da desencarnação, trazes ainda as criptas da memória compreensivelmente alteradas... Se fracassaste na missão de servidora de Cristo, podes, todavia, contar doravante com as orientações da Doutrina Espírita, no desempenho dos compromissos que assumirás. Tão somente na Crosta Planetária, onde falimos, é possível encontrar reabilitação e vitória! Renascerás em penúria. Hoje, porém, as possibilidades do exercício nobre da mediunidade, nos caminhos terrestres, são dilatadas. Há grupos organizados de experimentadores e estudiosos, obreiros e apóstolos da grande renovação! E no seio dos fenômenos, superficialmente considerados, existem legiões de trabalhadores dedicados a comprovar que o movimento libertador não é outro senão o Cristianismo puro em si mesmo, reconduzindo o coração do povo à presença do Mestre! Esperançados, agradeçamos as portas que se nos abrem!

O amigo espiritual afagou-a, de modo particularmente terno, e prosseguiu:

– Examinamos, em teu caso, apenas o trecho de tempo que nos separa dos começos do Século XIX. Retempera-te, na própria existência, a fim de que possas entrar na lembrança e resgate dos débitos anteriores. Por agora, é preciso trabalhar confiante no Amor Infinito que nos sustenta! Cristo espera por ti! Jesus, o Divino Condutor, muito espera de nós!

Os esclarecimentos de Zéfiro avançavam em curtas pausas, nas quais o benfeitor como que se detinha a observar as sugestões inarticuladas dos circunstantes:

– À face das dolorosas ocorrências de tua existência antepenúltima, justamente aquela que atravessaste, antes de usar o nome de Rossellane, quando quase perpetraste o suicídio pelo desperdício inconsiderado de energias nas práticas medianímicas, granjeaste apressadamente o favor da reencarnação, sob o endosso dos benfeitores, cuja estima conquistaste em remoto passado. E ainda agora,

conquanto longe, te estendem os braços, avalizando-te de novo os propósitos de ressarcir, evoluir, melhorar...
— Sim! — exclamou Charlotte, soluçando. — Sim... Sim!
— Entrarás agora em processos de rememoração, sob agentes magnéticos que te possibilitarão analisar informações que te dizem respeito. Retomarás reminiscências que te servirão amanhã de alicerces intuitivos, alertando-te nas responsabilidades da obra a realizar! Quem respira num corpo humano, não tem estradas pré-fabricadas para seguir: a vida terrena é igual ao mar, e o mar não tem caminhos, tem apenas direções. A bússola da intuição enriquece o livre-arbítrio da criatura para a clara governança da vida interior. Nunca te esqueças disso! A noção profunda de teus compromissos na divulgação das verdades espirituais será, em teu roteiro, alento e defesa... Tudo o que observaste aqui não tem outros objetivos senão aqueles de te armarem convenientemente para que não desfaleças na tarefa nobilitante em que te encontrarás situada na esfera terrestre! Transportarás contigo o dever da mediunidade, a convicção no mundo espiritual, a certeza na intervenção dos seres desencarnados e a obrigação de servir aos semelhantes como se os trouxesses pirogravados na consciência, sem necessidade de quaisquer fenômenos, que te alertem para isso! Perceberás os interesses da Espiritualidade Superior em tua cooperação junto da Humanidade, qual se tivesse o pensamento vinculado ao nosso, sem necessidade de que te venhamos a acionar os tímpanos da audição corpórea para que nos atendas no serviço espiritual.

ÚLTIMAS REVELAÇÕES

— É PRECISO que saibas, agora! Não foste apenas Rossellane, foste também Carla Sebastianini, a Convulsionária...

Charlotte quis falar, mas a emoção embargou-lhe a voz, enquanto o amigo prosseguia:

— Procura lembrar-te! Quando desencarnaste intempestivamente na casinha do Posto para Villefranche, ali permaneceste magnetizada ao ambiente de fascinação criado por ti mesma... Desencarnada, seguiste Margot e Bigorre no rumo de outros distritos de luta, fluidicamente encadeada ao casal, à vista de imperiosos laços de afinidade. Os benfeitores do Alto, condoídos de teu estado, angariaram-te a reencarnação entre ambos e renasceste como Rossellane, em seguida a apenas quinze meses de conturbada existência fora do corpo físico... A cobiça de Bigorre calculou que devias crescer qual se tivesses a mesma idade da criança morta, no intuito de manobrar-te, um dia, junto à fortuna de Florian Barrasquié. E o conseguiu, pois que semelhante convicção dominou até mesmo tua própria imaginação! Eis por que te achavas diante do médico, não por filha afetuosa, mas por extorsionária indiferente... No ádito do ser, onde o pretérito esconde a chama da simpatia e o lodo da aversão, acalentavas o secreto propósito de torturar o homem que te havia prometido a felicidade e que, restituído ao dever, abandonou-te à penúria sem comiseração. E eis por que Florian te recebia, não como pai, obrigado pela vida a orientar-te com dignidade e ternura, mas na posição de um homem acovardado, diante da própria consciência... A Lei é justa! Florian pagou os débitos contraídos, ceitil a ceitil, mas agravaste os teus, acomodando-te à megalomania de luxo, insensível ao sofrimento alheio, por mais te chamássemos ao trabalho de purificação espiritual! Ainda na infância, te buscamos para a verdade por intermédio das vozes amigas que te induziam à simplicidade, à paciência e à caridade, a fim de que, na personalidade de Rossellane, abraçasses o apostolado mediúnico que tumultuaste na condição de Carla, mas atiraste sarcasmo a todos os avisos, tripudiaste sobre as nossas advertências, aderindo a maltas de obsessores que te induziram à delinquência, até que te arrojaram, às gargalhadas, na desencarnação violenta numa escada de hospedaria. Compreendes, agora, filha do meu coração?

Charlotte meneou a cabeça num sinal de aquiescência, mas dominada pelo choro. E Zéfiro, de olhos enternecidos:

– E como abusaste de tuas condições de mulher, diante dos homens, nas duas vidas – Carla e Rossellane –, renascerás agora num corpo masculino a fim de reajustar-te em provação dolorosa, sentindo os problemas que os homens sentem... Como sabes, os espíritos não têm sexo quanto os encarnados. A evolução é um longo curso onde se conquista as melhores características de ambos os sexos, mas toda mudança súbita nas experiências dessa natureza, motivando a troca de um veículo físico de um sexo por outro veículo de outro sexo, acarreta inadaptação e dor. Ah, filha! Acreditas, porventura, que os tormentos que infligimos aos outros, nos domínios da emoção, ficariam impunes? As portas da sexualidade são canais da reencarnação e da vida... Não escarnecemos delas, escancarando-as abusivamente, sem que a Lei se volte sobre nós, compelindo-nos a redimir-nos, muitas vezes, à força de solidão e de lágrimas! Sofrerás muito! É natural que assim seja, mas a misericórida do Pai é infinita! Examinaste, aqui, apenas os quadros exteriores que te configuraram os atos através da rememoração de comparticipantes, não enxergaste as telas espirituais em que foram gerados com os materiais e personagens obsessivos que os compunham... Compreende-se que a intuição ainda não te auxilie na identificação de todos os pormenores alusivos ao pretérito... Os choques sofridos sob a influência de espíritos infelizes, quando desencarnaste na posição de Rossellane, ocasionaram-te prolongada moléstia da memória. Lembro-te, porém, de que usufruíste a encarnação suplementar – que te confere agora o nome de Charlotte –, sob o qual viveste vinte e nove anos de crises convulsivas, no corpo humano, justamente aos vinte e nove anos que te faltavam, quando te projetaste da escada do albergue. Entendes, assim, a necessidade de renunciar em apoio ao resgate de nós mesmos?

Ela concordou em amargurado silêncio.

– Reencetando nova caminhada, confia e ora!

E como alguém, na Terra, que preparasse um ente amado para a entrada no Mundo Espiritual, através da morte, Zéfiro amparava a tutelada, exortando-a à coragem para a imersão no clima de esquecimento com que seria reconduzida ao berço:

– Tranquiliza-te, filha minha! Aceita os desígnios da Lei e obedece às intervenções magnéticas com que benfeitores amigos te graduarão os recursos da memória para que olvides o mal e te rematricules na escola do bem!

Charlotte sentiu-se tocada por estranhos apelos, como se diminutos venábulos de força lhe alcançassem o peito, constrangendo-lhe o cérebro a doce torpor e compreendeu... Chegara o temido momento, o momento de confiar-se aos Poderes Maiores, a fim de retornar!

Sim, submeter-se-ia às exigências que lhe fossem prescritas ao esforço preparatório, atenderia às ordenações... Contemplou os amigos, através da neblina espessa do pranto e, em pensamento, já que a voz se lhe apagara na garganta ao sopro de incoercível emotividade, suplicou ainda a Zéfiro a esmola de uma prece. Queria apartar-se numa oração que se lhe gravasse, no imo da alma, por lembrança inesquecível.

Zéfiro compreendeu. Aproximou-se mais e, espalmando a destra sobre a fronte escaldada, fitou as Alturas:

– Ó Pai, abençoa-nos a temporária separação! Não desejamos outra cousa que não seja sujeitar-nos às tuas leis! Ampara os que vão nascer em corpos estranhos a si mesmos! Faze-nos a despedida iluminada de esperança para que a certeza do reencontro, ainda mesmo nas mais aflitivas provações, seja em nosso coração um facho de coragem, à feição de luz nas sombras! Tu que, através da morte e do renascimento, nos diriges para a conquista da Vida Vitoriosa, sustenta-nos a despedida e dá-nos a entender que o teu Infinito Amor é o clima da alegria em que estamos e estaremos reunidos em tua bondade sempre e sempre!

Sobre o verde delicioso das eminências, a luz borbulhava em arroubos, a desabrolhar melodias votivas, fluidos virginais e vibrações miríficas que apascentavam a atmosfera.

Bílnia abraçou Charlotte, que se desfazia em pranto, e a conduziu para fora com a ternura de mãezinha que protege uma criança enferma, enquanto que Zéfiro, igualmente comovido, estendia o braço na direção das duas, num gesto paternal em que se misturavam o enternecimento do adeus e o júbilo da bênção.

A pequena assembleia chorava, embora mensagens inarticuladas de fé transparecessem de olhar para olhar. Bílnia e Charlotte distanciavam-se por aleias fugidias, entre conjunto de árvores e ramagens encantadoras compondo muros ondulados, construções semelhantes aos labirintos arbóreos conhecidos nos jardins humanos, com círculos e meandros de tramados verdes, todavia, muito e muito mais belos, num esplendor que ultrapassava as fronteiras da voz e os limites da letra.

Os amigos, em prece muda que as lágrimas orvalhavam, viam-nas mais e mais distantes. Em torno, árvores e canteiros embalsamavam a brisa com perfumes deleitosos, como a dizer-lhes que confiassem na Eterna Complacência que os cobria de flores.

O verbo da música se expressava em todas as direções, configurando as harmonias superiores que vertem do Bem Supremo para os mais remotos confins do Universo.

E, através dos muretes caprichosamente estruturados com aéreos tufos de pétalas quais arco-íris diluídos, o grupo se dispersou em silêncio, lembrando sublime constelação que se multipartisse em luminárias de estrelas.

Uberaba, Inverno-Primavera, 1964.

Conheça mais sobre a Doutrina Espírita através das obras de **Allan Kardec**

www.ideeditora.com.br

ideeditora.com.br

✵✵✵

Acesse e cadastre-se para receber
informações sobre nossos lançamentos.

twitter.com/ideeditora
facebook.com/ide.editora
editorial@ideeditora.com.br

IDE EDITORA É APENAS UM NOME FANTASIA UTILIZADO PELO INSTITUTO DE DIFUSÃO ESPÍRITA, ENTIDADE SEM FINS LUCRATIVOS, QUE PROMOVE EXTENSO PROGRAMA DE ASSISTÊNCIA SOCIAL, E QUE DETÉM OS DIREITOS AUTORAIS DESTA OBRA.